ABHANDLUNGEN

ZUR

GERMANISCHEN, INSBESONDERE NORDISCHEN

RECHTSGESCHICHTE.

VON

KARL LEHMANN.

I. DIE GASTUNG DER GERMANISCHEN KÖNIGE.
II. DIE ALTSCHWEDISCHEN FESTIGER.
III. DER URSPRUNG DES NORWEGISCHEN SYSSELAMTES.

BERLIN UND LEIPZIG
VERLAG VON J. GUTTENTAG
(D. COLLIN).
1888.

I.

DIE GASTUNG DER GERMANISCHEN KÖNIGE.

EIN BEITRAG ZUR URGESCHICHTE DER STEUERN.

INHALT.

DIE GASTUNG DER GERMANISCHEN KÖNIGE.

Eines der Gebiete, über welche wir aus den deutschen Volksrechten allein keinen genügenden Ueberblick bekommen, ist das der financiellen Unterthanenpflichten. Welche Steuern und persönliche Leistungen dem freien Volksgenossen oblagen, darüber gehen die Rechtshistoriker gewöhnlich leicht hinweg. Meist wird nur kurz von einem mit der Leistung von Abgaben unverträglichen Freiheitsgefühle der Germanen gesprochen, welches ihn zwar zu freiwilligen Geschenken an das Staatsoberhaupt veranlasst, dagegen den Gedanken einer Zahlung von Steuern oder einer Verpflichtung zu persönlichen Diensten unerträglich gemacht habe, als ob durch solche freiwilligen dona die Bestreitung der Bedürfnisse des Hofes, der Tempelverfassung, der Landesvertheidigung allein gedeckt werden konnten. Genügender gewürdigt werden freilich die Zeugnisse der fränkischen Zeit. Aber die Anknüpfung an den Urstaat fehlt. Inwieweit die publicae functiones der leudes, der mansionaticus, die angariae, der pastus etc. Schöpfungen des Grosskönigthums waren, inwieweit Entlehnungen aus dem römischen Rechte, inwieweit blosse Fortsetzungen alter Institute, und worauf sie beruhten — darüber ist man sich nicht klar. Auch hier wird die rechtsvergleichende Methode eingreifen müssen. —

Vorzüglich gilt das Gesagte von dem Gastungsrechte des germanischen Königs. Was hierüber die deutschen Quellen der Karolingerzeit bringen, zeigt uns das Institut nicht in seiner reinen Gestalt. Nicht so das Alter der Quellen, wie die Lage der Territorien, aus denen sie stammen, mögen den inneren Grund hierfür bilden. An einen wirthschaftlichen Zustand gebunden, welcher die persönliche Handhabung der Verwaltung seitens des Königs einerseits, den Mangel an festen Residenzen andrerseits voraussetzt, musste das Gastungsrecht des Königs schnell da verkrüppeln, wo aus der Römerzeit her bevölkerte Städte, Sitze der Bischöfe und römischen Statthalter, dem fränkischen König zu dauerndem Aufenthalte bereit standen, und wo andrerseits der colossale Umfang des Reiches ein persönliches Erscheinen des Königs erschwerte. Weniger als ein Recht des Königs, denn als ein solches seiner Beamten tritt in den fränkischen Quellen der pastus auf — während er in angelsächsischen und noch mehr in skandinavischen Quellen als eine der wichtigsten rein persönlichen Einkommensquellen des Königs entgegentritt, welche ihm die Ausübung seiner Regierung ermöglichen soll und welche für die ganze Handhabung der Regierung im Urstaate charakteristisch ist.

Rechtfertigt es sich somit, einmal vom gesammtgermanischen Standpunkte [1]) aus das Institut zu betrachten, so wird es andrerseits geboten erscheinen, sich nicht auf die monarchischen Staatengebilde und in den monarchischen Staaten sich nicht auf das eigentlich königliche Gastungsrecht zu beschränken. Wir finden nämlich auch im freistaatlichen Island Spuren eines dem Goden zustehenden Gastungsrechtes. Wir finden andrerseits in allen germanischen Staaten die Gastung, auf welche die Bischöfe bei Kirchweihen und Visitationen Anspruch hatten (procuratio). Beide werden in das Bereich der Darstellung zu ziehen sein, die erstere, weil sie auf das hohe Alter der königlichen Gastung einen Schluss gestattet, die letztere, weil sie der königlichen Gastung in dem Maasse entspricht, wie die Stellung des Bischofs der des Königs, und weil sich deshalb aus ihr die Gestaltung der königlichen Gastung in gewisser

[1]) Von solchem aus sucht das Institut zu behandeln die allerdings ganz veraltete Disquisitio historica de obligatione civium ad alendam principis familiam cum per provincias proficiscitur von Peter Hegardt Lund 1768. (Dissertat.)

Hinsicht da ergänzen lässt, wo für die letztere die Rechtsquellen nur dürftige Satzungen enthalten.

Ich wähle für den Gang des Vortrags folgenden Weg. Zunächst seien die wenigen Spuren der Gastung in Island erwähnt. Hierauf sollen nach einander die königlichen und bischöflichen Gastungen in Norwegen, Schweden und Dänemark besprochen werden. Haben wir über diese Klarheit gewonnen und einen Rückblick auf die skandinavischen Verhältnisse geworfen, so sei auf die angelsächsischen Gastungen übergegangen. Die Gastungen im Frankenreich und späterhin in Deutschland, Italien und Frankreich mögen den Abschluss bilden. So werden wir von den ursprünglichsten Verhältnissen zu ausgebildeteren fortschreitend den Ausgangspunkt und die Entwicklung unseres Institutes voll zu würdigen lernen.

§ 1. DIE ISLÄNDISCHE GISTING.

Ueber das Gastungsrecht des isländischen Goden haben wir nur aus einer Geschichtsquelle eine genaue Nachricht. In der Ljósvetningasaga wird von Guđmundr, dem Mächtigen, dem Goden am Eyjafjörđr erzählt: „Guđmundr war mächtig und von grossem Anhange; er war gewohnt, nordwärts in den Bezirken im Frühjahre umherzureisen und seine Thingleute aufzusuchen und mit ihnen über die Bezirksregierung zu reden und die Sachen unter den Leuten zu schlichten; und die geriethen dadurch in grosse Theuerung, zumal sie eben nur Weniges in ihre Wirthschaft geschafft hatten. Er ritt oft mit dreissig Männern und blieb mitunter sieben Nächte und hatte ebensoviel Pferde mit“ [2]). Ein Mann, Namens Þórbjörn, beschwert sich hierüber bei einem Freunde des Guđmundr, Ófeigr. „Du kennst,“ meint er, „die Gewohnheit von Guđmundr dem Mächtigen, unserem Häuptlinge, dass er nordwärts her zu uns im Frühjahre reist und an mancher Stelle lange sitzen bleibt. Nun wären wir wohl damit zufrieden, wenn er mit neun Leuten reiste — aber das ist für uns eine Ueberzahl“ [3]). Ófeigr erwidert, sie sollten nur guten Muthes sein, er würde es schon

[2]) ed. 1880 Kap. VI, 132. [3]) VI, 133.

dahin bringen, dass Guđmundr sie glimpflicher behandelte. In der That gelingt es ihm, den Guđmundr drastisch von dem harten Drucke zu überzeugen, den er auf seine Thingleute ausübte. Ófeigr stattet nämlich selbst dem ihm befreundeten Guđmundr mit 30 berittenen Leuten einen Besuch für die Osterwoche ab. Guđmundr nimmt sie wohl auf und bittet sie, bei ihm so lange zu bleiben, wie sie wollten. Ófeigr entspricht der Einladung. Aber bereits am fünften Tage nach ihrer Ankunft stellt sich Mangel an Futter und Speisen heraus. Trotzdem bleibt Ófeigr die Osterwoche hindurch. Als er schliesslich am Montage nach der Osterwoche aufbricht, begleitet ihn Guđmundr ein Stück Weges und fragt ihn beim Abschied, was denn nun eigentlich der Anlass des Besuches gewesen sei. Nun rückt Ófeigr mit der Wahrheit heraus. „Du weisst wohl," sagt er, „dass es deine Gewohnheit ist, zu deinen Thingleuten nordwärts zu reisen im Frühjahre mit dreissig Leuten und bei einem Bauern sieben Nächte dich festzusetzen. Das ist wenig Zartgefühl gegen die, die wenig Gut haben und höchstens ihre Wirthschaften bis zum Herbst versorgt haben; und dergleichen wird für sie eine grosse Last. Wir sind jetzt nicht so lange hier gewesen, als es mir schon so vorkam, als ob du Heu und Speise kaufen müsstest — und du hattest doch genug und bist Häuptling der Leute. Ich meine, dass du kein schlechterer Häuptling wärest, wenn du auch nur mit n e u n Männern zu den Freunden führest; damit würden Alle zufrieden sein"[4]. Guđmundr nimmt sich die Mahnung auch zu Herzen und „reiste immer nur mit neun Leuten und blieb nur zwei Nächte sitzen, wo er früher sieben sass"[5].

Die Ljósvetningasaga ist zwar nicht die classischste Geschichtsquelle Islands. Es macht sofort an dem Vorfalle stutzig, dass im Jahre 1001 oder 1002, also gleich nach Einführung des Christenthums, vom Osterfeste so gesprochen wird, als ob es sich um eine alte Einrichtung handelt. Die Begleitung von dreissig Leuten ist ferner nicht nur, wie bereits Maurer[6])

---

[4]) VII, 136. [5]) VII, 137. [6]) Island S. 203.

hervorgehoben hat, das legale Gefolge eines Bischofs in Norwegen, sondern überhaupt die Maximalzahl von Leuten und Pferden, die nach dem dritten lateranensischen Concil ein Bischof auf seinen Visitationsreisen mit sich führen darf[7]). Sehr wahrscheinlich also ist, dass die Saga in ihren Details an die kirchlichen Procurationen gedacht hat. Immerhin ist aber der Kern des Berichtes der vollkommnen Beachtung werth. So viel geht daraus hervor, dass jeder Gode alljährlich Rundreisen in seinem Bezirke machte und bei dieser Gelegenheit Anspruch auf Beherbergung gegen seine Thingleute hatte, dass es ihm ferner überlassen war, die Grösse seines Gefolges und die Länge seines Aufenthaltes zu bestimmen, wobei dann natürlich eine zu weit gehende Ausübung seines Rechtes zu Vorstellungen Anlass geben mochte', die aber nur von dem Zartgefühle des betreffenden Goden einen Nachlass erwarteten. Dem Rechte nach war der Gode in Dauer der Gastung und Zahl der Begleiter unbeschränkt. Dieser Kern des Berichtes entspricht so sehr der ganzen Handhabung der Godengewalt, wie sie uns die anderen Sögur darstellen, dass wir kein Recht haben, ihm gegenüber Zweifel zu hegen. Auch sonst finden wir nämlich von Rundreisen des Goden behufs Ausübung der Regierungsgewalt berichtet. Der Gode gastete, wie wir hören, auf diesen Rundreisen bei einem seiner Thingleute und berief dorthin Versammlungen, um sich mit den Angehörigen seiner þingsókn über sociale, religiöse und politische Schäden zu berathen. Der Ausdruck, welchen die Sögur für dieses Recht des Goden gebrauchen, ist „gista“ (Gasten). Eben die Ljósvetningasaga z. B. erzählt von Guðmundr aus dem Jahre 1025. „Er reiste fort nordwärts in die Gegenden zu seinen Thingleuten und gastete zu Tjörnes (gisti á Tjörnesi)“ [8]). Von dem Priester Erlendr Hallason berichtet die Sturlúnga aus der Mitte des 12. Jahrhunderts: „er war ein Thingmann des Einarr þorgilsson und dessen alter Freund und sorgte für dessen Bewirthung (gisting), ob der grösseres oder geringeres Gefolge hatte“ [9]). Mochte in diesem Falle das Freundschaftsverhältniss

[7]) cap. 6 in VI to III, 39. [8]) XXI, 195. [9]) ed. Vigfúss. I, 15/57.

des Erlendr zu Einarr dem Letzteren einen stets freundlichen Empfang bereiten, so beruhte, wie man aus der Darstellung ersieht, das Recht zur Gastung auf der Godenstellung. Es entsprach dieses Gastungsrecht einem Rechtszustande, in welchem die einzelnen Thingleute nicht auf demselben Territorium zusammensassen, sondern im ganzen Lande zerstreut waren, in welchem andrerseits feste Residenzen nicht existirten, in welchem endlich die Ausübung der Regierungsgewalt nicht durch ständisch angestellte Unterbeamte, sondern durch den Goden selbst in Person stattfand. Dass die Rechtsbücher von dem Gastungsrechte des Goden keine Erwähnung thun, erklärt sich einfach daraus, dass sie überhaupt der administrativen Befugnisse des Goden so gut wie gar nicht gedenken[10].

Nur wenig Nachrichten haben wir dementsprechend auch über das Gastungsrecht des isländischen Bischofs. Aus den Rechtsbüchern erfahren wir, dass der Bischof von Hólar sein Nordviertel jedes Jahr, der von Skálholt dagegen alle drei Jahre jedes der drei anderen Landesviertel umschichtig bereisen sollte. Bei dieser Rundreise (yfirför) heisst es, solle der Bauer, welcher Aufenthalt dem Bischofe gewährt (er vist veitir byskopi), ihm Reitpferde für den Tag besorgen, an welchem er fortreist. Und wenn er deren nicht genügend hat, sollen seine Hausleute und Nachbarn so viele stellen, als der Bischof verlangt[11]. Wie gross die Zahl der Begleiter des Bischofs und wie langandauernd der Aufenthalt desselben bei den einzelnen Bauern sein durfte, darüber erfahren wir nichts. Dass das Gefolge unter Umständen ein grosses war, möchte aus dem Zusatze hervorgehen, dass die Nachbarn zur Lieferung von Pferden nöthigenfalls heranzuziehen seien. Aber einer einschränkenden Vorschrift thun in dieser Hinsicht weder die Rechtsbücher noch die Geschichtsquellen Erwähnung, will man nicht den oben wiedergegebenen Bericht der Ljósvetningasaga zur Annahme der Maximalzahl von 30 Begleitern verwenden.

---

[10]) Vergl. Finsen im Glossar zur Grágás v. goði. [11]) Kgsbk. 5/19, Sthlk. 15/22.

§ 2. DIE NORWEGISCHE VEIZLA[12]).

Festen Boden gewinnen wir unter den Füssen, wenn wir uns zu den norwegischen Verhältnissen wenden. Auch hier werden wir zwischen der Gastung des Bischofs und der des Königs zu scheiden haben. Die bischöfliche Gastung sei, weil bei ihr die Quellenaussprüche klar und einfach sind, zuerst besprochen[13]).

Es enthalten aber über sie die Gulaþingslög folgende Vorschriften: § 11: „Jetzt ist die (Haupt-)Kirche erbaut und ein Zaun darum, da sollen die Weihung erkaufen beim Bischofe alle Volklandsleute mit dreier Nächte Aufenthalt und dreissig Mannen." § 14: „Aber wo immer ungeweiht ist Erde und (Herads-)Kirche, da soll man die Weihung erkaufen beim Bischofe mit drei Mark, dreier Nächte Aufenthalt nebst fünfzehn Mannen." § 33: „Das ist nun das Nächste, wenn der Bischof über Land reist von seinem Schiffe, eine Kirche zu weihen oder anderen Dienst zu verrichten den Männern, ob er es über lange oder kurze Zeit braucht, da sollen ihm die Bauern verschaffen 18 Reitpferde. Aber 30, wenn er fährt eine Hauptkirche zu weihen." Wir ersehen aus den drei §§, dass das Gefolge des Bischofs ein verschieden grosses war, je nachdem es sich um die Weihung einer Hauptkirche oder einer Heradskirche handelte. Bei Weihung der Hauptkirche darf der Bischof 30 Begleiter und 30 Reitpferde mitnehmen, für deren Unterkommen drei Nächte lang die Volklandsleute zu sorgen haben. Bei Weihung der Heradskirche darf er 15 Begleiter mitnehmen, für deren Unterkommen drei Nächte lang die Heradsleute zu sorgen haben. Mit diesen 15 Begleitern stimmen nicht recht die 18 Reitpferde des § 33, da sich ja bei den 30 Begleitern eine entsprechende Zahl von 30 Reitpferden findet, man also zu dem Auswege nicht greifen kann, das Plus von 2 Rossen auf das bischöfliche Gepäck und die Reliquien zu schieben[14]). Möglich, dass ein blosses Versehen des Schreibers

[12]) Munch, det norske Folks hist. II, 980. [13]) Vergl. Zorn, Staat und Kirche in Norwegen §§ 7. 8. [14]) So in einzelnen schwedischen Stellen; vgl. u. § 3.

vorliegt, möglich aber auch, dass der § 14 späteren Ursprungs ist und so eine Herabsetzung der ursprünglichen Zahl darstellt. Denn die 3 Mark in § 14 neben dem Aufenthalt von 3 Nächten deuten bereits auf das später aufkommende cathedraticum hin. Beachtenswerth vor Allem aber ist, dass nur auf den Fall der Kirchenweihung die Gastung des Bischofs in den Gþl. beschränkt ist[15]. Für alle übrigen Dienstverrichtungen wird der Bischof durch seine reiđa und seit Magnús Erlingsson durch seinen Zehnt entschädigt[16]. Die Gastung ist bei ihnen von der Bauernschaft nicht anerkannt, insoweit für solche die Bauernschaft selbst zu sorgen hatte. Inwieweit der Priester dagegen den visitirenden Bischof zu gasten verpflichtet war, ist damit noch nicht entschieden. Dass eine Gastungspflicht des Priesters gegenüber dem visitirenden Bischofe im Gebiete der Gþl. bestand, ersehen wir aus späteren Quellen[17].

Nicht viel anders, als in den Gþl., ist in den Eiđsifjaþíngslög die Gastung des Bischofs geordnet. Zunächst heisst es in I 32: „Jetzt soll der Bischof kommen in jedes Drittel alle 12 Monate und dort die Messe singen und die Kinder der Leute firmen. Damit erwirbt er sich das Geld der Leute, wenn er so thut... Jetzt soll der Priester, der an der Hauptkirche sitzt, 4 Nächte Aufenthalt seinem Bischofe gewähren mit 10 Leuten und 6 Pferden zur Winterszeit, aber an Sommertagen 10 Pferden und einem Zaumross davor. Der Priester soll dem Bischofe und seinen Begleitern Speise und Bier zur Genüge verschaffen; dem Zaumross von ihm und denen, mit denen er reitet, soll er Korn geben." Sodann in I 34: „Aber wenn die Kirche niederfällt oder abbrennt, dann sollen die Bauern Zimmerholz auf den Platz fahren binnen Halbjahrsfrist und sie aufrichten binnen zwölf Monaten. Wenn es nicht so geschieht, dann fallen 15 Mark allen Drittheilsleuten ob. Jetzt soll der Bischof für Kirchenweihung erhalten dreier Nächte Bewirthung (veizlu)

---

[15]) Dies übersieht Zorn S. 52. [16]) Gþl. 8. 9. [17]) Nämlich aus dem Verzeichniss im Dipl. Norv. VII, 98 von den J. 1322—23. Die Gastung soll danach im Firđafylki und Sogn bald 2, bald 3, bald 4 Nächte währen. Vergl. auch Aslak Bolts Jordebog S. 114 ff.

mit 30 Männern und 30 Pferden am Sommertage auf Kosten der Bauern und mit 15 Pferden am Wintertage, und die Bauern gewähren ihm Speise und Bier, ihm und seinen Männern, und geben ihm Leute, die ihm dienen und helfen; das soll er haben für die Weihung, sofern sie nicht anders einig werden, Bauern und Bischof." Endlich in I 40: „Der Bischof soll haben mit sich 15 Männer und 15 Pferde am Sommertage für die Weihung der Hauptkirche und Bewirthung (veizlu) von zwei Nächten. Aber am Wintertage 8 Pferde. Aber für eine Privatkirche hat der Bischof zu erhalten drei Mark" u. s. f. — Darnach ist auch hier zu scheiden zwischen der Kirchweihe und der sonstigen Visitation des Bischofs. Bei der Kirchweihe hat der Bischof Anspruch auf Gastung gegen die Bauern, bei der einfachen Visitation nur Anspruch auf die reiđa gegen die Bauern, dagegen Anspruch auf Gastung gegen den Priester der betr. Hauptkirche. Die Gastung soll im letzteren Falle vier Nächte währen, und der Priester soll 10 Begleiter des Bischofs unterhalten, dazu 6 Pferde im Winter und 10 im Sommer. Bei der Kirchweihe soll die Gastung nach I 34 drei Nächte währen und 30 Männern und Pferden im Sommer, 15 Männern und Pferden im Winter geboten werden. Nach I 40 soll sie zwei Nächte währen und 15 Männern und Pferden im Sommer, 8 Männern und Pferden im Winter geboten werden. Da beide Stellen demnach in Widerspruch stehen, so erscheint es im Hinblick auf die Gþl. gerathen, in I 40 statt „Hauptkirche" „Heradskirche" zu lesen[18]). Ist diese Conjectur richtig, so stimmen die Eiþl. im Grossen mit den Gþl. überein.

Auch in den Borgarþíngslög finden wir im Grossen die gleichen Bestimmungen. Es heisst in I 10, II 19: „Jetzt ist der Bischof schuldig, alle Kirchen zu weihen, zu fahren zur Volklandskirche mit 30 Männern und da zu bleiben fünf Nächte. Aber zur Heradskirche soll er fahren mit 15 Männern und da bleiben 3 Nächte." Von der einfachen Visitation hören wir nur, dass der Bischof zu jeder Grabeskirche alle 12 Monate,

[18]) Vgl. K. Maurer, Gulaþingslög S. 30.

nach dem Text III alle drei Jahre kommen solle[19]) und dass er bei Unterlassung den Anspruch auf die lagagift verliert. Ein Gastungsrecht gegenüber den Bauern hatte er also in diesem Falle nicht. Dass er ein solches gegenüber den Priestern hatte, lehren spätere Urkunden[20]).

Weniger bestimmt sind auf den ersten Blick die Satzungen der Frostuþíngslög gehalten. Es heisst hier in II 8: „Eine geziemliche Bewirthung (veitslu) soll bereiten dem Bischofe der, welcher die Kirche weihen lässt und es soll, wer weihen lässt, geben 12 Kerzen und 12 Ellen Leinwand oder Tuch.“ In II 44 ist sodann von der Visitation des Bischofs die Rede. Der Bischof, heisst es, solle für die jährliche Visitation seine reiđa erhalten, die Bauern dagegen sollen ihm Reitpferde stellen, die bereits eingeritten seien. Ueber die Zahl der Mannschaft und der Pferde, welche den Bischof zu begleiten hätten, sowie über die Dauer der Zeit, welche er verweilen dürfte, wird nichts gesagt. Wohl aber geht aus den beiden Satzungen bereits hervor, dass gegen die Bauern auf Gastung der Bischof nur bei der Kirchweihe Anspruch hatte, während er bei der einfachen Visitation auf seine reiđa gegenüber den Bauern beschränkt war. Gleichgültig scheint es in den Frþl. zu sein, um welcher Kirche Weihung es sich handelte. Der Inhaber einer Privatkirche scheint ebenso, wie die Bauernschaft der betr. Volklandskirche, zur Gastung verpflichtet gewesen zu sein. Diese allgemeinen Satzungen ergänzt nun aber die Uebersetzung des drontheimischen Kirchenrechtes im Cod. AM. 313 fol. in mehrfacher Richtung. Dort heisst es in § 8[21]): „Der Bischof soll die Volklandskirche weihen ohne Entgelt. Doch sollen die Bauern dazu geben 12 Kerzen und 12 Ellen Leinwand oder gelten 12 Ellen Tuch. Aber der Volklandspriester soll ihm geben 3 Nächte Aufenthalt mit 30 Mannen. Aber die Bauern sollen dazu geben 6 Tonnen Mehl.“ Die

---

[19]) Der Text III scheint hier der ursprünglichste zu sein. Auch in Schweden werden wir die dreijährige Visitation kennen lernen, welche der dreijährigen Rundreise des Königs parallel geht. [20]) Biskop Eysteins Jordebog S. 519 ff.; D. N. IV, 829. V. 809. [21]) N. G. L. IV. 53.

Uebersetzung des Cod. AM. 313 fol. hat bekanntlich[22]) aus einer verschwundenen Handschr. der älteren Frþl. und aus den Bþl. geschöpft. Der oben wiedergegebene Satz der Bþl. I 10 findet sich z. B. ungeschickter Weise in § 14 unserer Uebersetzung. Der § 8 kann daher nicht aus den Bþl., sondern nur aus der Handschrift der Frþl. entstammen. Darnach ergiebt sich, dass bei Weihung der Volklandskirche auch in den Frþl. der Bischof mit 30 Männern erscheinen und für drei Nächte Gastung verlangen durfte. Freilich ist die Gastungspflicht nach AM. 313 fol. auf den Volklandspriester gewälzt und den Bauern nur eine Beitragspflicht auferlegt. Allein gerade diese Vertheilung der Last dürfte jüngeren Ursprungs sein. Wichtig ist für uns nur, dass in der Zahl der Mannschaft und der Dauer des Aufenthaltes die Frþl. von den übrigen Provincialrechten nicht abweichen. Dass übrigens bei der einfachen Visitation auch nach den Frþl. der Priester zur Gastung verpflichtet war, erfahren wir aus einer Urkunde vom 16. August 1267[23]).

Es ergiebt sich somit für die vier Provincialrechte insoweit Uebereinstimmung, als bei Weihung einer Hauptkirche der Bischof mit einem Gefolge von 30 berittenen Männern erscheinen und eine Gastung (vist, veizla) von 3, in den Bþl. sogar 5 Nächten beanspruchen konnte. Die Last der Beherbergung haben nach den drei älteren Provincialrechten die Volklandsleute allein zu trageu, während nach der Uebersetzung der Frþl. sie der Geistliche der Hauptkirche tragen muss und die Bauernschaft nur eine Beisteuer zu leisten verpflichtet ist.

Bei Weihung einer Heradskirche ist das Gefolge des Bischofs von den drei älteren Provincialrechten auf 15 Männer und eine entsprechende Anzahl von Pferden, die Dauer der Gastungszeit bald auf 3, bald auf 2 Nächte festgesetzt. Die Frþl. enthielten hierüber natürlich keine Bestimmung.

Von Weihung einer Privatkirche sprechen nur ausdrücklich die Eiþl., welche an Stelle der Gastung in diesem Falle eine

---

[22]) N. G. L. IV. p. XI. [23]) D. N. III 10; vergl. auch Aslak Bolts Jordebog S. 114 ff.

Gebühr von 3 Mark setzen. Die Frþl. schienen auch hier eine Gastung zu kennen, gaben aber über den Umfang der Pflicht nichts an.

Im Uebrigen kann bei den Visitationen nach den Provincialrechten der Bischof von der Bauernschaft allein eine reiđa beanspruchen. Die Eiþl. legten daneben dem Priester der betr. Kirche eine Gastungspflicht auf, welche sich auf 4 Nächte und ein Gefolge von 10 Personen erstreckte. Aehnlich schien es sich in den anderen Provincialrechten verhalten zu haben[24]).

Mit den obigen Satzungen stimmen die kirchlichen Quellen Norwegens aus dem 13. Jahrhundert überein. Das jüngere Christenrecht des Borgarthings behält die Fristen von 5 bezw. 3 Nächten bei Weihung der Volklands- und Heradskirche bei, nur erhöht es das Gefolge von 15 auf 20 Männer[25]). Ganz auf dem alten Standpunkte bleibt das jüngere Christenrecht der Gþl.[26]). Das Christenrecht Jons[27]) und Arnis[28]) wiederholen nur den oben gebrachten kurzen Satz der Frþl. Es sind die Zahlen von 20 und 30 Pferden ja auch diejenigen, welche das dritte lateranensische Concil den Bischöfen bei der Visitation als Maximalzahl auferlegte[29]), und auf welche sich Sverrir bei seinem Streite mit Erzbischof Eysteinn ausdrücklich berief[30]). Die wichtige Abweichung des norwegischen Rechts vom kanonischen Rechte ist aber die, dass es nur bei Weihung von Kirchen die Gastungspflicht der Bauernschaft anerkennt. —

Soviel über die Gastung des norwegischen Bischofs. Complicirter und reichhaltiger sind dagegen die Quellenzeugnisse über die Gastung des norwegischen Königs.

Es tritt aber die Gastung der norwegischen Könige unter dem Namen der veizla[31]) in erster Reihe in den Geschichtsquellen auf. Aus den älteren Rechtsquellen erfahren wir von ihr so gut wie nichts, was nicht verwundern darf, da von der

---

[24]) Beschweren sich doch die Geistlichen beim Kardinal Wilhelm, dass „byskopar tóku veizlur eđa lausnir af prestum þótt þeir kœmi eigi i fylkit. Hákonarsaga Hákonarsonar 282/408. [25]) § 5. [26]) §§ 12. 13. [27]) § 11. [28]) § 5. [29]) cap. 6 in VI to III 39. [30]) Zorn S. 128, 129. [31]) Auch der isländ. Name gisting tritt auf; z. B. in der Heimskr. Sag. af Haraldi gráfeld 8/117.

Finanzverwaltung in den Rechtsquellen überhaupt selten die Rede ist. Nur zwei Stellen der Gþl. beschäftigen sich direct mit der königlichen Gastung. Es heisst einmal im § 3, dass die Königlichen Voigte auf dem Gulaþíng zu erscheinen verpflichtet seien, ausser wenn eine echte Noth für sie vorliege. Zu den Fällen der echten Noth wird aber der Fall gerechnet, dass sie der König vom nächsten Volklande her auffordern lässt, ihn zu empfangen (gera í gegn sèr). Das „gera í gegn" ist, wie wir sehen werden, der technische Ausdruck der schwedischen Quellen für die Gastung, für welche in Norwegen der Ausdruck veizla gebraucht wird. Besagt demnach die Stelle, dass der Voigt den König zu empfangen und gasten hatte, so scheint dies auch der § 170 der Gþl. zu bestätigen, welcher lautet: „Erschlägt jetzt Jemand den Voigt des Königs, dann soll er ihn mit 15 Mark vergelten, sofern er ihn nicht am Tische des Königs erschlägt, dann, wenn der den (König) bewirthet (veitir)." Wir ersehen daraus, dass der Voigt den König herkömmlich bewirthete, wenn der König in dessen Amtsbezirk kam[32]). Eine allgemeine Unterthanenpflicht lässt sich, wie man sieht, aus beiden Stellen nicht entnehmen, sondern höchstens eine Amtspflicht des Voigts gegenüber dem Könige. Nicht viel weiter führt eine andere Stelle der Gþl., welche unter den Grundstücken, die Stammgutseigenschaft besitzen, als fünftes aufführt dasjenige, welches man als Trinklohn (dreckulaun) vom Könige bekam[33]). Es liegt hier offenbar ein Aequivalent für ein dem Könige bereitetes Gelage vor und die Stelle lässt schliessen, dass dergleichen Gelage dem Könige auch wohl von Anderen, als seinen Voigten bereitet wurden, aber weil der König für ihre Veranstaltung eine Gegenleistung giebt, ist man geneigt anzunehmen, dass an freiwillige Gastungen gedacht ist. Endlich fällt eine eigene Kategorie von Grundstücken auf, welche die Quellen als veizlujarđir bezeichnen. Von einem solchen Grundstücke heisst es in Gþl. 101,

---

[32]) Vgl. K. Maurer Die ármenn des altnorweg. Rechtes S. 72, 73.

[33]) 270, vergl. dazu K. Lehmann Die altnordische Auflassung in der Savigny-Zeitschr. V Germ. Abth. S. 88, 89.

dass dessen Besitzer eine unbefugte Bearbeitung seitens Dritter als landnám zwar selbst verfolgen solle, dass aber die Hälfte von der Busse und bei unterlassener Klage seitens des Besitzers die ganze Busse an den König fallen solle. Scheint daraus zu folgen, dass die veizlujörđ in engerer Beziehung zum Könige stand, als das gewöhnliche Grundstück eines Unterthanen, bei welchem das landnám ganz an den Eigenthümer fiel[34]), so bestätigen dies zwei andere Stellen. Einmal soll der Inhaber einer veizlujörđ nach 264 Gþl. wie ein Dieb behandelt werden, wenn er die veizlujörđ eigenmächtig verkaufte gleich dem ármađr, welcher des Königs Gut veräussert. Aber während der Käufer des Krongutes vom ármađr als Hehler angesehen wird, ist dies beim Käufer der veizlujörđ nicht der Fall. Es lag darnach also in der veizlujörđ ein nicht so offenbares Krongut vor, wie in dem vom ármađr bewirthschafteten Gute. Weiter heisst es in 206 Gþl., wenn Jemand Land at veizlu des Königs habe und es ihm abgenommen werde, so solle er doch den réttr eines lendrmađr behalten. Die veizlujörđ konnte darnach vom Könige zurückgenommen werden, und sie wurde andrerseits an die aristokratischen Geschlechter der Lendirmenn gegeben, was der § 308 Gþl. bestätigt und dahin erweitert, dass auch der ármađr eine veizlujörđ erhalten konnte. Auf die Beantwortung der Frage, was die veizlujarđir vorstellten, vorläufig verzichtend, constatiren wir bloss, dass die älteren Rechtsquellen nichts über eine allgemeine Unterthanenpflicht zur Gastung des Königs enthalten, vielmehr auf den ersten Blick zur Annahme verleiten, dass nur die Beamten des Königs diesen zu gasten verpflichtet waren. — Im Gegensatz hierzu lassen die späteren Quellen freilich Spuren einer allgemeinen Unterthanenpflicht zur Gastung, veizla, erkennen. Wenn es in den Landslög[35]) heisst: „Keine allgemeinen Zölle soll der König auf uns legen oder seine Vertreter, nicht Geschenke noch Bewirthungen (veitslur), noch Pferdefutter, noch Holzschlag . . . ausser den Reitpferden und den anderen Unterthanenpflichten wie sie das Gesetzbuch bezeugt," so ist das

[34]) Gþl. 91. [35]) III, 1.

Auferlegen von allgemeinen veizlur sicher bezeugt, allerdings als Missbrauch — und wir haben die Wahl, in dem Satze der LL. die Aufhebung einer zwar obsolet gewordenen, dereinst aber zu Recht bestehenden Last oder das Verbot eines neuerlichen Uebergriffes des Königs zu erblicken. Und wenn man auf das Schweigen der Provincialrechte über die veizlur hin zur letzteren Annahme greifen möchte, so ist man genöthigt, sich zur ersteren zu bekehren, wenn man gewahrt, dass die von den Landslög gebrachte Satzung bereits von Hákon Hákonarson herstammt, der „abschaffte, dass ein Vertreter des Königs allgemeine Zölle oder veizlur auf die Leute legte," dagegen gestattete, dass „wenn Jemand des Königs Vertreter eine veizla anbietet . . . . es seine Sache sei"[36]). Darnach waren solche veizlur jedenfalls geraume Zeit vor den Landslög in Uebung und wurden bereits von dem Vorgänger des Königs Magnús eingeengt. Unter diesen Umständen kann auf das Schweigen der Provincialrechte nicht viel gegeben werden, da das Vorkommen von allgemeinen veizlur für die Zeit der Frþl. wenigstens ganz sicher durch das Gesetz Hákons bezeugt ist, welches sich bemerkenswerther Weise auch im Uebrigen mit alten[37]) Instituten beschäftigt.

Unter diesen Umständen müssen wir uns schon aus sonstigen Quellen über die veizlur Rath erholen.. Es steht uns aber aus den Geschichtsquellen ein reiches Material bezüglich der königlichen veizlur zur Verfügung, welches wir in chronologischer Ordnung vortragen wollen. —

Bereits von Braut-Önundr erzählt Snorri[38]): „König Önundr setzte seinen Hof in jedes Grossherad in Schweden und reiste über alles Land auf Gastung (at veizlum)." Die mythischen Könige Granmarr und Hjörvarðr ziehen aus, Gastung auf der Insel Sili auf ihren Höfen zu nehmen[39]). Guðröðr veiðikonungr findet seinen Tod, als er auf Gastung zieht[40]). Zu den einschneidenden Maassnahmen Haralds rechnet das Upphaf rikis Haralds, dass die von Harald an Stelle der Volklands-

[36]) N. G. L. II, 175. [37]) Siehe Artikel I und V der Réttarbòd.
[38]) Ynglingas. 37/30. [39]) Ynglingas. 43/35. [40]) Ynglingas. 53/40.

könige gesetzten Jarle verpflichtet waren, von dem ihnen verliehenen Land dem Könige mit seinem ganzen Gefolge jährlich ein Gastmahl zu geben[41]. Und damit stimmt folgende Erzählung der Fagrskinna[42] überein: „Als Harald sein Vatererbe angetreten hatte, da gab er dem Atli mjóvi Jarlsnamen und solche veizlur, wie der vorher von seinem Vater Halfdan gehabt hatte, das war das Sygnafylki und Fjalir. Sein Haupthof war zu Gaular. König Harald nahm die veizlur, wenn er nicht im Kriege war, und hatte mit sich 60 Gefolgsleute, abgesehen von den Fürsten und ungezählt die, welche bei den veizlur bedienten. Aber weil er durch Geschäfte und Hindernisse nicht zur vorgesetzten Zeit kommen konnte, die veizlur in Sogn vom Jarl Atli zu nehmen, so sandte er seine Leute, die veizlur einzunehmen, und so blieb es drei Jahre. Die Königsleute luden ihre Verwandten und Freunde mit sich und sie nahmen die veizlur mit über 100 Leuten. Jene nahmen das übel auf, dass sie beim Trunk manche Unzucht thaten. Im vierten Sommer, als die Königsleute zur veizla kommen wollten, da trieb sie Jarl Atli fort mit Schimpf und wollte nicht ihren Uebermuth dulden und verlangte, der König sollte selbst seine veizla einnehmen oder dafür Gastgeld (veizlufè)." Weiter berichtet die Heimskringla[43], als König Harald hörte, dass der Schwedenkönig Erich über Wermland mit seinem Gefolge auf Gastung ritte, sei er über den Eiđaskogr nach Wermland gezogen und habe dort veizlur für sich anrichten lassen (lét þar búa veizlur fyrir sér). Hierher gehört auch, was die Eigla von Harald berichtet: „König Harald fuhr denselben Sommer nach Hálogaland und es wurden ihm veizlur angerichtet da, wo seine Gehöfte waren, und ebenso thaten die Lendirmenn und reichen Bauern" [44]. Und an einer anderen Stelle heisst es: „Im Herbst fuhr der König auf veizlur über Hörđaland" [45]. Ebenso in der Heimskringla „König Harald fuhr eines Winters auf veizlur über die Hochlande" [46]. Eiríkr blođöx zieht im Winter nordwärts nach Mœri und nimmt Gastung in Sölvi landeinwärts von Agđanes[47].

[41] Fornm. S. X. 182. 183. [42] S. 6. 7. [43] Har. s. h. h. 15/58. [44] Eigla (1886) 11/31. [45] 18/52. [46] Haralds s. h. h. 25/66. [47] Heimskr. Haralds s. h. h. 39/76.

Von Hákon góði erzählt die Fagrskinna[48]), dass ihm sein strenges Verbot, falsche Meldung von fremden Heeren zu machen, beinahe zum Verderben gereicht hätte. Als nämlich seine Feinde zu der Zeit, wo sie von den Fahrten und Gastungen (um farar ok veizlutökur) des Königs erfuhren, landeten, da traute sich Niemand, dem Könige, welcher mit einem Gefolge im Hörðaland die veizla einnahm, davon zu sagen, bis Eyvindr skáldaspillir Muth fasste. Von Olaf Tryggvason hören wir einmal, dass er, als es Frühjahr wurde, nach Víkin auszog und veizlur auf seinen Grosshöfen nahm[49]). Vom Jarl Eiríkr heisst es, dass er nur dann auf veizlur fuhr, wenn er ein grosses Gefolge hatte[50]). Als der heilige Olaf auf dem Borgarþíng zum König genommen war, da „hub er sofort seine Fahrt an und liess aufbieten die veizlur vor sich da, wo die Königshöfe waren; er zog zuerst über Hörðaland, und dann wandte er sich nördlich nach den Guðbrandsthälern; es ging so, wie es Sigurðr sýr vermuthet hatte, dass zu ihm ein so grosser Haufe stiess, dass er nicht die Hälfte gebrauchen zu sollen vermeinte und nahe an 300 Mannen hatte. Da reichten ihm nicht die veizlur aus, wie sie ausbedungen waren, denn es war Gewohnheit gewesen, dass die Könige über die Hochlande mit 60 oder 70 Mannen zogen, aber niemals mit mehr als 100 Mannen. Da zog der König schnell vorüber und blieb nur eine Nacht auf derselben Stelle“[51]). Nach dem Drontheimschen gekommen stösst der König auf das Heer der Bauern; es gelingt ihm aber, durch Unterredungen mit deren Führern sie zur Unterwerfung zu bringen. „So setzte er seinen Zug fort, und die Bauern veranstalteten ihm gegenüber veizlur“[52]). Von demselben Könige heisst es[53]): „König Olaf zog nun südlich längs der Guðbrandsthäler und von da nach Heiðmörk; er zog auf veizlur im Hochwinter, aber sammelte das Heer, als es Frühjahr wurde, und zog nach Víkin“. Und an anderer Stelle[54]):

48) S. 20, 21. 49) Heimskr. Olafss. Tryggv. 70/179. 50) Heimskr. Olafss. h. helga 21/230. 51) Heimskr. Olafss. h. helg. 36/244. 52) Heimskr. Ol. s. h. helg. 38/246. 53) Heimskr. Ol. s. h. h. 43/249. 54) Heimskr. Ol. s. h. helg. 72/280.

„Als König Olaf den Björn ostwärts nach Götaland gesandt hatte, da schickte er andre Leute nach den Hochlanden mit dem Auftrage, veizlur für sich aufzubieten, und er gedachte, den Winter auf veizlur über die Hochlande zu fahren; denn es war die Sitte der früheren Könige gewesen, auf veizlur über die Hochlande jedes dritte Jahr zu fahren. Er begann seine Fahrt im Herbst von Borg aus; er zog zuerst nach der Vingulmörk; er richtete den Zug so ein, dass er die veizlur entgegennahm in der Nähe des Markdorfes und zu sich entbot alle Dorfleute und die alle am ehesten, welche zuerst die Grossherade bebaut hatten.“ Bei dieser Gelegenheit forschte er nach dem Christenglauben der Leute und strafte die, welche Heiden geblieben waren. Da sein Gefolge ein grosses war — er hatte 300 Krieger bei sich — so erregte er den Unwillen der Kleinkönige. Sie veranstalteten eine Zusammenkunft, und ihr Wortführer, der König von Raumarſki, beschwert sich bitter über die Fahrt Olafs, u. A. auch darüber, „dass er mit einem Heer von Leuten über das Land zöge, nicht mit der Menge, die ihm die Gesetze gestatteten“ [55]). „Olaf aber fuhr trotzdem über Raumarſki auf veizlur nach alter Art. Da die veizlur nicht ausreichten wegen der grossen Menge, so veranlasste er die Bauern, die veizlur zu vermehren, wo es ihm nothwendig erschien, länger zu verweilen; mitunter aber blieb er kürzere Zeit, als man erwartete, und endete so seine Reise schneller, als angesagt war“ [56]). Von demselben Könige heisst es weiter: „König Olaf sandte sein Gebot im Frühjahre westwärts nach Agdir und nordwärts nach Rogaland und nach Hörđaland, dass er weder Korn noch Malz noch Mehl von dort fortbringen oder verkaufen lassen wollte; er fügte hinzu, dass er dahin mit seinem Gefolge kommen werde und auf veizlur fahren, so wie es Sitte war“ [57]). In einer Unterredung mit Erlingr Skjálgsson beschwert sich Olaf über die Unbillen, die dieser seinen Beamten zufüge, insbesondere dem Aslákr fitjaskalli, dem Lehnsmanne Olafs in Sunnhörđaland. Er er-

[55]) Heimskr. Olafss. h. helg. 73/281. [56]) ibid. 73/282, 283. [57]) ibid. 121/349.

wähne zwar nur den Aslákr, aber viele Andre hätten sich über solche Unbillen beschwert, solche, welche auf Sysseln sässen, und auch Vögte, „welche unsere Höfe bewachen und mir und meinem Gefolge veizlur veranstalten sollen“ [58]). Weiter heisst es von Olaf dem Dicken: „Er fuhr auf veizlur über Hörđaland im Frühjahre“ [59]). „Er zog nordwärts nach Sogn und nahm da veizlur im Sommer“ [60]). „Er zog im Herbst nach Víkin und schickte Nachricht vor sich her nach den Hochlanden und liess veizlur aufbieten, weil er gedächte, im Winter über die Hochlande zu ziehen; hierauf beginnt er den Zug und fuhr nach den Hochlanden, fuhr dort auf veizlur.“ „Sodann fuhr er nordwärts zu den Guđbrandsthälern und nahm da veizlur“ [61]). Später hören wir, dass er nordwärts nach Hörđaland auf veizlur fährt [62]). Dort nimmt er die veizlur, wo sie ihm bereitet waren [63]). Später einmal beschliesst er, über die Hochlande zu fahren. „Aber nicht war so viel Zeit verstrichen, seit er dort auf veizlur gezogen war, als die Gesetze zugestanden oder Gewohnheit der Könige gewesen war. Als aber der König über Land kam, da luden ihn heim die Lendirmenn und reichen Bauern und bestritten so seinen Unterhalt“ [64]). Bei dieser Gelegenheit kam der König auch zu seinem Voigte Björn in Heiđmörk und nahm dort veizla [65]).

Haben wir so vom heiligen Olaf zahlreiche Berichte über die veizlur, so fehlt es auch nicht an solchen von seinen Nachfolgern. Von Magnús góđi heisst es: „So wird berichtet, dass ein Mann beim König Magnús verleumdet war, welcher Þorkell dyđrill hiess; er war ein Sysselmann und Verwandter des Königs; dem war berichtet, dass er nicht dem Könige die Einkünfte so, wie er sie hatte, ausgezahlt hätte. Der König zog zum Gehöfte des Þorkell mit grosser Schaar, ohne dass der davon Vermuthung hatte, weil der König wollte, dass er nicht gehörig bewirthet würde; aber so geschah es nicht. Þorkell nahm den König auf das Beste auf“ [66]). König Magnús

[58]) ib. 122/350. [59]) ib. 129/362. [60]) ib. 129/363. [61]) ib. 137/373. [62]) ib. 144/386. [63]) ib. 145/390. [64]) ib. 172/432. [65]) ib. 174/433. [66]) Fornmannasögur VI, S. 95.

góđi und Harald harđráđi ziehen den Winter nach den Hochlanden auf veizlur[67]). Nach Magnús' Tod sehen wir dann Harald harđráđi auf veizlur ziehen[68]). Von Olaf kyrri erzählt die Heimskringla[69]): „König Olaf hatte ein Grosshundert Gefolgsleute und 60 Gäste und 60 Hausleute, die zum Hofe bringen sollten, was er gebrauchte, oder ausrichten andre Dinge, wie sie der König wollte. Als aber die Bauern den König fragten, warum er eine grössere Schaar hätte, als die Gesetze gestatteten oder früher die Könige gehabt hätten, wenn er auf veizlur fahre, die die Bauern ihm veranstalteten, da beschwichtigte sie der König so: Nicht bekomme ich besser das Reich regiert und nicht ist grösser der Schreck vor mir, als vor meinem Vater, wenn ich auch ein doppelt so grosses Gefolge habe, als er hatte, und auch keine Bedrückung geht darum von mir gegen euch aus, noch will ich eure Verhältnisse belasten." Magnús berfœttr nimmt veizlur auf seinen Höfen[70]). Von Eysteinn und Sigurđr Jórsalafari heisst es: „König Eysteinn und König Sigurđr waren eines Winters beide auf veizla in den Hochlanden, und jeder von ihnen hatte sein Gehöft. Und da wenig Raum war zwischen den Gehöften, in denen die Könige die veizla nehmen sollten, da beschlossen die Leute, dass sie beide zusammen auf den veizlur sein sollten und zwar abwechselnd auf des Einen oder des Andern Gehöft" [71]). Sigurđr Jórsalafari sehen wir im Drontheimschen die veizlur auf dem Königshof einnehmen[72]). Von ihm wird sodann erzählt, dass er einmal auf veizla auf einem seiner Höfe war. Und da am Morgen beim Anziehen der König verdriesslich war, so fragte ihn der Voigt, was ihm die Freude verdürbe, etwa dass ihm die veizla nicht recht behagte oder sonst ein Ding[73]). Von Sigurđr munnr berichtet die Heimskringla, dass er auf veizlur ostwärts nach Vikin mit seinem Gefolge ritt[74]). Von Sverrir[75]) heisst es, dass er nach Valdres

[67]) Heimskr. Har. s. harđr. 25/565. [68]) F. M. S. VI. S. 277. [69]) Ol. s. Kyrr. 4/630, 631. [70]) Heimskr. Magn. s. berf. 8/646. [71]) Heimskr. Sig. Saga Eyst. ok Olafs 25/681. [72]) Morkinsk. S. 174. [73]) Heimskr. Sig. Saga Eyst. ok Ol. 31/689. [74]) Heimskr. Inga s. ok br. h. 18/740. [75]) Sverriss. 19/25.

hinaufzog und auf seinen Höfen veizlur nahm und von dort nach den Gudbrandsthälern; es ward ihm eine Halbmonatsveizla und allen seinen Leuten auf dem Königshofe zu Steig gewährt. Endlich hören wir noch von Hákon ungi, dass er auf veizlur fährt[76]).

Wir haben somit eine grosse Anzahl von Berichten über königliche Gastungen, welche bis in das 13. Jahrhundert hinabreichen. Am zahlreichsten sind sie aus den ersten Zeiten des Grosskönigthums. Seit dem Ende des 11. Jahrhunderts werden sie spärlicher, und die ganz späten Königssagen wissen von ihnen fast nichts mehr. Darnach handelt es sich offenbar um ein weit zurückreichendes Institut, welches mit der Gründung von Königspfalzen, in welchen die Könige sich dauernd aufhielten, und mit dem grösseren Umfange der königlichen Hofhaltung ausser Uebung kam. Im Obigen sind dabei nur die ganz unzweideutigen Belege mitgetheilt worden. Häufig genug heisst es noch sonst, dass ein König die veizla an einem Orte einnimmt, aber es bleibt der Zweifel offen, ob es sich um ein freiwilliges Gastgelage oder um eine gesetzliche Obliegenheit handelt, so dass diese Stellen nicht beweiskräftig erscheinen[77]).

Den Gastungen des Königs zur Seite stehen übrigens die Gastungen des Jarls. So heisst es vom Jarl Hákon in der Fagrskinna: „Harald Gormsson .... setzte Hákon zur Sonderregierung ein .... und gab ihm den Jarlsnamen und hiess ihn veizlur nehmen“ [78]). Vom Jarl Sigurd berichtet die Heimskringla. „Der Jarl Sigurd zog im Herbst hinein in den Stjóradalr und war da auf veizlur; von da zog er hinaus nach Ögló und sollte da veizlur nehmen“ [79]). Den Jarl Sveinn sehen wir auf veizlur in den Stjóradalr ziehen[80]). Aber auch die Sysselmänner scheinen Anspruch auf Gastung besessen zu haben. Wenigstens berichtet die Saga Hákonar, Guthorms

---

[76]) Hákonar saga Hákonarsonar 326/435. [77]) z. B. wenn die versöhnten jamtländer Bauern Sverrir und dessen Gefolge zu veizlur einladen. Sverriss. 24/29. [78]) S. 36. [79]) Sag. af Háraldi gráfeld 5/114. [80]) Heimskr. Ol. s. h. h. 40/247.

ok Inga von Jon dróttning: „Fór hann vid sveit mikla at veizlum[81]).“ Beide seien nur nebenher erwähnt, da die ersteren ganz wie königliche Gastungen anzusehen sind, die letzteren aber erst ganz spät auftreten.

Wenn wir nun an die Betrachtung der mitgetheilten Quellenstellen herangehen, so finden wir, dass uns Belege für die veizlur aus ganz Norwegen zustehen. Am zahlreichsten freilich sind sie aus den Hochlanden, wo uns das Institut auch in schärferer rechtlicher Ausbildung entgegentritt, als in den anderen Landestheilen — aber auch für Víkin, Hördaland, Drontheim fehlt es nicht an Berichten. Erklärlich wäre das stärkere Accentuiren der veizlur in den Hochlanden allerdings darum, weil die Hochlande das Stammland des norwegischen Königsgeschlechtes waren. —

Ueber die Jahreszeit, in welcher die Gastung vom Könige eingenommen wurde, herrschte, wie es scheint, kein fester Brauch. Auf die Hochlande zog zwar, soweit wir sehen, der König stets im Winter, nach den anderen Landestheilen aber auch im Frühjahr, Sommer und Herbst[82]). Wie häufig der König Gastung verlangen konnte, ist nicht überall gesagt. Nur von den Hochlanden heisst es, dass der König alle drei Jahre auf veizlur ausziehen durfte, und Aehnliches werden wir für die anderen Landestheile annehmen dürfen, da auch in Schweden und Dänemark die dreijährige Landfahrt, wie wir sehen werden, üblich war[83]). Wenn das Upphaf rikis Haralds und die Fagrskinna von der jährlichen Gastung, die die Jarle zu geben hatten, sprechen, so trifft dies nicht unsere veizla, sondern, wovon später die Rede sein wird, die Gastung der veizlumenn. Hält der König sich nicht an die gesetzlichen Fristen, so hat er auf Gastung keinen rechtlichen Anspruch. Wenn ihn die Lendirmenn und Grossbauern trotzdem einladen

---

[81]) 8/213. [82]) König Eysteinn spricht einmal davon, dass er nach der Julzeit auf veizlur fahren wolle, Heimskr. Sigurdarsaga 18/673. [83]) Damit stimmt es überein, wenn die Laxdæla den König Hákon Adalsteinsfostri jedes dritte Jahr nach den Brenneyjar ziehen lässt, damit er gerdi frid fyrir land sitt, und wenn sie diesen dreijährigen Zug auf die Gesetze zurückführt. Cap. 12. (ed. 1826).

und seinen Unterhalt bestreiten, wie wir es vom heiligen Olaf hören, so erfüllen sie keine rechtliche Pflicht, sondern handeln freiwillig.

Fest bestimmt ist ferner nicht bloss der Termin, an welchem, sondern auch die Schaar, mit welcher der König Gastung einzunehmen hat. Für die Hochlande speciell bezeugt Snorri, dass die Könige mit 60 oder 70, höchstens aber mit 100 Mannen auf veizlur zu ziehen berechtigt waren, so dass es den Unwillen der Kleinkönige erregt, wenn der heilige Olaf mit 300 Mannen auszieht, was ihr Wortführer dahin ausdrückt, „das sei ein Heer Menschen und nicht die gesetzliche Menge". Damit stimmt es überein, wenn Olaf Kyrri den Bauern, welche sich über sein grosses Gefolge von 120 Männern beschweren, zugesteht, er habe doppelt soviel Gefolgsleute als seine Vorgänger[84]). Da der letzte Vorgang in Niðaróss, wo Olaf Kyrri seinen Hof hatte, sich abspielte und da auch für das Gebiet der Gulaþingslög die Fagrskinna das Gefolge auf 60 Leute feststellt, so sind wir berechtigt, für die sämmtlichen Landestheile anzunehmen, dass das legale Gefolge des Königs die Zahl 60 oder 70 nicht übersteigen durfte — welche Zahl nebenbei bemerkt den doppelten Betrag des bischöflichen Gefolges darstellt, ganz so wie der König die doppelte Busse des Bischofs hat[85]).

Auf wie lange Zeit der König Gastung verlangen durfte, wissen wir nicht. Dass dafür herkömmliche Fristen galten, geht aus der Erzählung Snorris hervor, wonach König Olaf digri, wo er es für nöthig hielt, länger verweilte, als üblich war, und die Bauern zwang, ihm Gastung zu gewähren, auf der anderen Seite aber auch kürzere Zeit blieb, als man erwartete, mitunter nur eine Nacht. Ueber den Zeitraum einer Nacht hinaus pflegte demnach der König sich mit seinem Gefolge aufzuhalten[86]), wie denn ja Sverrir eine vierzehntägige veizla einmal entgegennimmt, was freilich als etwas Beson-

---

[84]) Vergl. die verschiedenen Redactionen in F. M. S. VI S. 214. [85]) Gþl. 200, 185. 91. Damit hängt es wohl auch zusammen, wenn Harald harðráði und Magnús goði sich mit 60 Leuten bewirthen. Morkinskinna S. 20. [86]) Das Regelmässige dürften drei Nächte gewesen sein. Vergl. z. B. Eigla 11/32, 12/33 u. s.

deres hingestellt wird. Ein zu kurzer Zeitraum hätte auch offenbar den Zwecken, welche der König bei seinen Rundreisen verfolgte, nicht entsprochen.

Denn die Zwecke, welche der König bei seinen Rundreisen verfolgte, waren vorwiegend öffentlichrechtlicher Natur. Ganz, wie der Bischof seine Diöcese visitirte, so visitirte der König sein Land. Es handelt sich nicht etwa bloss um ein Controliren seiner Voigte, sondern um eine Beaufsichtigung des Zustandes seines Landes. So forscht der heilige Olaf bei seinen Rundreisen nach dem Christenglauben der Leute, so sehen wir den neugewählten König nach der Wahl sofort seine Rundreise antreten, wobei der Weg, den er einschlägt, genau beschrieben wird. Dabei bietet der König in jedem Volksland das Thing auf und lässt sich von den Bauern huldigen. Als König Hákon góđi von den Dröntern zum Könige über alles Land genommen wird, „da nahm er sich ein Gefolge und fuhr über Land“ [87]). Die Rundreise mit dem Gefolge wird also hier als erste Regierungshandlung des neugewählten Königs angesehen. Als Harald hárfagri dem Schwedenkönige Wermland streitig machen will, zieht er zur selben Zeit dorthin auf veizlur, wie der Schwedenkönig, und „legt das Land unter sich“ [88]). „Die Könige Magnús góđi und Harald harđráđi fuhren über die Hochlande, nahmen veizlur und thingten mit den Bauern“, heisst es an anderer Stelle [89]). Der Zweck, welchen der norwegische König mit seinen Rundreisen verfolgt, entspricht also ganz dem, welchen der isländische Gode verfolgt. Auch hier handelt es sich um eine Beaufsichtigung des Zustandes des Landes in politischer, religiöser und wirthschaftlicher Beziehung. So wird denn das Wort yfirferđ und das diesem nahestehende yfirsókn gebraucht, um die Regierung überhaupt auszudrücken [90]).

Ist dieser Standpunkt der richtige, so spricht von vornherein eine Vermuthung dafür, dass die Gastungslast nicht etwa bloss auf den königlichen Voigten lag [91]). Manche Stellen

---

[87]) Heimskr. Hak. s. gođa 1/83. [88]) Heimskr. Har. s. h. harf. 15/58. [89]) F. M. S. VI. S. 191. [90]) Maurer, die ármenn S. 55—58 (über yfirsókn). Ueber yfirferđ siehe Fagrskinna S. 34, Knytlíngasaga S. 100. [91]) Dieser Ansicht ist Keyser E. Skr. II S. 96.

könnten freilich zu einer derartigen Annahme verleiten. Wenn die Gþl. nur von des ármaðr veizla sprachen, wenn Braut-Önundr sein Gehǫft in jedes Grossherad setzt und über Land auf veizlur fährt, wenn Olaf Tryggvason in Víkin veizlur auf seinen Gehöften einnimmt, wenn der heilige Olaf veizlur für sich aufbieten lässt, „da wo Königshöfe waren"; wenn derselbe König von seinen ármenn spricht, die ihm und seinem Gefolge veizlur bereiten sollten, wenn Sigurðr Jórsalafari und Eysteinn umschichtig auf ihren Höfen die veizlur einnehmen, und wenn den Ersteren sein Voigt fragen muss, ob ihm die veizla behage, mit der er dem König aufwarte, so scheint dies alles dafür zu sprechen, dass der König nur von seinen Vögten die veizlur zu verlangen berechtigt war. Daraufhin scheint auch zu weisen, wenn Skuli den Olaf Kyrri bittet, ihm die Grundstücke zu schenken, auf welchen der König gewohnt sei, zu sitzen und die Julgastungen (jólaveizlur) einzunehmen[92].

Aber andere Stellen drücken sich klar dahin aus, dass auf der Bauernschaft die Last der veizlur lag. So heisst es, dass dem heiligen Olaf die drönter Bauern veizlur veranstalteten, dass er ferner in der Nähe des Markdorfes sich die veizlur gewähren liess, dass er die Bauern veranlasste, die veizlur zu vermehren, als sie nicht ausreichten. Als die Bauernschaft sich bei Olaf Kyrri über die Grösse seiner hirð beschwert, da formulirt sie ihre Beschwerde dahin, „dass der König ein grösseres Gefolge hätte, als die Gesetze gestatteten oder die Könige früher gehabt hätten, wenn sie auf veizlur gefahren wären, welche die Bauern ihnen veranstalteten", und der König muss sie damit beschwichtigen, dass er erklärt, sie sollten dadurch keine grössere Last zu tragen haben. Nur so versteht man es auch, wenn der König nur in bestimmten Zwischenräumen und nur mit dem legalen Gefolge auf veizlur fahren darf. Seinen Vögten gegenüber wären dergleichen Bestimmungen weniger von Nöthen gewesen. Die ármenn waren vom König abhängige Beamten, „des Königs Sklaven", wie der stolze Lendrmaðr Erlingr Skjálgsson sich

[92]) Heimskr. Har. s. harðr. 103/625.

ausdrückte. Eine selbständige Stellung gegenüber dem Könige nahmen sie nicht ein, wie wir sie denn auch nie in Opposition zum Könige sehen. Sie hingen ganz von des Königs Gnade ab, und vollends das Landrecht hätte zu ihrem Schutze keine Bestimmung erlassen. Nur vom Standpunkte einer allgemeinen Unterthanenpflicht sind die den König einengenden Bestimmungen erklärlich.

Wird man darnach eine Obliegenheit der Bauernschaft zur Tragung der veizlur anzunehmen haben, so wird auf der anderen Seite das thatsächliche Verhältniss angesichts der obigen Stellen so zu denken sein, dass der König bei seinen Rundreisen auf seinen Königshöfen (Konungsbúum) bei seinen Vögten Quartier nahm und dass die Bauernschaft ihrer Obliegenheit durch Lieferung von Lebensmitteln an den Königshof, ev. auch durch Aufnahme des überschüssigen Gefolges in ihre Häuser Genüge that. Formell mochte es dem Könige gegenüber der Voigt sein, der ihm die veizla lieferte, und so erklärt es sich, wenn er den missvergnügten König fragen kann, ob ihm die veizla behage, erklärt es sich auch, wenn in der Eigla[93]) der Voigt des Königs Harald þórir grosse Einkäufe an Malz, Weizen und Honig macht, um den König, welcher sich lange auf dessen Hof zu þruma in Víkin aufzuhalten pflegte, angemessen zu bewirthen. Die Eigenschaft der veizla als Unterthanenpflicht wird dadurch nicht tangirt. —

Gegen die Richtigkeit obiger Annahme ist indessen von einer anderen Seite her ein Einwand erhoben worden. Man hat wohl zugegeben, dass es nicht bloss der Voigt war, auf dessen Schultern die Last der veizla lag, — man hat aber trotzdem die Eigenschaft einer allgemeinen Unterthanenpflicht ihr abgestritten. Man nahm vielmehr an, dass gerade die alten Bauerngeschlechter, welche auf ihren Stammgütern sassen, von dieser Last eximirt waren. Der Begriff des odal, so folgerte man, erschöpfte sich nicht in dem Begriffe des Stammgutes, des durch lange Vererbung in einer Familie gebliebenen Gutes, sondern ihm eigenthümlich war vor Allem

[93]) Eigla 19/55.

die völlige Freiheit von jeglichen Abgaben an den König. Gerade darin beständen die einschneidenden Massregeln Haralds in den neu eroberten Ländern, dass er auf die alten Bauerngeschlechter eine Steuer legte, so dass die Odelsbauern wegen ihrer nunmehrigen Zinspflicht sich als von den odul depossedirt, als „Pächter" betrachtet und zum Theile diesem Loose die Auswanderung vorgezogen hätten. Wenn nun Haralds Sohn und Nachfolger Magnús gódi die alte Freiheit der Stammgrundstücke wieder herstellte, so folge daraus, dass nach wie vor das odal, wie von jeglicher sonstiger Abgabe, so von der Abhaltung der veizlur befreit war, dass also nur die Kleinbauern, die nicht im Besitze eines odal waren, sondern auf Almendeland zu Erbpacht oder auf Krongut zu gewöhnlicher Pacht sassen, zur veizla herangezogen werden konnten. Diese Auffassung, welche übrigens auch für die angelsächsischen Verhältnisse Vertreter gefunden hat, ist von norwegischen Rechtshistorikern bald mit Sicherheit[94]), bald wenigstens mit Zweifeln[95]) hingestellt worden. Indem wir uns vorbehalten müssen, die endgültige Antwort auf diese Frage erst nach Behandlung der schwedischen und dänischen Verhältnisse zu geben, wollen wir hier vorläufig nur einige Argumente für und wider die allgemeine Ausdehnung der veizlur vorbringen. Gegen die Ausdehnung der veizlur auf das odal könnte ausser den obigen Quellenstellen sprechen, dass, wo von den stórbœndr in den Sögur bei Gelegenheit der veitslur die Rede ist, die stórbœndr sie freiwillig gewähren. Als z. B. die beiden Könige Harald von Norwegen und Erich von Schweden in Wermland auf veizlur ziehen, da heisst es[96]): „Aki hiess ein Mann, er war der mächtigste Bauer in Wermland, steinreich und hoch von Alter. Er sandte Leute zu König Harald und lud ihn zur veizla. Der König versprach am angesagten Tage zu kommen. Aki lud auch König Erich zur veizla und setzte ihm denselben Tag." Als nun beide Könige

[94]) So Konrad Maurer in „Entstehung des isländischen Staates S. 21 ff.; Krit. Ueberschau I. S. 102—104. [95]) So Aschehoug, Statsforfatningen i Norge og Danmark S. 68. [96]) Heimskr. Haraldss. h. harf. 15/58, 59.

kommen, wird Harald in dem neuen prächtigen, Erich in dem alten abgeschossenen Gastsaal bewirthet — zum Zeichen, dass des norwegischen Königs Macht jung und blühend, des schwedischen alt und verfallen sei. Und als Erich sich darüber beschwert, sagt ihm dies der Bauer offen heraus, was zur Folge hat, dass ihn der König erschlägt. Offenbar haben wir es hier mit einer freiwillig gebotenen Gastung zu thun, wie die feierliche Einladung und der Pomp der Ausrüstung darlegen, und zwar in einer Zeit zu thun, in welcher gerade die Könige auf veizlur ausfahren. Ebenso sehen wir den heiligen Olaf, als er im Naumdœlafylki umherzieht, von den „meisten Magnaten (ríkismenn) und vielen Grossbauern" bewirthet werden[97]), wo doch offenbar der Wortlaut auf freiwillige veizlur hinweist. Derselbe König wird, als er später über die Hochlande zieht, bevor die Zeit dazu gekommen war, von den Lendirmenn und mächtigen Bauern eingeladen und so seine Beköstigung bestritten[98]). Weil die Kleinbauern also die Last der veizla in diesem Falle zu tragen nicht verpflichtet waren, greifen die Grossbauern freiwillig ein. Freilich kann man einem Argumente aus diesen Stellen die Spitze dadurch abbrechen, dass man in jenen freiwilligen Gastungen der Grossbauern einen neben ihren gesetzlichen veizlur einhergehenden Höflichkeitsakt erblickt. Allein ihre Bedeutung wächst, wenn wir sie mit den Reformen Haralds in Zusammenhang bringen, ausserdem aber, wenn wir noch folgenden Punkt erwägen. Wir wissen, dass die Pachtverträge in Norwegen herkömmlich auf ein Jahr (örđ) oder drei Jahre (þrjár arđir) abgeschlossen wurden. Im ersteren Falle sprach man von arđarmáli, im letztern von taka mála á jörđ. In beiden Fällen wurde das Verhältniss regelmässig für die gleiche Frist verlängert, wenn sich nicht für den einen oder anderen Theil Anstände ergaben, und vor Allem galt beim Krongute von jeher der Grundsatz, die Pächter möglichst lange in ihrem Besitzstande zu lassen[99]). Dabei war es aber Rechtens, dass bei Ablauf der einjährigen oder drei-

[97]) Heimskr. Ol. s. h. h. 111/337. [98]) ibid. 172/432. [99]) Brandt, Forelæsninger I S. 297.

jährigen Frist der Pächter, welcher sitzen blieb, seinen Pachtherrn feierlich bewirthete und regelmässig bei der Bewirthung beschenkte. Diese Bewirthung, welche den Namen der veizla trug, erhielt sich bis an das Ende des 13ten Jahrhunderts, bis sie wegen der schon sonst harten Belastung der Pächter von der Gesetzgebung aufgehoben wurde[100]). Für Ringarfki und Hađaland ist nur eine grosse Réttarbòd von Hákon Magnússon erhalten, deren einschlägiger Passus dahin lautet[101]): „Wir verbieten auch jeglichem Manne, irgendwelche Schuldigkeitsbewirthungen (skylduveizlur) von seinen Hintersassen zu nehmen in der Zeit, wo sie antreten ihre Grundstücke zu bebauen, vielmehr wollen wir, dass ihr sie mit Mässigkeit annehmet, damit die, welche antreten, nicht zu hart bedrückt werden von grossen Kosten, und damit ihr nicht das Land durch die vielen Bettler und Pilgrime, die nur bei solcher Gelegenheit sich füttern lassen wollen, ruinirt. Wir haben sie auch frei und ledig von allen Schuldigkeitsbewirthungen der Sysselmänner und Lehnsmänner gemacht“ etc. Wir entnehmen daraus, dass der Pächter den Herrn bei Antritt und Fortsetzung des Pachtverhältnisses feierlich bewirthete, welche Gastung als Schuldigkeitsgastung bezeichnet wurde. Ja, bei solchen Gastungen muss es hoch hergegangen sein, da alles arme Volk die Gelegenheit benutzte, sich einmal satt zu essen[102]). Der Gesetzgeber sieht den Nothstand der sonst schon hart gedrückten landsætir ein und untersagt für die Zukunft allen Pachtherren, solche Gelage zu verlangen, wie er seinerseits den Beamten den Befehl ertheilt, von den skylduveizlur abzusehen. Bezieht sich der erste Theil des Gesetzes auf die privaten Pachtherren, so kann sich der zweite nur auf die Pächter von Krongut oder Almendegut beziehen[103]). Wenn wir nun bemerken, dass nach den Berichten der Geschichtsquellen gerade alle drei Jahre das fara á veizlum seitens des Königs stattfand, so scheint auch dies zu Gunsten der Ansicht

[100]) In Hjaltland tritt sie noch im 16. Jahrh. auf N. G. L. IV S. 441 Note. [101]) N. G. L. III 29. [102]) Vergl. L. L. IV 27. [103]) Vergl. auch D. N. I 213, II 680.

zu sprechen, welche nur die Almende- und Krongutbauern zur Tragung der veizlur heranzieht. Man würde also von diesem Standpunkte aus in dem fara á veizlum eine behufs Erneuerung der Pachtverträge vom Könige gemachte Rundreise nebst feierlicher Bewirthung erblicken. Offenbar ist diese Argumentation auf den ersten Blick bestechend, allein es lässt sich ihr entgegenhalten, dass die Fortsetzung des Pachtverhältnisses bei den einzelnen Bauern nicht stets auf den gleichen Termin fiel, dass ferner das persönliche Erscheinen des Königs für solche skylduveizlur wohl niemals erfordert worden wäre, dass endlich damit das fara á veizlum jeden öffentlichrechtlichen Charakter abstreift, den es doch offenbar besitzt. — Zu Gunsten der entgegengesetzten Ansicht aber, dass auch das ođal der veizla unterlag, liesse sich einmal anführen, dass auf Island der Gode von jedem Thingmanne die Gastung verlangen konnte, dass wir ferner den norwegischen König auf Gastung nach einem Lande ausfahren sehen, in welchem er bis dahin keinerlei Rechte am Krongute besass, nämlich Harald nach Wermland, so dass das fara á veizlum hier lediglich politischen Zwecken dienen konnte, dass endlich bereits vor den Reformen Haralds die Ynglingerkönige auf Gastung ausfahren, während doch in jener Zeit die almennigsbœndr dem Könige gegenüber ganz selbständig dastanden. Unter diesen Umständen müssen wir die endgültige Beantwortung der Frage verschieben, bis wir über die Verhältnisse in Schweden und Dänemark ins Klare gekommen sind. — Ueber Norwegen ist nur noch so viel zu bemerken, dass sich sowohl die bischöfliche, wie die königliche Gastung geraume Zeit forterhalten. Neben der Gastung des Bischofs tritt freilich seit dem 14. Jahrhundert das cathedraticum in den Vordergrund[104]); die königliche Gastung ist uns dagegen noch aus dem 16. Jahrhundert bezeugt. Im Jahre 1347 fordert König Magnús die Bauern in Jaemtaland auf, binnen 14 Tagen an den Sysselmann Nikolaus Peterson die gengiærđ zu entrichten. „Um desswillen gaben wir sie unserem Vertreter, weil wir dieses Mal Geschäfte halber nicht kommen

[104]) D. N. II 144, III 63, IV 64, V 361, VII 170, X 261, 269.

konnten" [105]). 1350 meldet er den Bauern von Rafvunda und Hambradal, dass er auf der Fahrt zum heiligen Olaf bei ihnen über Ostern bleiben wolle, und ersucht bei Strafe des bréfabrot die, welche Netz und Garn haben, für frische Fische in der Zeit zu sorgen [106]). Da die beiden Orte in Jaemtaland liegen, so fällt der Zwischenraum von drei Jahren zwischen beiden Urkunden auf. Wir werden annehmen können, dass es noch um jene Zeit Rechtens war, dass der König alle drei Jahre auf veizlur fuhr. Aus einer Urkunde von 1440 [107]) ersehen wir, dass König Erich der Bauernschaft von Updal im Throndheimschen auf seinem Krönungszuge gewisse Freiheiten ertheilte wegen der Kosten, die sie durch die grosse Bewirthung von ihm und Reichsrathsmitgliedern hatten, Freiheiten, welche Christian I. 1450 [108]), Hans 1483 [109]) und Christian II. 1514 [110]) ebenfalls unter Berufung auf die store giæstning bestätigen. 1491 erklären die Bauern vom Akershus Len, dass sie in Folge ihrer Armuth für keinen anderen Fall gengiærd leisten könnten, als denjenigen, wenn „unser gnädiger Herr König durch das Land fahren will oder unsere gnädige Frau Königin, dann wollen wir gerne bereit sein, ihnen die gengiærd zu leisten an rechter Statt nach alter Gewohnheit" [111]), was darauf hindeutet, dass neben dem Könige auch die Beamten oder Reichsräthe Gastung beanspruchten. Gegen die Auflage von ungesetzlichen Gastungen suchen sich die Unterthanen denn auch durch königliche Handfesten zu schützen. So muss Karl Knutsson bei seiner Wahl und Krönung in Drontheim 1449 versprechen, „keine ungesetzlichen Zölle, Gästereien oder andre Lasten auf die Einwohner des norwegischen Reiches zu legen" [112]). Christian II. befreit in seiner Handfeste von 1513 die Kirche und den Adel von jeglicher Gastung [113]). Fälle aus späterer Zeit sind in den Norske Rigs-Registranter zu ersehen. Im 16. Jahrhundert ist jedenfalls die königliche Gastung in Norwegen noch in Geltung, wobei der alte Name veizla den schwedisch-dänischen Bezeichnungen: gengiærd, giæstning gewichen ist.

105) D. N. V 192. 106) D. N. III 271. 107) D. N. III 760. 108) D. N. II 788. 109) D. N. I 935. 110) D. N. I 1041. 111) D. N. V 954. 112) D. N. VI 531. 113) D. N. IX 478. Vergl. Lange, de norske klostres historie 2. Aufl. S. 89.

§ 3. DIE SCHWEDISCHE GENGLÆRD.

Die schwedische Gastung trägt den Namen der gengiærđ, welchen wir übrigens vereinzelt auch in Norwegen trafen. Nur in dem an Norwegen grenzenden Helsingland hat sich die norwegische Bezeichnung veizla daneben erhalten.

In Schweden haben wir ebenfalls zwischen bischöflicher und königlicher Gastung zu scheiden. Wir handeln zunächst von der bischöflichen Gastung, über welche uns ein sehr reiches Material zu Gebot steht[114]).

Es bestimmen aber über die bischöfliche Gastung zunächst die beiden Aufzeichnungen des Westgötalag, dass, wenn eine neuerbaute Kirche zu weihen sei, die Bauernschaft zum Bischofe Abgesandte schicken solle, welche mit dem Bischofe Tag und Stunde der Weihung verabredeten. Am vereinbarten Tage hätten die Bauern dem Bischofe die gengiærþ zu thun, sofern sie nicht echte Noth davon abhalte. Und zwar sollten sie dem Bischofe Unterhalt gewähren für zwei Nächte und bis zum Anbruch der dritten, also für mindestens 2 Tage und 2 Nächte, ausserdem zwölf Begleitern. Dazu fügt die ältere Redaction, er und alle seine Kleriker dürften Meth trinken, während die Handschriften der jüngeren Redaction den Passus entweder fortlassen oder das Methtrinken auf den Bischof und seinen Kaplan beschränken[115]). Handelt es sich um die Schändung einer Kirche, sei es durch Todtschlag, sei es durch Verwundung in der Kirche oder um Beschädigung des Altares, so soll das betr. Kirchspiel (sókn) dem Bischof für Weihe von Kirche und Altar eine Nacht gengiærþ gewähren und ausserdem drei Mark zahlen[116]). Für Weihung von Kelchen, Messgewändern, Glocken und Crucifixen, sowie für die Firmung soll dagegen der Bischof keine besondere Gegenleistung verlangen, sondern sich mit dem

[114]) Ueber sie vergl. Reuterdahl Sw. Kyrk. Hist. II, 1 S. 245. [115]) I Kb. 2, II Kb. 4. [116]) I Kb. 3. 5. II Kb. 5. 8. 22.

Zehnt begnügen[116], den er ein für alle Male zu beanspruchen hat. Diese Sätze bestätigen im Ganzen die Statuta generalia Scarensis ecclesiae [117], nur dass sie sie noch im Einzelnen ausführen. — Es ergiebt sich also, dass die Gastungspflicht der Bauernschaft im W. G. nur für den Fall der Kirchweihe begründet ist. Ueber die Gastungspflicht des Geistlichen an der Kirche lässt sich die ältere Redaction des W. G. nicht aus, was man nicht für einen blossen Zufall halten kann, wenn man sieht, dass im Jahre 1220 Papst Honorius III. und im Jahre 1234 Papst Gregor IX. den Geistlichen der Diöcese Skara nachdrücklich einschärfen müssen, ihrer Procurationspflicht bei bischöflichen Visitationen zu genügen[118]. Um jene Zeit scheint also eine Gastungspflicht der Priester gegenüber dem visitirenden Bischofe im Westgötaland noch nicht anerkannt worden zu sein. Anders verhält es sich freilich mit dem jüngeren Westgötalag, in welchem die Gastungspflicht der Geistlichen gegenüber dem visitirenden Bischof statuirt wird, ohne dass freilich über den Umfang des bischöflichen Gefolges und die Dauer des Aufenthaltes etwas gesagt ist[119]. Dieser verschiedene Standpunkt beider Redactionen erklärt sich, wenn man das Sendschreiben des päpstlichen Legaten, Wilhelm von Sabina, aus dem Jahre 1248[120] mit in Betracht zieht. Es enthält wichtige Aufschlüsse über die bischöflichen Procurationen. Darnach werden die Bischöfe für ganz Schweden strengstens angewiesen, bei der Visitation keine höheren Anforderungen an die Priester zu stellen, als ihnen nach kanonischem Rechte zukomme. Des Ferneren solle die Dienerschaft der Bischöfe, vor allem der Marschall und Seneschall, bei der Visitation nichts Weiteres von den Priestern oder anderen verlangen, als das zur procuratio Erforderliche, bei Strafe der Excommunication. Mit der Excommunication werden weiter bedroht diejenigen, welche sich dem bischöflichen Gefolge uneingeladen anschliessen, um mit zu hospitiren. Die Gastungszeit wird ferner für die Diöcese Skara da, wo sie bis dahin auf 4 Tage sich erstreckte, auf 3 Tage herab-

---

116) I Kb. 5. II Kb. 8. 117) Schlyter, c. j. I: IV 21/8. 118) Dipl. Suec. 190, 293. 119) IIKb. 73 pr.; IV 21/89, 90. 120) D. S. 359.

gesetzt; wo sie 3 oder 2 Tage währte, soll der Priester das Recht haben, sie gegen 1½ bez. 1 Mark Silber abzulösen. Das Gefolge des Bischofs solle höchstens 20 Pferde betragen. — Wir ersehen daraus, welche Missbräuche bei der bischöflichen Visitation schnell einrissen. Weitere Vorschriften erliess die Kirchenversammlung von Telge 1279[121]), welche nur Procurationen von 2 Nächten kennt. Genau wird hier bestimmt, was der Bischof an Pferdefutter, Bier, Brod, Rindern, Schafen, Schweinen, Hühnern, Enten, Milch, Fischen, Kerzen verlangen dürfe. Uebermässige Anforderungen werden streng geahndet. Insbesondere soll, wenn der Bischof ein grösseres Gefolge, als statthaft sei, mitbringe, der Priester nicht gehalten sein, über das Maass seiner Leistungen hinauszugehen. —

Das Ostgötalag, welches den beiden Urkunden zeitlich am nächsten steht, weist die gleiche Scheidung zwischen Kirchweihe und Visitation auf, wie das W.G. Von der Kirchweihe heisst es[122]):

„Sonach soll man dem Bischofe Botschaft senden; er soll in das Kirchspiel kommen mit 12 Mannen und selbst der dreizehnte: drei Tische sind die Bauern ihm zu gewähren schuldig und drei Mark ihm zu geben für die Weihung. Da sollen die Bauern ihm drei Tonnen Bier schaffen und drei Halbtonnen Waizen und eine Tonne Roggen und eine Tonne Gerste. Das soll er zu seinem Tisch haben und vier Tonnen Hafer und dazu zwei Lasten Futter und drei Pfund Butter und vier Pfund Speck und ein Einmarkrind und zwölf Hühner. Und kommet er nicht an einem Tage, an welchem er Fleisch oder Butter essen darf, da sollen ihm die Bauern so viele Fische dafür als andre Kost geben und sollen damit ledig sein, und ein halbes Pfund Wachs.“

Das Gefolge ist also das Gleiche, wie im W. G. Ebenso entsprechen die drei Tische der dortigen Zeitbestimmung. Aber das O. G. macht für die einzelnen Fälle der Kirchweihe keinen Unterschied bezüglich des Umfanges der Gastung. Es bestimmt vielmehr, dass bei Entweihung einer Kirche durch Todtschlag oder Unzucht in

---

[121]) D. S. 692. [122]) Krb. 2 pr.

der Kirche der Schuldige „die Kirche weihen lassen soll“, d. h. die Kosten für die Weihe zu bestreiten hat[123]).

Im Gegensatze zur Kirchweihe hat bei der Visitation auch im O. G. der Priester die Gastung allein zu tragen. Es heisst[124]):

„Jetzt ist der Bischof schuldig, für seinen Zehnten Krisma und Kleriker, Kelch und Messkleider zu weihen; jedes dritte Jahr zum Kirchspiele zu kommen, zweier Nächte Gastung vom Priester zu nehmen mit 12 Männern und selber der Dreizehnte. Dann hat er das Volk zu firmen und die Geschworenen zu sehen.“

Hier handelt es sich also nur um die Gastung von zwei Nächten. Das Gefolge von 12 Männern ist das gleiche, wie im Westgötalag. Die Visitation hat alle drei Jahre zu erfolgen. Damit stimmt denn auch das Schreiben Wilhelms von Sabina insofern überein, als auch er für die Diöcese von Linköping die Gastungszeit auf 2 Tage festsetzt und „des dritten Tages Tisch erlässt“. Dagegen ist in dem Schreiben das Gefolge auf 20 Pferde festgesetzt und dem Priester das Recht gegeben, mit $1^1/_2$ Mark Silber und 4 Maass (metretis) Honig sich von der Gastung zu lösen. Es hat demnach das Landrecht von Ostgötaland den ihm günstigen Erlass des dritten Tisches acceptirt, ohne die kanonische Gefolgszahl anzuerkennen. Von dem Synodalbeschluss zu Telge andrerseits weicht das O. G. bei der Aufzählung der Naturalleistungen in den Bauern günstiger Richtung ab.

Smålandslagen bestimmt über die Weihung einer neuerbauten Kirche[125]).

„Jetzt haben die Bauern ihren Priester erhalten und ihm und seiner Kirche die volle Gebühr entrichtet, da haben sie dem Bischofe Botschaft zu senden und ihre Kirche weihen zu lassen, weil von Worten Christ lebendig und die Kirche heilig wird. Der Bischof hat eine Tagfahrt für das Kirchspiel anzusetzen, um die Gastung anzurichten; eine Frist von einem Monat sollen sie dazu haben, versprechen für 4 Örtugen Malz und 4 Büchsen gemischten Honigs und

[123]) Krb. 25 pr. [124]) Krb. 13/1, vergl. D. S. 1434. [125]) Krb. 12.

4 Büchsen Butter und für 4 Unzen Rindfleisch und für 4 Örtugen Brod. Mit gesetzlichem Gefolge soll er hinzuziehen mit 12 Männern und er selber der Dreizehnte; drei Tische haben sie ihm zu besorgen, einen am Abend, wann er kommt, den zweiten am Morgen, wann er geweiht hat, den dritten am Morgen, wann er fortreitet. Nicht soll der Bischof nüchtern vom Hofe fortziehen, drei Kornpferde soll er haben, eines, darauf er selbst reitet, das andre, darauf sein Kaplan reitet, das dritte, das sein Gepäck und die Reliquien trägt. Kommt der Bischof nicht zu seiner Gastung und nicht zur Kirchweihe, dann sollen die Bauern zum Bischof ziehen und ihm eine Tagfahrt legen, eine Frist von 15 Nächten. Kommt er nicht und beobachtet nicht die Fristen, dann sollen die Bauern selbst ihre Gastung feiern. Dann soll der Bischof zur Kirche reiten und die Kirche weihen, wann er will, und die Bauern sollen ihm nicht Gastung bereiten, ausser der Bischof beweise seine echte Noth — dann haben die Bauern ihm Gesetzesgastung abzuhalten. Der Bischof hat es in der Gewalt, ob er lieber seine Gastung nehmen will oder 3 Mark für seine Kirchweihe. Die 3 Mark haben die Bauern aus dem ihrigen zu bestreiten und nicht von der Kirche. Wenn der Bischof den Altar weiht, so gebe man dem Bischof 12 Unzen für seine Weihe".

Für die übrigen Fälle der Visitation wird der Bischof durch seinen Antheil am Zehnten entschädigt[126]). Inwieweit ihm der Priester bei der Visitation zur Gastung verpflichtet war, wird nicht gesagt. Doch geht bereits aus der Hervorhebung, dass die Bauern bei der Kirchweihe die Gastung zu bestreiten hätten, hervor, dass in den sonstigen Fällen der Visitation die Last auf dem Priester lag — und das Schreiben Wilhelms von Sabina belehrt uns denn auch, dass in den Diöcesen von Linköping und Wexiö der Priester für 2 Tage den Bischof mit 20 Pferden zu bewirthen hatte, sofern er sich nicht mit $1^1/_2$ Mark Silber und vier Maass Honig davon loslösen wolle, wobei freilich angesichts des Ostgötalag dahin-

---

[126]) Krb. 6.

gestellt bleiben muss, inwieweit diese Vorschriften das småländische Landrecht acceptirt hat.

Wenn wir die mitgetheilten Sätze von Smålandslagen übrigens mit denen des West- und Ostgötalag vergleichen, so ergeben sie insofern einen Fortschritt, als sie statt der Gastung bei der Kirchweihe dem Bischofe das Recht gewähren, eine Gebühr von 3 Mark zu verlangen, und als sie bei der Altarweihe die Gebühr von 12 Unzen allein zulassen.

Uplandslagen bestimmt über die bischöfliche Gastung ausführlich und deutlich[127]):

„Jetzt müssen die Bauern die Kirche weihen lassen, da haben sie dem Bischofe Botschaft zu senden. Der Bischof hat dahin zu kommen und die Kirche zu weihen, weil von Worten ward Christ lebendig und die Kirche heilig. Der Bischof hat ihnen Tagfahrt zu legen, wann er kommen will. Die Bauern sollen ihm Gastung bereiten oder 12 Mark, was die Bauern lieber wollen, sofern mehr als 30 Bauern im Kirchspiel sind. Sind deren weniger als dreissig, so geben sie 8 Mark. Kommt der Bischof nicht zu seiner Gastung, dann sollen die Bauern zu ihm kommen und ihm Tagfahrt legen. Beobachtet der Bischof nicht die Tagfahrt, dann geniessen die Bauern selbst ihre Gastung, und der Bischof weihe die Kirche, wann er selber will. Die Bauern haben ihm weiter keine Gastung zu bereiten, ausser er sei in echter Noth . . . . Der Bischof hat für seinen Zehnt zu weihen Krisma und Kleriker, Kelch und Korporale und Messkleider, Kirche und Kirchhof, Altar und Altarkleider, und nicht mehr Geld oder Gastung von den Bauern zu nehmen, als jetzt gesagt ist, und zu solcher Zeit zum Kirchspiel zu kommen, als er selbst verkündet. Der Priester hat ihm Kost und Gastung zu liefern und nicht die Bauern."

Auch hier wird demnach scharf zwischen Weihe einer neuen Kirche und sonstigen bischöflichen Verrichtungen geschieden, Nur für die erstere sind die Kirchspielbauern zur Gastung ver-

---

[127]) Krb. 4.

pflichtet, wobei ihnen das Gesetz aber bereits Ablösung gegen eine bestimmte Summe Geldes gestattet, ein bemerkenswerther Fortschritt gegen Smålandslagen, welches noch dem Bischofe die Wahl überliess. Für die sonstigen Verrichtungen bei der Visitation macht das Gesetz dagegen nur den Priester zur Gastung verpflichtet, ein Rechtssatz, welcher übrigens auch nicht über das 13. Jahrh. zurückreicht, da Papst Honorius III. 1225 die Procurationspflicht den Priestern der Diöcese Upsala einschärfen muss[128]). Für beide Fälle bestimmt das Gesetz den Umfang der Gastungspflicht nicht. Ueber den Umfang der priesterlichen Gastung klärt uns indessen das mehrfach allegirte Schreiben Wilhelms von Sabina dahin auf, dass der Bischof ursprünglich an einzelnen Orten 4, an anderen 3 Tage verweilte. Indem die Frist für die dioecesis Upsalensis nun auf 3 bezw. 2 Tage herabgesetzt wird, wird zugleich dem Priester gestattet, die dreitägige procuratio mit $1^1/_2$, die zweitägige mit 1 Mark Silber abzulösen. Da sich diese Ablösungsgelder verhalten, wie die obigen 12:8, so werden wir berechtigt sein, anzunehmen, dass sich der Bischof bei der Visitation in den Kirchspielen mit über 30 Bauern 3, in den kleineren Kirchspielen 2 Tage aufhielt, und werden diese Frist denn auch auf den Fall der Kirchweihe zu erstrecken haben. — Das Gefolge des Bischofs für den Fall der Visitation bestimmt das Schreiben auf 20 Pferde. Dass indessen das Landrecht diese Zahl nicht anerkannte, sondern an der Zwölfzahl festhielt, geht aus einem päpstlichen Schreiben von etwa 1260 hervor[129]).

In Södermannalagen heisst es[130]):

„Die Kirche ist erbaut und der Priester dazu gekommen. Jetzt wollen die Bauern sie weihen lassen, da sollen sie zum Bischof fahren, bitten ihn, die Kirche zu weihen. Der Bischof lege eine Tagfahrt mit den Kirchspielleuten, wann er kommen will, und die Bauern beschliessen über die Beköstigung, die der Bischof haben soll, wenn er die Kirche weiht. Der Bischof soll mit 12 Männern und 14 Pferden kommen zu deren Kirche. 3 Mark soll er haben für die

---

[128]) D. S. 239. [129]) D. S. 853. [130]) Krb. 5.

Kirchweihe. Dies ist die Beköstigung, welche ihm die Bauern beschliessen sollen und die er haben soll: 3 Tonnen Bier, eine Tonne Weizen und Roggenbrod, eine Tonne Gerstenbrod, zwei (Maass) Speck, 4 Schafe, 8 Hühner, 2 Gänse. Dazu soll er haben 3 Pfund Butter, 2 Käse, 4 Stockfische. Dazu soll er haben 5 Mark Wachs, dritthalb Tonnen Hafer, 15 Lasten Heu. Er bestimme über die Beköstigung, wie er will. Kommt der Bischof zwischen Walpurgismesse und Michaelismesse, die Kirche zu weihen, da sollen die Bauern frei sein von Wachs und Hafer. Wird der Bischof aufgefordert, eine Kirche zu weihen, und verweigern ihm die Bauern die Beköstigung, die jetzt gesagt ist, dann habe der Bischof Recht, sie zu interdiciren. Wer die Kirchweihe verdirbt mit irgendwelchen Sachen, auf welche Art das kommen mag, der gewähre dem Bischofe Beköstigung für die Reinigung und büsse ihm 3 Mark. Thut es Jemand, der dabei nichts mehr zu wagen hat, und läuft fort, so bestreite das Kirchspiel die Beköstigung für Reinigung der Kirche oder des Kirchhofs. Wegen der Busse seien sie ledig."

Wir sehen, dass darnach die Gastung bei der Kirchweihe in Uebereinstimmung mit den älteren Landschaftsrechten, aber in Abweichung von dem Synodalbeschluss zu Telge geordnet ist. Von einer Ablösung der Gastung ist dem S. M. nichts bekannt. Ueber die Dauer der Gastung sagt es nichts, doch lassen die Leistungen auch hier auf eine Frist von 2 Nächten schliessen. Von der Gastungspflicht des Priesters bei Visitationen weiss S. M. nichts. Auch hier greift das Schreiben Wilhelms von Sabina ein, welches für die Diöcese Strengnäs die Gastungspflicht des Priesters in Uebereinstimmung mit der Diöcese Upsala ordnet, nur dass der Priester die 2tägige Gastung mit 1 Mark Silber und 2 Maass Honig ablösen soll. —

In der älteren Aufzeichnung des Westmannalag, mit welcher die jüngere inhaltlich übereinstimmt, heisst es[131]):

„Der Bischof soll über Land reiten und die Kirche weihen. Er beginnt bei der kleinsten Kirche. Er soll haben

---

131) I Krb. 8. II Krb. 3.

da als Weihgebühr 12 Unzen, einen Tisch, der Stallmeister und Koch 6 Unzen. Der Bischof soll haben 30 Pferde, nicht mehreren braucht man Korn zu geben, als 10. Reitet er zu einer grösseren Kirche, da soll er haben 3 Mark als Weihgebühr, der Stallmeister und Koch 6 Unzen, und zwei Tische, nicht mehr Pferde haben, als früher. Reitet er zur grössten Kirche, da soll er haben 6 Mark als Weihgebühr und 3 Tische, der Stallmeister und Koch 6 Unzen, und nicht mehr Pferde, als früher."

Offenbar tragen die Sätze des W. M. einen eigenthümlichen Charakter wegen der dreifachen Abstufung von Kirchen, die an norwegische Verhältnisse erinnert. Auch nähern sie sich in der Zahl des Gefolges den norwegischen und kanonischen Bestimmungen. — Ueber die Gastungspflicht des Priesters ist nichts gesagt. Nur heisst es an anderer Stelle [132]), dass dem Priester ein Haus gebaut werden soll, in welchem auch eine Bischofsherberge sich befinde. Haben wir bereits daraus zu entnehmen, dass bei den Visitationen der Priester verpflichtet war, den Bischof zu beherbergen, so bestätigt dies das Schreiben Wilhelms von Sabina ebenfalls. Hiernach galt für die Diöcese Westerås das Gleiche, wie für die Diöcesen Upsala und Strengnäs. Jedoch fügt Wilhelm hinzu: In regione autem Vesterdalum arusiensis dioecesis fiat de hiis sicut fuerat hactenus observatum. Es nahm also auch für die Gastungspflicht des Priesters bei der Visitation das W. M. eine besondere Stellung ein. Auch hier werden wir muthmaasslich zwischen kleinster, mittlerer und grösster Kirche zu unterscheiden und darnach die Dauer des Aufenthaltes von 1—3 Tagen zu bemessen haben. —

Das Helsingelag drückt sich nur kurz dahin aus: [133])

„Jetzt haben die Bauern die Kirche weihen zu lassen auf rechten Bischofs Reisen, da haben die Bauern dem Bischof dafür Beköstigung zu gewähren oder zu geben dem Bischofe 12 Mark, was der Bischof lieber will, falls die Bauern mehr sind als 30. Sind die Bauern weniger als 30, da

[132]) I Krb. 2. [133]) Kyrb. 4.

sollen die geben dem Bischof 8 Mark, wie man sie bei Bussen zahlen darf."

Es schliesst sich also Helsingelagen an Uplandslagen an, nur dass es die Wahl zwischen Gastungs- und Ablösungssumme dem Bischofe überlässt.

Was Gotlandslagen betrifft, so erzählt über die bischöfliche Gastung die Historia Gotlandiae 5:

„Als sich die Gutar zum Christenthume wandten, da sandten sie Sendboten zum höchsten Bischof in Linköping, weil er denen der nächste war, damit er mit stetigem Recht nach Gotland komme, den Dienst zu verrichten, unter der Ausmachung, dass der Bischof sollte jedes dritte Jahr nach Gotland kommen mit 12 seiner Mannen, die ihm folgen sollten über alles Land mit ebensoviel Bauernpferden und nicht mehreren. So hat der Bischof über Gotland zu fahren zur Kirchweihe und hat seine Kostung zu nehmen 3 Tische und nicht mehr bei jeder Kirchweihe, dazu 3 Mark; bei der Altarweihe einen Tisch mit 12 Unzen, wenn der Altar allein geweiht werden soll. Falls beide ungeweiht sind, Altar und Kirche, da sollen beide geweiht werden für 3 Tische und 3 Mark Pfennige. Von jedem anderen Priester hat der Bischof Gastung zu nehmen bei seiner Ankunft drei Tische und nicht mehr. Von jedem anderen Priester, der nicht Gastung gewährte in dem Jahre, nehme der Bischof eine Ablösung. Die, welche nicht Gastung thaten bei dieser Gelegenheit, die sollen Gastung thun, sobald der Bischof wieder kommt im dritten Jahre. Aber dann haben die Ablösung, welche bei früherer Gelegenheit Kostung thaten."

Die Quelle dieses in mehrfachen Beziehungen eigenthümlichen Gastungsrechtes bildet die von dem Erzbischof Absalon von Lund und den Bischöfen Carl und Benedict von Linköping um 1220 erlassene Verordnung für Gotland [134]). Da diese den obigen Bericht ergänzt, so sei sie angereiht. Es heisst: Quam ob rem tempore, quo primum haec terra sponte iugum fidei suscepit, Ecclesiae Lingacopensi se nullo cogente subiecit, tali conditione, ut Episcopus illi praesidens ad hanc insulam pro

[134]) D. S. 832.

Episcopali officio visitandam, non nisi tertio quolibet anno debeat et ius habeat accedere. Sed cum intra insulam et episcopalia faciendi venerit, dimidiam partem ecclesiarum, quae sunt in tribus terrae trientibus, corporali praesentia visitabit, ubi a singulis sacerdotibus, qui sunt eisdem trium refectionum, mensarum subterpositarum habeat procuratores. Ad laicos vero pertinebit in qualibet parochia XII equos sibi suisque quibus vehantur administrare. Nec enim cum maiori comitatu sive sequela suorum terram tenetur peragrare. Dimidia vero pars Ecclesiarum reliqua, quas tunc visitare non debet, eodem tamen anno persolvat episcopo, quid debent, in numerata pecunia, secundum conventionem pro varia ecclesiarum facultate factam et communi consensu conscriptam. Illi vero sacerdotes, qui sic solutis praesunt ecclesiis, alio visitationis anno apparatum procurent et exhibeant episcopo. Reliqui vero qui priori vice visitationis onus sustinuerunt, sicuti alii prius fecerunt, iuxta praescriptum conventionis tenorem sese humiliter absolvat. Sicque tantum sexto quolibet anno cuilibet ecclesiae praesidens ex necessitate cogitur apparatum administrare. Nam alternis vicibus quisque procurationes debet exhibere et certam numeratae pecuniae summam exsolvere. Postquam vero secundum ordinem debitum ac congruum praesulis peragratio et apparatuum praeparatio tempestive fuerit a praepositis indicta, sacerdotibus necesse est, ut primo paraturus ab adventu episcopi praeparatorias ad minus septem dierum inducias habeat."

Eigenthümlich ist dem Rechte von Gotland, dass nach ihm die Gastung lediglich dem Priester obliegt, sowohl bei der Visitation, wie bei der Kirchweihe. Die Bauernschaft ist lediglich zur Stellung der Reitpferde verpflichtet. Diese Eigenthümlichkeit erklärt sich indessen aus der Lage der Insel. Da der Verkehr mit der Insel kein leichter war, so wurde hier von einem besonderen Fest der Kirchweihe, zu welchem der Bischof eigens eingeladen wurde, Abstand genommen. Es sollte vielmehr der Bischof nur bei Gelegenheit seiner alle 3 Jahre stattfindenden Visitation die etwa nothwendige Kirchweihe vornehmen. Da für ihn also keine besondere Last mit der Kirchweihe verbunden war, so sieht die Verordnung von 1220 auch davon ab, von der Bauernschaft Gastung zu verlangen. Sie legt lediglich den Priestern auf, welche der Bischof visitirt, 3 Tische zu stellen, wozu die historia Gotlandiae noch 3 Mark bez. 12 Unzen für die Weihung fügt. Die Visitation aber sollte der Bischof in der Weise vornehmen, dass er jedesmal die Hälfte der Insel visitirte, so dass jede Kirche alle 6 Jahre visitirt wurde. Die von der Visitation jedesmal freien Priester sollten dafür eine Ablösungssumme zu zahlen gehalten sein. Diese eigenthümliche Normirung der Gastung bestätigt Bonifacius VIII 1296[135]).

Schliesslich ist noch des Rechtes der Insel Öland zu gedenken. Auch hier fand, wie wir erfahren, Visitation alle 3 Jahre statt[136]). Ueber die Einzelheiten wissen wir freilich nichts. —

Fassen wir das Vorgetragene über die bischöfliche Gastung in Schweden zusammen, so ergibt sich hier, wie in Norwegen, fast durchgehends eine Scheidung zwischen der Gastung bei Kirchweihe und der einfachen procuratio, insofern jene die Bauernschaft, diese die Priesterschaft zu tragen hat. —

Die Kirchweihgastung wies nun aber in dem grösseren Theil der schwedischen Landschaftsrechte das gleiche Gesicht auf. Einmal fixiren die meisten Rechte das gesetzliche Gefolge des Bischofs auf zwölf Begleiter; nur das westmännische Recht zeigte eine Anlehnung an die norwegisch-kanonischen Bestimmungen. Die Zwölfzahl dürfte also die von Alters her überkommene für das bischöfliche Gefolge in Schweden sein, die sich gegenüber den kirchlichen Bestrebungen auf Erhöhung[137]) meist zäh erhielt.

Sodann treten die dem Bischofe zu gewährenden drei Tische in der Mehrzahl der Landschaftsrechte auf. Auch sie werden wir darnach als alte Institution zu betrachten haben. Fraglich ist freilich, ob diese drei Tische nicht ursprünglich nur für die Weihung einer grösseren Kirche gegolten haben. Es zeigt nämlich nicht das Westmannalag allein die Scheidung zwischen grösseren und kleineren Kirchen, sondern auch das

---

[135]) D. S. 1174. [136]) D. S. 888. [137]) Auch die Skenninger Verordnung setzt das Gefolge des Bischofs auf 30 Pferde fest. D. S. 813.

Uplandslag und Helsingelag. Ja, das Schreiben Wilhelms von Sabina scheidet auch für die Diöcesen Strengnäs und Skara zwischen längeren und kürzeren Procurationen. Endlich fanden wir in Norwegen die Gastung nach der Grösse der Kirche verschieden bemessen vor. Alles dies dürfte annehmen lassen, dass auch in Schweden ursprünglich ein Aehnliches gegolten hat, so dass bald zwischen drei, bald zwischen zwei Arten von Kirchen unterschieden wurde, je nach der Anzahl der Parochianen, und dass darnach die Zahl der dem Bischof zu gewährenden Tische verschieden hoch bemessen wurde.

Des Weiteren unterschieden wohl auch die älteren Quellen zwischen Weihung der neuerbauten Kirche und Weihung der geschändeten Kirche, bez. Weihung eines Altares. Jene können wir als grosse Weihung, diese als kleine Weihung bezeichnen. Nur bei der grossen Weihung hatte der Bischof die volle Gastung zu verlangen.

Die Gastung war ferner wohl in den älteren Quellen die einzige Leistung der Bauernschaft. Erst später tritt neben ihr oder für sie ein Geldbetrag auf.

Sowie die Gastung die einzige Leistung ursprünglich war, so war sie jedenfalls auch nicht ablösbar. Erst spätere Quellen lassen Ablösbarkeit zu. —

Halten wir uns diese Grundzüge der schwedischen Kirchweihgastung vor das Auge: Gefolge von zwölf Leuten, drei Tische, unablösbare Naturalleistung der Bauernschaft, so tritt ihre Alterthümlichkeit bereits in dem dem kanonischen Rechte fremden Duodecimalsystem hervor. Da die Weihe der neuerbauten Kirchen zudem der erste Amtsact des Bischofs im Kirchspiel war, für sie zuerst das Bedürfniss einer Regelung der bischöflichen Gebühren durch das Landrecht sich ergab, so haben wir guten Grund anzunehmen, dass sie die ältere Abart der bischöflichen Gastung in Schweden darstellt und das Vorbild für die Visitationsprocurationen der Geistlichen abgab. —

Anders steht es mit den Visitationsprocurationen. Dass diese nicht alten Datums in Schweden sind, ergeben die päpstlichen Schreiben von 1220, 1225, 1234. Der Papst bemerkt, der Bischof habe sich bei ihm darüber beklagt, dass die Geistlichen der Diöcesen Skara und Upsala bei den Procurationen zuviel Schwierigkeiten machten, ja manche sich geradezu weigerten, sie zu leisten. Dies klingt offenbar darnach, als ob die Visitationsprocuration von den schwedischen Geistlichen jener Zeit als blosse Usurpation betrachtet wurde. In der That findet sich im älteren W. G. kein Anhalt für eine Procurationspflicht der Geistlichen. Es heisst mit dürren Worten vielmehr, dass für die Firmung und andere Visitationsgeschäfte der Bischof sich mit seinem Zehnt begnügen solle. Anders liegt die Sache im Ostgötalag, wo die Procurationspflicht der Geistlichen genau beschrieben wird, und zwar in offenbarer Anlehnung an die Kirchweihgastung. Zwischen beiden Rechtsquellen liegen aber die Urkunden von 1248 und 1279, so dass der veränderte Standpunkt des Ostgötalag wohl erklärlich ist. Entgegenhalten darf man auch nicht, dass für Gotland bereits in der Urkunde von 1220 die Visitationsprocuration geordnet wird. Denn wir sahen, dass hier die Visitation in erster Linie der Kirchweihe diente, sie sich also schneller einbürgern konnte. Aber selbst zugegeben, dass die Verhältnisse hier früher entwickelte waren, so bewiese dies für das Festland noch nichts. Es lässt sich für das Festland vielmehr noch aus anderen Gründen das späte Aufkommen der bischöflichen Visitationen nachweisen. Die erste Rechtsquelle des schwedischen Festlandes nämlich, welche die Visitationsprocurationen kennt, das Ostgötalag, bringt das Institut der Visitationen in Verbindung mit der bischöflichen Jury. „Dann hat er das Volk zu firmen und die næmdir zu sehen," heisst es vom visitirenden Bischof[138]). Von den bischöflichen næmdir weiss aber das ältere W. G. noch nichts. Es erscheint dieser Umstand um desswillen von Bedeutung, weil offenbar die Thätigkeit des Bischofs in den Sendgerichten, in welchen die bischöflichen næmdir auftraten, einer der wesentlichsten Zwecke der Visitationen war, so dass das Schweigen über jene auf das Fehlen der ganzen Visitation hindeutet. Nun weiss ja freilich auch das Gotlandslag nichts von næmdir — und trotzdem ist dort für 1220 die bischöfliche Visitation und Procuration bereits bezeugt. Allein das Gutalag hat

138) Krb. 13/1.

grundsätzlich die næmdir nicht anerkannt, während das ältere W. G. die landrechtliche næmd in verschiedener Gestaltung bereits kennt. Spricht also die Nichterwähnung der bischöflichen næmd im älteren W. G. gegen die bischöfliche Visitation überhaupt, so spricht andererseits auch der Zeitraum, innerhalb dessen der schwedische Bischof seine Visitation vornahm, für die späte Entstehung der Visitation in Schweden. Das kanonische Recht schreibt bekanntlich jährliche Visitation des Bischofs vor, die schwedischen Rechte kennen dagegen nur eine Visitationspflicht von drei Jahren zu drei Jahren[139]. Nun fällt auf, dass auch das Königsgericht im Ostgötalag jedes dritte Jahr in jedem Herad abgehalten werden soll[140]. Wir erfahren dabei, dass diese Vorschrift auf Knut Lange zurückgeht, etwa also dem Jahre 1230 angehört. Wenn Knut Lange die Abhaltung des Königsgerichtes für jedes dritte Jahr vorschrieb, so ist anzunehmen, dass um jene Zeit der König alle drei Jahre seine Rundreise durch das Land machte, wie wir dies bereits bei dem Norwegerkönig in den Hochlanden sahen und bei dem Dänenkönig sehen werden. Von diesem Gesichtspunkte aus würde sich die bischöfliche Visitation hinsichtlich der Termine an die königliche Rundreise anlehnen, genau so, wie des Bischofs næmd der Königsnæmd entspricht. Nicht bloss von der Kirchweihgastung, sondern auch von der königlichen Rundreise hätte darnach die bischöfliche Visitationsprocuration ihre Züge entlehnt. — Doch es ist Zeit, auf die königliche Gastung überzugehen. —

Von der Gastung des schwedischen Königs erfahren wir sowohl aus den Urkunden, wie aus den Landschaftsrechten. Sie trägt, wie die Bischofsgastung, den schwedischen Namen gengiærþ, den lateinischen procuratio[141].

Zuerst tritt, wenn wir von Snorris Ynglingasaga absehen, die königliche Gastung in einer Urkunde von 1267 auf[142]. König Waldemar befreit das Kloster Gudhem in Westgötaland

---

139) O. G. Krb. 13/1; Hist. Gotl. 5. 140) Vergl. auch K. Lehmann, der Königsfriede der Nordgermanen. 1886, S. 41. 141) Literatur: Reuterdahl II, 2 S. 216; Strinnholm I 587. IV 659; Schlyter, Jur. Afhandl. I. 38—40. Einige treffende Bemerkungen bei Malmström in Bergstedts Tidskrift 1851 S. 268. 142) D. S. 525.

nebst allen Hintersassen ab omni jure Regio preter procuracionem nostram. Neun Jahre später verzichtet der König dem genannten Kloster gegenüber auch auf die Procurationen[143]), und dieser Verzicht wird 1307[144]) wiederholt. 1279 wird das Kloster Saba in Södermannaland[145]) und das Kloster Alvastra in Ostgötaland[146]), 1296 und 1302 das Gut des Bischofs von Skara[147]), 1307 das Nonnenkloster zu Calmar[148]) von der gengiærđ immun gesprochen. In diesen Urkunden tritt die königliche Gastung neben anderen Unterthanenpflichten, exhibitiones, inposiciones, exactiones, expeditiones, almænnigsøræ, spannæmal, lethungslamæ, skipwist, sakøræ auf. —

Von den Landschaftsrechten handelt am ausführlichsten das jüngere Westgötalag mit seinen Zusätzen über die gengiærđ. Doch wird es gerathen sein, dessen Satzungen erst nach Erledigung der anderen Landschaftsrechte heranzuziehen. Von diesen enthält das Ostgötalag über die königliche gengiærđ selbst nichts. Dass sie in Ostgötaland Rechtens war, geht nicht nur aus der oben citirten Urkunde von 1279, sondern auch aus der Verordnung Königs Magnus für Öland von 1281[149]) hervor. In dieser setzt der König die jährlichen Lasten der Bauernschaft fest. Nachdem er sie aufgezählt hat, erklärt er: His siquidem exhibitis nihil amplius ab ipsis exigatur nisi ex speciali nostro mandato, quum nos ibidem contigerit personaliter advenire. —

In Småland war die königliche gengiærđ, wie aus der oben citirten Urkunde von 1307 sich ergiebt, ebenfalls in Geltung.

Das Uplandslag lässt uns nur mittelbar von der königlichen gengiærþ erfahren. Es heisst[150]):

„Es darf kein Herr gengiærđ aufbieten auf seinem Lehn und kein Lehnsmann weder von den Bauern noch von den Pächtern. Will der Herr oder Lehnsmann Thing mit den Bauern haben, da sorge er selber für seine Beköstigung. Es darf kein Gesetzessprecher auf Kost bei den Bauern reiten, wenn er Thing

[143]) D. S. 617. [144]) D. S. 1535. [145]) D. S. 675. [146]) D. S. 880. [147]) D. S. 1182, 1368. [148]) D. S. 1536. Siehe auch die Urkunde von 1357 in Svenska Riks-Archivets Pergamentsbref Nr. 317. [149]) D. S. 736. [150]) Kiöpmalæb. 10.

haben soll, sofern ihn nicht ein Bauer zu sich heimladen will. Kein Herr oder Lehnsmann darf seine Pferde in die Hundertschaft laufen lassen, so dass die Bauern sie füttern sollen . . ".

Anderen, als dem König, ist darnach nicht gestattet, gengiærđ zu verlangen, selbst wenn sie in öffentlichrechtlicher Function auftreten.

Das Södermannalag wiederholt[151]) die Sätze des Uplandslag. Ausserdem aber zählt es[152]) die Rechte des gewählten Königs dahin auf: „Er hat Upsalaschatz, heimlichen Todtschlag und lediges Erbe, er mag seinen Dienstmannen Lehn geben, Brief schreiben und gengierđir aufbieten, in welche Landschaft er kommen will." Als eines der wesentlichsten Kronrechte erscheint hier also das Recht des Königs auf die gengiærđir. In formeller Beziehung ersehen wir, dass es einer vorherigen Ankündigung seitens des Königs bedarf. — Die Aufzählung der Königsrechte in den Additamenta zum Södermannalag weiss von den gengiærđir speciell nichts mehr. Sie spricht von „allen königlichen Einkünften". Doch hebt sie andrerseits hervor, dass der König bei dem Ritte über die Erichsgasse in jeder Landschaft zu beköstigen ist[152a]).

Das Westmannalag sagt nichts über die gengiærđir des Königs[152b]).

Dagegen sind die Aeusserungen des Helsingelag charakteristisch. In das Helsingland kam der König nicht einmal auf seinem Ritte über die Erichsgasse, geschweige denn sonst im Laufe seiner Regierung. Er begnügte sich damit, seinen Vertreter, den Konungsari, zu entsenden. Von diesem heisst es[152c]):

„So wird gesagt vom Frieden des konungsari. Wenn er über den Marþbækr gekommen ist, dann ist er im gesetzlichen Bereich der Helsinger. Dann ist sein Friede zweimal 16 Unzen auf den Wegen vom und zum Thing, aber im Hofe, wo er die veizla hat, nehme er doppelt so viel, als der Bauer.

---

[151]) Kiöpmalab. 13. [152]) Krb. 3. [152a]) § 9. [152b]) In einer Urkunde von 1480 ist von des Gesetzessprechers gengiærđ die Rede. Dipl. Dalecarl. 270. Ferner tritt die gengiærđ auf in der Urkunde vom 21. Oktober 1378 (R. P. Nr. 1379). [152c]) Konungxb. 10.

Wird die veizla unterlassen auf seiner Hinreise, büsse man 8 Unzen, wird sie unterlassen auf Hinreise und Rückreise, büsse man 16 Unzen und den Werth der veizla."

An andrer Stelle heisst es[153]):

„Wer uneingeladen auf des Königsmanns gengiærđ geht, büsse, falls sie auf Königs Eigen geschieht, 16 Unzen, falls auf Bauern Eigen, 8 Unzen."

Gengiærđ oder veizla werden im Helsingland also vom konungsari auf den Königshöfen oder bei den Bauern eingenommen. Die Bauern sind verpflichtet, die veizla zu gewähren. Unterlassung der veizla (veizlufall) ist strafbar. Dass sich bei den Gastungen des konungsari, wie bei den Gastungen des Bischofs[154]), Unberufene mit anschlossen, geht aus der zweiten Stelle hervor. Auch hier muss also der konungsari mit grossem Gefolge gereist sein.

So vorbereitet treten wir nun an die Sätze des westgöthischen Rechtes heran. Während das ältere Westgötalag von der königlichen gengiærd schweigt, finden wir im jüngeren W. G. und den späteren Quellen des Westgötalandes reichliches Material. Es heisst zunächst im jüngeren W. G[155]):

„Sitzt der Mann ruhig mit der gengiærđ nach drei Ladungen, jede zu 14 Nächten, so leiste er die gengiærđ und dazu 3 Unzen. Die gehören dem, welcher die gengiærđ zu empfangen hat, und keinem Anderen. Will er aber nicht Recht thun, so berufe der Heradshäuptling ein Thing heim zu ihm und nehme heraus die gengiærđ und dazu 3 Unzen und nicht mehr. Da hat Niemand Anspruch darauf, ausser dem, welchem die gengiærđ gebührt."

Sodann an andrer Stelle[156]):

„Stellt sich nicht der Ernannte zur Entgegennahme seiner gengiærđ . . . ein an der ersten Tagfahrt, so büsse er 2 Unzen dem, welchem die gengiærđ gebührt oder beweise seine Verhinderung mit Zwölfmännereid."

Weiter in Lydekins Excerpten[157]):

---

[153]) Þingmalæb. 14/4. [154]) Vergl. D. S. 359/332. [155]) Fornæmisb. 40. [156]) ib. 42. [157]) 116.

„Nimmt Jemand an sich die gengiærđ . . . . ausser dem rechten Voigt und verheimlicht es nicht, so büsse er dreimal 16 Örtugen, doch soll man ihn nicht fangen und nicht in's Gefängniss setzen. Verheimlicht er es, heisse er Dieb darum und büsse nach dem, wie die gengiærđ geschätzt wird."

Darnach war im Westgötaland die gengiærd an die dazu bestimmten Beamten an den festgesetzten Tagen abzuliefern. Die nicht rechtzeitige Leistung seitens des Verpflichteten, wie die nicht gehörige Annahme seitens der Beamten waren strafbar.

Weiter als diese Stellen, führt ein Anhang zum Westgötalag, welcher von des Königs Einkünften in Westgötaland handelt[158]. Der Anhang lautet folgendermaassen:

„Dies sind die gesetzlichen und rechten Einkünfte und Einnahmen in Westergötland: Upsalaschatz, alles alte Krongut, Einsache, heimlicher Todtschlag, lediges Erbe und ein Drittel von allen Strafgeldern, Gesetzesgastung (laghagingærdh) und Allgemeinheitsunze (almænningsöre). Nun ist die Gesetzesgastung auf folgende Art zu verlangen und zu leisten. Hat Jemand mindestens 3 Mark an lebendem Gut und für einen Örtug Korn im Hofe, so leiste er volle gengærđ und vollen almænningsöre. Säet er einen Örtug Korn oder mehr, und hat er nicht bis 3 Mark an lebendem Gut, so leiste er halbe gengærđ und halben almænningsöre. Hat er 3 Mark an lebendem Gut und säet er nicht einen Örtug Korn innerhalb des Gutes, so leiste er halbe gengærđ und halben almænningsöre, und es wird geschätzt eine Kuh für eine Mark, eine Ziege und ein Schaf, jedes für eine Unze und jedes Pferd für 12 Unzen. Ist es schlechter, schätze man es nach dem Werthe. Ein Hengst sei geschätzt, wie er gerade ist. Wer Vieh gepachtet hat, soll dafür gengærđ, almænningsöre und alle gesetzlichen Leistungen entrichten, die ausserordentlichen Steuern aber der, dem das Vieh gehört. Bebaut man ein Stück Land nebenbei, ob das weniger oder mehr ist, und verzehrt das Alles an einem Heerd, so leiste man nicht mehr als eine gengærđ, wo man

---

158) Schlyter I S. 345.

das auch in der Scheune birgt. Sitzen mehrere Leute auf einem Grundstücke und sind doch getrennt bei Mahl und Trank, so leiste Jeder von denen doch seine laghagengærđ, der die ganze, dem das Ganze gehört, und der die Hälfte, dem die Hälfte gehört. Sind sie zusammen um Asche und Tisch, so leisten sie Alle eine gengærđ.

§ 2. Scheiden sich Miteigenthümer und leisten die gengærđ vor Zeugen, bevor sie die Theilung vornehmen, so leisten sie alle eine gengærđ. Leisten sie sie nicht vor Zeugen, bevor sie die Theilung vornehmen, so leiste jeder von ihnen seine gengærđ. Zieht man von Freigut fort, zu welcher Zeit des Jahres es auch sei, so sei man zu keiner Abgabe oder Zahlung verpflichtet vor der Zeit, wo der allmænningsöre zu zahlen ist. Zieht man von unfreiem Gute auf freies, so thue man Recht bezüglich aller Leistungen, die vorher aufgeboten sind, bevor man auf Freigut kam, und nicht anderer. Bebaut ein Geistlicher oder Laie Freigut und unfreies, ist das Freigut mehr, sei alles frei, ist das Freigut weniger, leiste er alle Steuer. Sind sie beide gleich gross, halbe Steuer. Bebaut man nebenbei und führt (den Ertrag) nicht fort, leiste man gengærđ, wo die Saat liegt. Führt man fort, so leiste man gengærđ, wo man wohnt, und nicht mehr. Sind viele Gemeinhänder zusammen, leisten sie alle eine gengærđ. Theilen sie die Saat auf dem Acker, so leisten sie auch alle eine gengærđ und ebenso alle sonstigen Auflagen bis zum Himmelfahrtstage, wo die Kronzölle zu entrichten sind. Zieht man von Freigut vor Himmelfahrt, so sei man ledig von allen Steuern bis Himmelfahrt. Zieht man von unfreiem Gute auf freies, leiste man alle Steuern bis Himmelfahrt .... Nach dem Martinsfeste mag die gengiærđ aufgeboten werden und ein vierzehnnächtiger Termin dazu gelegt werden, so ein zweiter und ein dritter, wenn sie nicht früher geleistet wird. Sitzt Jemand still mit der Gesetzesgengærđ nach 3 Terminen, jedem 14 Nächte lang, so leiste er die gengærđ und dazu 3 Unzen dem, welchem sie gebührt, sie zu erheben. Andre haben darauf keinen Anspruch. Nachdem 3 Ladungstage verstrichen sind, wie früher gesagt ist, soll der Heradshäuptling mit Thing die gengærđ herausnehmen und erhält 3 Unzen dafür, ob es sich um die halbe gengærđ oder um die ganze handelt, und braucht nicht Klage ihretwegen zu erheben.

§ 3. Jeglicher Ernannter über seine Skire soll am rechten Termine zu gengærđ und allmænningsöre sich einstellen, um sie in Empfang zu nehmen, oder büsse 2 Unzen dem, welcher die gengærđ zu empfangen hat, wenn er nicht mit 12 Männern beweisen kann seine Verhinderung. Jeder Ernannte soll für seine Skire mit seinem Eide erweisen, was der Bauer leisten soll, ganz oder halb oder nichts, so auch, was er geleistet hat, voll oder nicht. Giebt der Ernannte nicht rechten Bericht über gengærđ oder allmænningsöre oder unterschlägt er das Halbe oder Ganze, so büsse er 3 Mark dem, welcher die Leistung entgegenzunehmen hat..... Nimmt er etwas an sich von der gengærđ oder dem allmænningsöre oder etwas Anderes, so gelte er es als Dieb je nach dem Werth. Ist es so viel, dass ein voller Diebstahl vorliegt, so hänge man ihn. Ist es weniger, büsse er Gesetzesbussen, wenn er sich nicht mit Eideshelfern wehren kann. Wo Jemand nebenbei baut von seinem Freigute aus, leiste er die halbe gengærđ und nicht mehr. Baut er nebenbei von unfreiem Gute aus, leiste er die ganze gengærđ."

Aus den letzten Bestimmungen ergiebt sich, dass die gengiærđ eine auf allen Grundstücken, soweit sie nicht davon eximirt waren (Freigut), gleichmässig ruhende Last war. Diese Last war abgestuft nach dem Wohlstande des Grundbesitzers, bezw. Pächters. Besass dieser ein lebendes Inventar von mindestens 3 Mark Werth[159]) und einen, wenn auch noch so kleinen Ertrag von Korn, so war er zur vollen gengærđ verpflichtet. Fehlte es ihm an Einem von beiden, d. h. hatte er zwar hinlänglich Vieh, war das Grundstück aber lediglich Weidegrundstück, oder erntete er zwar auch Getreide, hatte

---

[159]) Also 3 Kühe oder 2 Pferde oder eine Heerde von 24 Ziegen oder 24 Schafen.

aber weniger Vieh stehen, so sollte er nur die halbe gengiærđ leisten. Specielle Bestimmungen sind aufgestellt für den Fall, dass Jemand abseits der eigenen Flur eine Parcelle bebaute, dass Mehrere zusammen ein Gut bewirthschafteten[160]) u. A. Für Erhebung der gengiærþ ist ein Beamter aufgestellt, der den Namen næmdarmaþr führt, und dessen Bezirk skire heisst. Dieser Beamte hatte nach dem Martinsfeste, also nach dem 11. November, die gengiærđ aufzubieten und sie musste spätestens binnen 6 Wochen, also bis Weihnachten geleistet werden, widrigenfalls sofortige Eintreibung erfolgte[161]).

Dies der wesentliche Inhalt der Bestimmungen, welche zwar erst im 15. Jahrhundert niedergeschrieben, bereits aus der Zeit des jüngeren W. G. herrühren dürften, da nicht nur die Capitel 40 und 42 des Fornæmisbalkr in ihnen enthalten sind sind, sondern auch an einer anderen Stelle im jüngeren W. G.[162]) die Unterscheidung zwischen Bauern, welche volle gengiærđ leisten und solchen, welche weniger leisten, auftritt.

In's Auge fällt bei diesen Bestimmungen sofort, dass es sich hier offenbar um eine feste, jährliche Steuer handelt, nicht um eine von der Anwesenheit des Königs abhängige Gastung. Vom Könige wird überhaupt nicht gesprochen, der næmdarmađr treibt vielmehr die Steuer ein, für welche ein bestimmter Termin, das Martinsfest, aufgestellt ist. Die Steuer war offenbar in Naturalien, nicht in Geld zu leisten, sie war alljährlich zu leisten, sie gehörte zu den ordentlichen Lasten der Bauernschaft. —

Halten wir das Ergebniss dieser Stellen im Westgötalag mit den Zeugnissen der anderen Landschaftsrechte Schwedens zusammen, so scheint sich eine doppelte Art von gengiærđ des schwedischen Königs zu ergeben: eine ständige Steuer und eine ausserordentliche Gastung, welche der König (bez. konungsari) beim Besuch der Landschaft zu verlangen hatte. Von der

---

160) Vergl. dazu von Amira Obligationenrecht I 187. 161) Von Amira I S. 114, 115. 162) Kirkb. 53; siehe dazu den fulgiærdæ und halfgiærdæ bonde in D. Norv. II 417 und im Helsingelag.

ständigen Steuer spricht das Westgötalag[163]), von den Gastungen spricht das Södermannalag, wenn es unter den Rechten des Königs aufzählt, dass er gengiærd aufbieten kann, in welche Landschaft er kommen will, spricht das Helsingelag, spricht die Verordnung für Öland von 1281, spricht vielleicht auch das Uplandslag an den citirten Stellen. Auf die Gastung scheint es sich auch zu beziehen, wenn es in der Alsnö Stadga von 1285 heisst[164]): „Wir verbieten auch, dass die Bauern gengiærd leisten den Lehnsleuten, sofern sie es nicht selbst wollen". Für die Beisteuer zu dieser Gastung mögen analoge Grundsätze gegolten haben, wie für die Last der ständigen Steuer in Westgötaland. Jedenfalls war die Gastungspflicht eine allgemeine Unterthanenpflicht, da sie neben den anderen Unterthanenpflichten in den Immunitätsurkunden aufgezählt wird. Welche von beiden Abarten der gengiærd die ältere ist, wird nicht zweifelhaft sein können. Offenbar hat sich die Steuer erst aus der Gastung entwickelt, ja, wir werden fragen dürfen, ob nicht die westgöthische gengiærd eine particuläre Bildung in Schweden um jene Zeit war. Nirgends sonst lässt sich für jene Zeit in Schweden eine Steuer, die den Namen der gengiærd trägt, nachweisen[165]). Wo die Landschaftsrechte von gengiærd sprechen, meinen sie stets die von der Anwesenheit des Königs abhängige Gastung. Andrerseits lag gerade Westgötaland dem dänischen Schonen am nächsten, und in Dänemark werden wir voll ausgebildet finden, was in Schweden nur vereinzelt auftrat, die doppelte Art von procuratio. Unter diesen Umständen dürfen wir annehmen, dass die westgöthische gengiærd unter dem Einflusse dänischer Vorbilder zur Entstehung gelangte.

Halten wir uns nun an die ursprünglichere Art der königlichen gengiærd, so ist das Bild, welches uns von ihr entgegen-

---

[163]) An einer Stelle, auf die Amira bereits hingewiesen hat, spricht allerdings auch das W. G. von der Gastung II Jb. 12. [164]) Schlyter, I S. 315. [165]) Das Einzige, was für eine solche spricht, ist der Ausdruck gingerdhaløsn in der ostgöthischen Urkunde vom 25. 3. 1292 (D. S. 1066). Doch könnte dieser sich auch auf die ursprüngliche gengiærd beziehen.

tritt, folgendes: Die gengiærd war die Verpflichtung der Bauernschaft, dem Könige, wenn er in ihr Gebiet kam, die nöthige Beköstigung zu gewähren. Sie war eine allgemeine Unterthanenpflicht, lastete nicht etwa bloss auf den königlichen Hintersassen. Sie war eine auf den Grund und Boden radicirte Pflicht. Nach dem Maasse der Leistungsfähigkeit hatte jeder Bauer den Beitrag zur Verpflegung des Königs zu gewähren. Sie war zu entrichten, wenn der König in das betreffende Gebiet, d. h. wohl in die betreffende Hundertschaft kam, was er aber durch ein Schreiben ankündigen musste. Die Rundreisen des Königs erfolgten dabei nach einem festen Turnus. Halten wir im Auge, dass im Ostgötalag die königliche ræfst alle drei Jahre abgehalten werden sollte, und dass der schwedische Bischof alle drei Jahre visitirte, so werden wir geneigt sein, auch die Leistung der gengiærd als auf je drei Jahre erfolgend anzunehmen, was zu dem altnorwegischen Rechte passen würde. Die gengiærd war, sieht man vom Helsingland ab, nur an den König zu entrichten. Dass Missbräuche im Leben vorkamen, dass auch die Lehnsleute, Herren und Gesetzessprecher gengiærdir erhoben, ersehen wir aus einzelnen Landschaftsrechten. Aber diese Ansprüche werden für unrechtmässige erklärt. Die gengiærd war nur Verproviantirung, nicht Beherbergung. Der König herbergte vielmehr auf seinen Höfen bei seinen Beamten. Bereits von Braut-Önundr sagt Snorri, dass er zwischen seinen Höfen mit seinem Gefolge umherfuhr [166]). Die gengiærd war lediglich eine Verproviantirung des Königs, welcher auf seinen Rundreisen stets sein Gefolge mit sich hatte. Nur im Helsingland finden wir noch die Gastung auf des Bauern Eigen vor.

Wie lange der König zu verweilen hatte, wie gross sein Gefolge sein durfte, worin die einzelnen Leistungen bei der gengiærd bestanden, darüber erfahren wir aus den älteren Quellen nichts, welche doch über des Bischofs gengiærd so redselig sind. Wenn wir aber von der bischöflichen Gastung Schlüsse ziehen wollten, so dürfte auch beim königlichen Ge-

---

[166]) Yngl. 39/31.

folge die Zwölfzahl eine Rolle gespielt haben. Zwölf weise Männer hatte nach Snorri der Schwedenkönig stets bei sich[167]), und wenn sich in ihnen auch sein Gefolge nicht erschöpfte, so bildeten sie vielleicht die Grundzahl desselben[168]).

Offenbar diente die Rundreise des schwedischen Königs aber öffentlichrechtlichen Zwecken. So wie er auf seiner ersten Rundreise, dem Ritte über die Erichsgasse, von Thing zu Thing ritt, so fährt er in der Folge über Land und hält Thing mit den Bauern. „Wenn der König oder Jarl oder die Bischöfe über Land fahren und Thing mit den Bauern halten, dann erwidert der Gesetzessprecher von Seite der Bauern, und sie folgen ihm", heisst es bei Snorri[169]). In jenen Zeiten eben, wo die einzelnen Landschaften nur durch die Person des Königs verbunden waren, und wo andrerseits der König keine festen Residenzen in ihnen besass, erfüllte der König nicht von seinem Hofe aus seinen königlichen Beruf, sondern in steter Bewegung der Reise. Vor allem war es seit der Mitte des 13. Jahrhunderts die Abhaltung des Königsgerichtes, welche den Hauptzweck der Rundreise bildete, ganz ebenso wie die Abhaltung des Sendgerichtes den Hauptzweck der bischöflichen Visitationen. —

Soviel über die schwedische gengiærđ der älteren Zeit. Aus der Folgezeit erfahren wir von der gengiærđ verhältnissmässig wenig. Die bischöfliche gengiærđ verwandelt sich seit dem Schlusse des 13. Jahrhunderts in das cathedraticum[170]). Was die königliche gengiærđ betrifft, so tritt sie noch in Urkunden des 14. Jahrhunderts vereinzelt auf[171]). Meist wird sie freilich unter den allgemeinen onera mitinbegriffen. Wichtig ist für ihre Entwicklung ein Vorschlag des Reichsrathes von 1403[172]), welcher von den Beiträgen der Gemeinden zur Speisung des königlichen Hauses handelt und festsetzt, dass je 4 Männer bestimmte Naturalleistungen im Sommer und

---

[167]) Ol. s. h. h. 96/316. [168]) Die Analogie mit der Bischofsgastung tritt auch in den drei Tischen von O. G. Eghs. 1/1 hervor. [169]) Ol. s. h. h. 76/287. [170]) D. S. 2408, 2653. [171]) Svenska Riks-Archivets Pergamentsbref 317. [172]) Silverstolpe Svenskt Diplom. 380.

doppelt soviel im Winter an die Beamten und den königlichen Hof machen sollten, während sonstige gengiærdir nur bei vorher angekündigter Anwesenheit des Königs oder der Königin zu erlegen seien und die Kirche und Ritterschaft überhaupt keine gengiærdir zu entrichten habe. Offenbar hat sich die Entwicklung in der vom Westgötalag vorgeschriebenen Weise auch im sonstigen Schweden vollzogen, nämlich dahin, dass sich neben der von der Anwesenheit des Königs abhängigen Gastung eine feste Steuer ausbildet[173]). Ja, die Unterscheidung zwischen Sommer- und Wintersteuer lehnt sich, wie wir sehen werden, direct an dänische Vorbilder an. Bemerkenswerth ist dabei, dass die Steuer nun eine Kopfsteuer geworden ist aus einer Grundsteuer.

§ 4. DAS DÄNISCHE SERVITIUM NOCTIUM[174]).

Auch in Dänemark ist zwischen des Bischofs und des Königs Gastung zu scheiden.

Ueber die Gastung des dänischen Bischofs steht uns nur geringes Material zu Gebote. Wir erfahren nämlich aus den Kirchenrechten für Schonland[175]) und Seeland[176]), dass für die Kirchweihe die Bauernschaft verpflichtet war, den Bischof zu beherbergen und gewissen Bediensteten eine Geldleistung zu gewähren. Nach dem schonischen Kirchenrechte „sollen die Bauern den Bischof (aufnehmen und) ernähren während d r e i e r Nächte“, nach dem seeländischen sollen sie „ihn beherbergen e i n e Nacht auf ihre Kosten“. Nach beiden soll der Kaplan

---

[173]) Als solche tritt sie auch in Johann Bures Auszug aus Königs Erich XIII. von Pommern Abgabenbuch von 1413 auf. Siehe R. Hausen Bidrag till Finlands historia 1881—83 S. 306 ff. Die Leistungen in Uplandslagen Kununxb. 10/3, welche Strinnholm IV 661 mit der gengiærd in Zusammenhang bringt, haben mit dieser nichts zu thun. Sie hängen mit dem leþunger zusammen. [174]) Literatur: Steenstrup, Studier over Kong Valdemars Jordebog S. 149—176, 313 ff.; Jacobsen, om de kgl. Nathold etc. in Historisk Tidsskr. Bd. II; Christensen (Hørsholm) Agrarhistoriske Studier 1886 S. 243 ff. [175]) Art. 1 (Schlyter IX 358). [176]) Valdemars sæll. Lov. ed Thorsen S. 66.

ausserdem eine halbe Mark und der Kammerdiener (bursven[177]) eine halbe Unze erhalten. Nach einer Verordnung Christophs I. zwischen 1257 und 1259[178]) wird die procuratio des Bischofs auf 2 Nächte und 6 Mark festgesetzt. Der Bischof soll einen Tag ansetzen, an welchem er zur Consecration erscheinen werde, und soll gehalten sein, an diesem Tage zu kommen, sofern ihn nicht echte Noth abhält, wie andrerseits die Parochianen gehalten sein sollen, ihn aufzunehmen. — Von der Visitationsprocuration des dänischen Bischofs schweigen die dänischen Landrechte, was nicht verwundern kann, wenn man bedenkt, dass sie grundsätzlich interne kirchliche Verhältnisse nicht behandeln. Dass auch sie bestand, erfahren wir aus späteren Quellen, welche zugleich entnehmen lassen, dass mancherlei Missbräuche von Seiten der Bischöfe vorkamen, dass insbes. das Gefolge übermässig anwuchs, so dass die Kirchen hart belastet wurden[179]). —

Es findet sich demnach in Dänemark die gleiche Scheidung zwischen Kirchweihe und Visitationsprocuration vor, welche in Norwegen und Schweden entgegentrat. Die Kirchweihgastung hat auch hier die Bauernschaft, die Visitationsprocuration die Priesterschaft zu tragen. —

Sind wir über die bischöfliche Gastung nur wenig unterrichtet, so haben wir reicheres Material zu Gebote für die Gastung des dänischen Königs. Die Geschichtswerke des Mittelalters zwar liefern uns auch hier nur geringe Ausbeute. Aus der Jómsvíkingasaga[180]) erfahren wir einmal von Sveinn Tjúguskegg, dass er in Seeland mit 600 Männern die veizlur einnimmt. Die Knytlíngasaga erzählt von Knut Sveinsson, dass er auf veizlur mit seinem Gefolge fuhr[181]); als demselben König die Dänen einmal die Heeresfolge verweigern, zieht er mit einem viel grösseren Gefolge, als er gewohnt war, nach Jütland und lässt vor sich die veizlur aufbieten, wo er ver-

---

[177]) Anders deutet das Wort Lund, Ordbog als bryti. [178]) Aarsber. V S. 14. [179]) Scr. rer. Dan. V 266, 268, 270, 287, 289, 292, 296, 593. VI 547; VII 129, 130; VIII 108, 213, 214. In der Diöcese Aarhus wird sie deshalb bereits 1251 gegen das cathedraticum abgelöst. S. R. D. VI 408. [180]) ed. Cederschiöld S. 22. [181]) 31/227.

weilen wollte, und lässt die Bauern alle Lasten tragen[182]. Später sehen wir ihn auf seinem Königshofe zu Sæverendi die veizla einnehmen[183], dann in Odinsvé auf Fünen[184]. Auf Fünen treffen wir dann Olaf Sveinsson auf veizlur fahrend[185]. Bezeichnend ist es auch, was die Saga kurz vorher von Olafs Regierungsantritt mittheilt: „Er zog nach Jütland, und es wurde dort das Thing zu Viborg aufgeboten. Da wurde Olaf zum Könige über ganz Dänemark genommen. Er verschaffte sich ein Gefolge, fuhr über Land, urtheilte nach Recht und lenkte die Regierung[186].

Zeigen sich in diesen wenigen Berichten bereits die gleichen Züge, welche wir in den nordischen Geschichtsquellen trafen, so liefert uns ein reicheres Material das Grundbuch König Valdemars II. aus dem Jahre 1231[187]. Es stellt das Grundbuch bekanntlich ein Verzeichniss der Einkünfte des dänischen Königs dar, welches mit einer gewissen Systematik angefertigt ist. Es zerfällt in ein Hauptstück und eine Reihe Anhangsstücke. 1) Das etwa die Hälfte des Inhaltes einnehmende Hauptstück (45 von 75 Seiten) zählt später zu besprechende Leistungen an den König auf, nach den einzelnen Landschaften, Sysseln und Heraden geordnet. Mit Jütland wird begonnen, über Fünen, Thorsland, Langeland, Laland, Falster nach Seeland und Möen übergegangen und mit Schonland, Halland und Blekingen geschlossen (S. 1—45). Ausser den Leistungen werden aber in vielen Heraden noch die Grundstücke, die dem Könige gehören, verzeichnet. 2) Hieran reiht sich ein Verzeichniss der Krongüter in Jütland, Fünen, Laland, Falster, Seeland, Schonen, Blekingen, Halland, Thorsland, Langeland (45—49). 3) Diesem folgt ein Verzeichniss der dänischen Inseln mit Registrirung der darauf befindlichen Thiere, Burgen und Klöster (50—53). 4) An dieses schliesst sich eine Aufzählung der Leistungen, welche als procuratio hiemalis domini regis de duabus noctibus zu machen sind (53, 54). 5) Nun folgt ein Verzeichniss der Einkünfte des

---

[182]) ibid. 45/251. [183]) ibid. 49/261. [184]) ibid.52/266. [185]) ibid. 66/286. [186]) 65/286. vergl. auch Heimskr. Magnús saga góða 24/532. [187]) Liber census Daniae, Kong Valdemar den Andens Jordebog, Udg. af O. Nielsen Kopenh. 1873.

Königs in Halland, wiederum nach Heraden geordnet (55—58). Die weiteren Stücke sind für uns ohne Bedeutung, da sie Grenzfeststellungen, Protokolle über Rechtsgeschäfte und Beschreibungen von Falster enthalten. Nur die auf S. 73, 74 befindlichen Stücke, welche vom königlichen Gut in Laland handeln, besitzen einen gewissen Werth. —

In Betracht kommt vor Allem das Hauptstück. Den Leistungen, welche im Hauptstück als an den König zu machende verzeichnet sind, ist die Eintheilung des Landes in Landschaften, Syssel und Herade zu Grunde gelegt. Mit Jucia, der Vændesyssel und innerhalb dieser dem Hornsherad wird das Hauptstück eröffnet. Nach Erschöpfung der zu der Vændesyssel gehörigen Herade wird auf die Tysyssel, dann die Sallinghsyssel u. s. f. übergegangen. Innerhalb jeder Syssel werden die Herade vollständig aufgezählt. Bei dem überwiegenden Theil der Herade wird eine Leistung verzeichnet. Nur bei etwa einem Viertel wird die Columne für die Leistung frei gelassen. Sowohl bei den Heraden, bei welchen die Leistung verzeichnet wird, als bei denen, welche der Leistung entbehren, finden wir übrigens auch andre Dinge verzeichnet, vor allem Eigenthum des Königs in dem betr. Herad, z. B. Hærnburghæreth. In Brunnum habet Rex XIII mr auri. Gislumhæræth. XX mr puri praeter quaersaet. In tystathe habet dominus Rex sex mansos et valent LX mr auri. Das erstere Herad entbehrt der Leistung, es ist bei ihm nur der Grundbesitz verzeichnet, der dem Könige gehört. Das zweite enthält zunächst die Leistung, dann ein Verzeichniss des Grundbesitzes.

Die Leistung, welche verzeichnet wird, wird in der Mehrzahl der Fälle dem betr. Herad einfach zugeschrieben, z. B. Hornshæreth X mr, Hildeslefhæreth, Servicium duarum noctium, ohne das einzelne Bezirke oder Orte innerhalb des Herads weiter aufgeführt werden. Jedoch finden sich Abweichungen davon. So z. B. wird innerhalb des Hanherad das Næsboviertel mit einem servicium 1 noctis besonders belastet. Beim Ræfsherad heisst es: Item de claustro Wæstærwigh XX mr. den., beim Fiælandsherad: Lognø X mr puri, beim Fleskumherad:

Trannes II mr arg. etc. Umgekehrt finden wir für mehrere Herade eine gemeinsame Leistung, z. B. für das Guthumherad, Vindingherad und die Stadt Nyborg auf Fünen ein servitium 4 noctium, ebensoviel für das Sæmme- Tunæ- und Ramsiöherad auf Seeland. Wichtig ist aber, dass die Leistung dem Herad als Ganzem zugeschrieben ist, nicht etwa einzelnen Theilen. Wo ein einzelner Theil besonders belastet ist, wird diese Last erst nach Verzeichnung der auf dem Herad liegenden Leistung vermerkt.

Die Leistungen, welche den einzelnen Heraden zugeschrieben sind, bestehen meist in Geld. So hat das Hornsherad 10 Mark, das Vennebergherad 30 Mark, das Kjærherad 15 Mark, das Hvetboherad 15 Mark zu tragen. Dabei wird unter Mark die gezählte, nicht die gewogene Mark zu verstehen sein, wo nicht ausdrücklich der Zusatz argenti oder puri sich vorfindet, wie beim Jarsleffherad, Ulburghherad. Mitunter wird sogar denariorum ausdrücklich beigefügt, doch ist es, wie gesagt, zu ergänzen, wo nicht der gegentheilige Zusatz sich vorfindet. — An Stelle der Geldleistungen tritt aber vielfach eine Naturalleistung auf, so beim Ventfolkherad X mr. annone, beim Skottburghherad XXIIII annone medietas siliginis, bei der Insel Samsø: V mr. tritici, X mr. brasei et III mr. ordei, XL boves, CLXXX porcos et totidem oves. DCCC caseos et tantum de butiro quantum pertinet ad dictos caseos. DCCC stokfiske, XVI mesae alecium. duo fothaer mellis. C anseres. CC gallinas, II mr. ad pisces. — Bei anderen finden wir Geld und Naturalleistungen durch ein vel verbunden, so beim Børglumherad XX mr. den. vel tres mr. siliginis. — Bei wieder anderen tritt zur Geldleistung die Naturalleistung, so für Aerø XXX mr. annone, X mr. arg. et 3 mr. ordei et unam mr. tritici. — Unter den Naturalleistungen besitzt eine für uns besonderen Werth, nämlich das servitium noctium. Das servitium noctium findet sich bei etwas über 40 Heraden. Es findet sich entweder als alleinige Leistung, so z. B. beim Hillerslef Herad in der Tysyssel ein servitium 2 noctium, bei dem Guthum- und Vindingherad, sowie der Stadt Nyborg ein gemeinschaftliches servicium 4 noctium — oder es findet sich neben anderen Leistungen, sei es electiv, z. B. Hanæhæreth. Servitium 2 noctium vel XX mr annone, sei es cumulativ, z. B. Refshøghæreth. Servicium 1 noctis et dimidiae et 4 mr. annone. Was servitium darstellt, liegt auf der Hand. Es ist die königliche Gastung, die uns hier im Grundbuche entgegentritt. Der Umfang dieser Gastung ist verschieden. Wir finden eine Nacht, anderthalb, zwei, drei, vier Nächte für ein Herad. Mitunter finden wir für mehrere Herade ein gemeinsames servitium von 4—6 Nächten. Regelmässig scheint es zwei Nächte betragen zu haben, da für ein servitium regis 2 noctium Stück 4 die einzelnen Procurationsleistungen aufzählt an Honig, Hafer, Roggen, Weizen, Malz, Schweinen, Ochsen, Kälbern, Butter, Hühnern, Gänsen, Salz, Stockfischen etc. —

Ueber dieses servitium noctium nun und mittelbar das ganze Grundbuch König Valdemars hat sich ein Streit erhoben, der uns deshalb angeht, weil er für den Begriff des servitium von Bedeutung ist. Es handelt sich einfach darum, ob das servitium auf dem Herad als Ganzem oder nur auf den königlichen Hintersassen gelegen hat. Allgemeiner ausgedrückt ist die Frage die, ob das Hauptstück des Grundbuches ein Verzeichniss der öffentlichen Abgaben an den König oder ein Verzeichniss seiner privaten Pachtgebühren darstellt. Für die private Natur des servitium hat sich O. Nielsen[188]), für die öffentlichrechtliche Steenstrup[189]) ausgesprochen. Steenstrup geht davon aus, dass im Grundbuche niemals bloss einzelne Grundstücke innerhalb der Herade, sondern immer die Herade als Gesammtheiten zur Tragung der Lasten herangezogen seien. Man dürfe dagegen nicht einwenden, dies sei geschehen, nur um die Sache zu vereinfachen, es seien immer nur die Summen der auf den einzelnen Grundstücken ruhenden Lasten angegeben. Denn die angegebenen Summen stellten stets abgerundete Zahlen, meist Vervielfachungen von 10 Mark, dar, nie Bruch-

[188]) Indledning zum Jordebog S. VI—XIII. Dass die Gastung in Dänemark als Last der Hintersassen gegenüber dem Gutsherrn vorkam, lehren viele Urkunden, z. B. Esrom Klosters Brevbog Nr. 257, 259. [189]) a. a. O. Bereits vor ihm Baden, hist. Afhandl. II 419 ff.; Velschow, Om Bryderne in Hist. Tidsskr. I, 131, 132.

stücke einer Mark. Zwar sei zuzugeben, dass an wenigen Stellen neben den Heraden auch einzelne Complexe ständen, aber hier sei entweder die Deutung möglich, das öffentlichrechtliche Abgaben und privatrechtliche Auflagen neben einander genannt werden, oder, was wahrscheinlicher sei, dass die einzelnen Complexe ausserhalb des Heradsverbandes gestanden hätten und so ihre Aufführung neben der des Herads erforderlich gewesen wäre. Insbesondere bei Städten sei diese Auffassung gerechtfertigt.

Nielsen seinerseits legte darauf Gewicht, dass die den Heraden obliegenden Leistungen weder im Verhältniss zur Zahl der Pflüge, d. h. des bebauten Landes ständen, welches in der sog. Pflugzahlliste (S. 82) verzeichnet sei, noch sich nach der Zahl der in jedwedem Herad vorhandenen Bauern richte. Herade, welche eine grosse Zahl Pflüge und eine grosse Zahl Bauern hätten, brauchten nicht mehr zu leisten, als solche, welche eine geringere Zahl besässen. Dagegen bemerkt Steenstrup, dass die Leistung nicht nothwendig auf allen Grundstücken oder allen Köpfen innerhalb des Herads zu lasten brauchte. Exemtionen von Geistlichen und Grossgrundbesitzern seien keine Seltenheit gewesen, und so erkläre sich die augenscheinliche Incongruenz. —

Gegen die Annahme privatrechtlicher Abgaben spricht nach Steenstrup weiter die Grösse der Leistungen. Es sei nicht gut denkbar, dass der König so bedeutenden Grundbesitz in den einzelnen Heraden besessen habe, wie die Geldsummen, die angegeben wurden, nothwendig schliessen lassen würden. Wir sähen ja mitunter den Grundbesitz des Königs verzeichnet, da nenne das Grundbuch Grundstücke von 2 Mark Silber, ein, zwei, drei Mark Gold, und nenne diese in Heraden, welche 20 Mark Silber zu tragen hätten. Das Verhältniss der Leistung zu der Grösse der genannten Grundstücke wäre dann ein ganz wunderbares, wenn man in Betracht zöge, dass nach dem Jyske Lov[190]) 1/3 Mark Silber als Pachtgebühr für Land im Werthe von 1 Mark Gold zu zahlen wäre, so dass eine Leistung

[190]) III, 13.

von 20 Mark Silber einem Grundbesitze von 60 Mark Gold entsprochen haben würde. Nähme man dann wirklich an, dass der König Grundbesitz für 60 Mark Gold in dem betr. Herad besessen habe, so wäre nicht erklärlich, warum nur wenigere kleinere Terrains im Werthe von 1 Mark Silber bis 3 Mark Gold genannt wurden und nicht alle Grundstücke des Königs. Halte man aber das Verzeichniss des königlichen Grundbesitzes für erschöpfend, so könne man wegen ihres unerhört hohen Betrages die Leistung nicht als Pachtabgabe, sondern nur als öffentlichrechtliche Leistung ansehen.

Weiter führt Steenstrup gegen Nielsen an, dass im Hauptstücke auch städtische Abgaben „exactiones" an den König, und dass die Kroneinkünfte aus Zöllen, Münzen und Ablösungsgeldern für Heerdienst mitunter verzeichnet seien. Offenbar seien diese juris publici und wenn dergleichen öffentlichrechtliche Lasten im Hauptstücke aufträten, so stehe der Annahme, dass auch die auf den Heraden lastenden Geld- und Naturalleistungen, von denen hier die Rede ist, öffentlichrechtlicher Natur seien, nichts im Wege. —

Schliesslich hatte Nielsen sich darauf gestützt, dass bei etwa einem Viertel der Herade unsere Leistung nicht stände. Hiergegen bemerkt Steenstrup, diese Territorien seien muthmaasslich verliehen gewesen, so dass innerhalb ihrer der König kein Recht weiter hatte.

Wir haben die Argumente Steenstrups des Genaueren angeführt, weil wir uns ganz auf seine Seite stellen. Wir stimmen Steenstrup darin voll zu, dass die auf den Heraden liegenden Leistungen öffentlichrechtlicher Natur waren. Aus einzelnen Stellen des Hauptstücks scheint uns dies ganz klar hervorzugehen, z. B. beim Rysherad: LX mr. vel X mr. siliginis III mr. avene XXIV mr. den. exceptis theloneo et exactione, beim Vysherad und Husebyherad LX mr. puri preter theloneum. Es ist nicht gut denkbar, dass offenbar öffentlichrechtliche Einnahmen aus Zöllen so schlechtweg neben private Pachtgebühren gestellt worden wären. Weiter beweist die öffentlichrechtliche Natur unserer Leistungen auch das Verzeichniss der königlichen Einkünfte in Halland, welches auf S. 55—58 sich findet. Die

Ueberschrift dieses ist: Hii sunt redditus in Hallandia pertinentes ad dominum regem. Die Einkünfte werden nach Heraden aufgezählt. Bei jedem Herad wird angegeben, was es generaliter annuatim zu leisten habe, daneben, was einzelne mansiones cum incolis, d. h. königliche Güter besonders zu leisten haben. Offenbar haben wir es hier mit einem Verzeichniss öffentlicher Abgaben zu thun, und es läuft das Hallandsverzeichniss nach unserer Auffassung den diesbezüglichen Theilen des Hauptstückes parallel. Vergleichen wir nun die Angaben in beiden, so ergiebt sich bei drei Heraden Uebereinstimmung. Im Viskærdalherad ist die Summe der jährlichen Leistungen bei beiden auf 40 Mark angegeben. Beim Fyæræherad ist im Hauptstück 80 Mark, in der Hallandsliste 103 Mark und 16 Schilling angegeben. Von diesen 103 Mark gehen aber ab 20 Mark, welche „die mansio Thølæ cum incolis in othænsale" als Pachtgebühr zu leisten hat, so dass sich 83 Mark ergeben. Der Ueberschuss von 3 Mark über die 80 Mark des Hauptstückes ist an sich nicht beträchtlich genug, um ins Gewicht zu fallen; aber auch er fällt fort, wenn wir die summa illius provincie in der Hallandsliste auf dasjenige Jahr beziehen, in welchem der König selbst erscheint, im Hauptstücke dagegen auf die anderen Jahre. In einem solchen Jahre sollen nämlich die rustici noch 3 Mark ad emendos pisces für den König leisten. Fallen diese 3 Mark aber fürdie übrigen Jahre fort, so ergiebt sich Uebereinstimmung zwischen beiden Stücken. Aehnlich ist die Sache im Himblaherad (Henøflœ). Nach dem Hauptstücke hat dieses Herad 80, nach der Hallandsliste 94 Mark zu leisten, aber von diesen 94 Mark sind auch hier 8 Mark der „mansio de Grymætun cum colonis de warum" und 3 Mark, „cum rex venerit", in Abzug zu bringen, so dass die gewiss nicht in Anschlag zu bringende Differenz von 1 Mark übrig bleibt. Bei den übrigen Heraden ist zuzugeben, dass die Beträge nicht übereinstimmen, dass vielmehr die Hallandsliste fast überall bedeutend grössere Beträge aufweist, aber ein Argument gegen die obige Auffassung lässt sich daraus nicht entnehmen. Bei allen Heraden sehen wir in der Hallandsliste mansiones und oppida erwähnt. Der Betrag, den diese zu leisten haben, muss von der Summe abgezogen werden, falls wir zur Uebereinstimmung kommen wollen, und da wir nicht wissen, wie gross dieser Betrag ist, so sind wir nicht in der Lage, das Missverhältniss zwischen dem Hauptstücke und der Hallandsliste aufzuklären. —

Sprechen somit aus dem Grundbuche selbst mehrfache Anzeichen für die öffentlichrechtliche Natur des servitium, so stützen die zwar dürftigen Berichte der Geschichtsquellen, die wir oben mittheilten, jene Annahme. Die Berichte der Knytlíngasaga zeigen, wie wir hervorhoben, durchaus die gleiche Färbung wie die der Heimskringla; sie fassten die Gastungspflicht offenbar als Unterthanenpflicht, nicht als blosse Pflicht der Colonen auf. —

Endlich beweisen auch die Grundsätze, welche das benachbarte Westgötalag über die gengiærđ aufstellt, die öffentlichrechtliche Natur des dänischen servitium. Wir werden gewahren, dass zwischen dem dänischen und westgöthischen Rechte auch in Einzelheiten eine auffällige Uebereinstimmung hinsichtlich der Gastung herrscht. So werden sie hinsichtlich des Cardinalpunktes auf alle Fälle übereinstimmen.

Treten wir nun aber dem dänischen servitium näher, so fällt zunächst auf, dass das Hauptstück des Grundbuchs bei einer grossen Anzahl von Heraden nur das servitium als Leistung verzeichnet, bei anderen wenigstens electiv das servitium neben der Geldsumme nennt. Da es klar ist, dass die Entwicklung sich nur vom servitium zur Geldsumme und nicht umgekehrt vollzogen haben kann, so hat mit Recht Steenstrup angenommen, dass das ganze Hauptstück ursprünglich nichts weiter darstellte, als ein Verzeichniss der königlichen Einkünfte aus Gastungen, an deren Stelle erst allmählich Ablösungssummen traten, wie das cathedraticum an die Stelle der procuratio trat. —

Betrachten wir nun aber das servitium im Einzelnen, so fragt es sich, wie oft war es zu entrichten. Da das Grundbuch die jährlichen Einkünfte des Königs darstellt, so ergiebt sich, dass es alle Jahre zu leisten war, was ja auch die Hallandsliste bestätigt, wenn sie von summa illius provincie annuatim spricht. Indessen zeigt sich doch bald, dass es theils zu eng, theils zu weit gefasst ist, wenn man von jährlicher Leistung des servitium spricht. Einerseits nämlich finden wir auf S. 53 des Grundbuches aufgezählt die Leistungen bei einer procuratio hiemalis domini Regis de duabus noctibus. Von einer Wintergastung des Königs ist also die Rede, welcher sprachlich eine Sommers- oder Frühjahrsgastung entspräche, so dass der König zweimal im Jahre die Leistung zu verlangen hätte. Auf der anderen Seite wird in der Hallandsliste zwischen den Leistungen, welche in den zwei ersten Jahren und der Leistung, welche im dritten Jahre zu machen sei, unterschieden. Die im dritten Jahre zu machende Leistung zeichnet sich durch grössere Mannigfaltigkeit des Inhaltes aus, als die in den ersten 2 Jahren zu machende. Insbesondere sollen die Bauern als Extraleistung, jedweder eine Henne, und Alle zusammen drei Mark ad emendos pisces liefern. Voraussetzung aber ist, dass in diesem dritten Jahre der König selbst kommt. Die Schlussfolgerungen, welche sich dem gegenüber aufdrängen, sind folgende:

Nur jedes dritte Jahr stattete der König in Person dem einzelnen Herad seinen Besuch ab[191]). Für die zwei anderen Jahre wurden die Leistungen an den königlichen Beamten (bryti) abgeliefert, welcher auf dem nächstgelegenen Königshofe sass. Nur jedes dritte Jahr trug also die Leistung den ursprünglichen Charakter einer Gastung, in den beiden übrigen Jahren hat sie den einer Steuer angenommen. Es stimmen diese Schlussfolgerungen auf das Genaueste mit den in Schweden gefundenen Resultaten überein. Auch dort erfolgte von dem næmdarmaþer jährlich ein Aufgebot der gengiærđ, auch dort sahen wir andrerseits den König jedes dritte Jahr umherziehen.

---

[191]) Dies bestätigt übrigens die Jómsvíkingasaga für Fünen. Haraldr Gormsson „fährt über Land“ und nimmt veizlur bei einem Bauern, dessen Tochter Æsa er schwängert. „Und nun trug es sich so zu, dass den dritten Sommer hernach König Harald eine veizla auf Fünen besuchen sollte.“ Fornmannasögur XI. 17/52, 53.

Bestätigt und wesentlich ergänzt werden aber diese Sätze durch einen Blick auf die Hallandsliste. Wir finden dort beim Faardasa- Arestathe-Halmstadhæ- Tundersæ- und Höghsherad unterschieden zwischen wintærstuđ und warstuđ, eine Unterscheidung, welche der Unterscheidung von procuratio hiemalis und aestalis voll entsprechen würde. Wir finden diese Unterscheidung an der Stelle, an welcher in den voraufgehenden Heraden von der Leistung in den ersten zwei Jahren die Rede war. Die Winterstuđ, folgert Steenstrup mit Recht, ist danach die im Beginn des Winters, die warstuđ die im Frühjahre zu machende Leistung, falls der König nicht anwesend ist. Im Gegensatze zum Westgötalag war also die Leistung in jedem Jahre zweimal zu machen, wie auch die spätschwedische Entwicklung sich gestaltete[192]).

Von hier aus ergiebt sich, dass wir zwischen zwei Arten von Leistungen zu scheiden haben, der stuđ, d. h. der jährlich zweimal zu entrichtenden Leistung, und der wirklichen Gastung, die in jedem dritten Jahre an den König zu liefern ist. Die stud ist also, wie bereits Schlyter[193]) erkannt hat, historisch aus der Gastung erwachsen. Betrachten wir beide näher:

1. Von der stuđ erfahren wir aus den dänischen Landschaftsrechten[194]), dass sie ratione fundorum, „fore husætoft“ bezahlt werden solle. Andreas Sunesen übersetzt bei dieser Gelegenheit das Wort stuđ mit que debentur procurationi regie. Die stuđ war darnach eine Grundsteuer, und zwar war sie eine allgemeine Grundsteuer. Dies ergiebt sich, auch vom Obigen abgesehen, aus den Immunitätsurkunden[195]). — Die Leistung der stuđ hatte an den königlichen Voigt zu erfolgen, welcher vorher den Leistungstag anzugeben hatte. Wurde nicht geleistet, so schritt der Voigt zur Pfändung[196]). Zu leisten waren

---

[192]) Vergl. ob. Note 172. [193]) Glossarium zur Ausgabe von Skånelagen. Ihm folgt Lund, Ordbog. Uebrigens vergl. schon Cronholm, Skånes politiska Historia I 366. [194]) Steenstrup 165—167. [195]) D. S. Nr. 401, 959, 2996, 3850, 4422; Esrom Klosters Brevbog 45, 52, 53, 58, 63, 69, 70, 72, 76; Dipl. Viberg. Nr. 9; Seidelin Dipl. Flensb. I Nr. 16, 24; Rydberg, Sverges Trakt. II S. 19. [196]) Er. Sæll. Lov. III, 63.

Naturalien, vornehmlich Korn, weshalb die Handfeste von 1282[197]) von studkorn spricht, ausserdem Butter, Käse. Häufig trat an deren Stelle eine Geldleistung.

2. Die eigentliche Gastung, das servitium, welches jedes dritte Jahr erfolgte, setzte voraus, dass der König in Person erschien. Den König begleitete sein Gefolge, welches, nach der procuratio hiemalis auf S. 53 des Grundbuches zu schliessen, sehr gross war. Hatte ja doch auch die Jómsvíkingasaga von 600 Personen erzählt. Die Grösse dieses Gefolges mochte die Ursache sein, dass mitunter mehrere Herade zusammengelegt wurden, um die Gastungskosten zu bestreiten. Der Aufenthalt des Königs in den einzelnen Heraden schwankte zwischen einer Nacht und sechs Nächten. Der König hielt sich in Person dabei wohl auf seinem Hofe bei seinem Voigte (bryti) auf, während sein Gefolge sich in die umliegenden Dörfer vertheilen mochte. Zu der Gastung hatten, wie zur stuđ, die sämmtlichen Bauern, welche im Herad angesessen waren, einen Beitrag an Naturalien zu leisten. Denn sie war ein Entgelt für die Handhabung der Regierung, welche der König auf seiner Rundreise ausübte, vornehmlich seit dem 13. Jahrhundert für die Abhaltung des Königsgerichtes. Nur die immunen und die beliehenen Territorien waren von der Gastung frei. —

Dies das Bild, welches wir für die dänische Gastung aus dem Grundbuche Valdemars erhalten. Es gleicht, wie wir sehen, durchaus dem Bilde, welches wir von der westgöthischen gengiærđ erhielten. Die schwedisch-dänische oder wenigstens westgöthisch-dänische Gastung weist offenbar gegenüber der norwegischen veizla ein jüngeres Gepräge auf. Neben und aus der alten Naturalleistung, welche ein Entgelt für die persönliche Handhabung der Regierungsgewalt ist, hat sich in Dänemark und Westgötaland eine ständige, von dem Erscheinen des Königs unabhängige Steuer entwickelt.

Was die späteren Verhältnisse in Dänemark betrifft, so verwandelt sich die bischöfliche Gastung bereits im 13. Jahrh. in das cathedraticum[198]). Die königliche Gastung dagegen er-

---

[197]) Ribe Oldemoder ed. Nielsen S. 26. [198]) Siehe oben N. 179.

hält sich bis in das 16. Jahrhundert als allgemeine Unterthanenpflicht. Noch im Jahre 1505 reist König Hans mit 300 Pferden auf Gastung aus[199]). Ja, es bildet sich neben dem königlichen Gastungsrecht ein Recht des Voigtes, gjaldkyri, Kellermeisters des Königs aus. In Jütland erhalten sogar die königlichen Jäger ein Recht auf Gastung bei den Jagden. Allmählich wurden die Gastungen mehr und mehr abgelöst, bis sie im 16. Jahrhundert verschwanden[200]).

§ 5. RÜCKBLICK AUF DIE SKANDINAVISCHE GASTUNG.

Werfen wir nunmehr einen zusammenfassenden Blick auf die drei skandinavischen Königreiche zurück, so stellt sich uns die älteste Gastung folgendermassen dar:

Aus den Zeiten des Kleinkönigthums her hat der nordgermanische König den Anspruch auf Gastung bei seinen Rundreisen. Zuerst kaum mehr als jeder andere Grossgrundbesitzer, ohne feste Pfalzen, ohne ständigen Hofhalt, ohne den weitverzweigten Apparat eines königlichen Beamtenthums übt er in Person seine Regierungsrechte aus durch Bereisung seiner Landschaften. So sehr erscheint diese Bereisung als Hauptbestandtheil seiner Regierungspflichten im Frieden, das yfirferđ und yfirsókn Bezeichnungen für die Regierung bilden[201]). Die Bereisungen bilden eine Wohlthat für den Unterthan. Auf ihnen übt der König die Aufsicht über seine Vögte, schlichtet er, später aburtheilt er Streitigkeiten, verhandelt er mit der Bauernschaft auf deren Thingversammlungen, vollzieht er muthmaasslich in der Heidenzeit das Opfer (blótveizla)[202]), gewährt er den Impuls zu Neuerungen. Zum Entgelte bewirthen ihn die Bauern, in deren Gebiet er sich aufhält, nebst seinem Gefolge. Diese Bewirthungspflicht schliesst, soweit wir sehen

---

199) Christensen S. 243. 200) Christensen S. 244—248. 201) Von den Einwohnern von Járnberaland sagt in diesem Sinne die Sverrissaga 11/13: váru þeir úvanir konunga yfirferđ. 202) Indem er die Götterbilder mit sich führt. Siehe K. Maurer, Bekehrung des norwegischen Stammes. II 217.

können, keine Herbergspflicht in sich. Sowohl in Norwegen, als in Schweden, als in Dänemark hat der König im Lande zerstreut seine Königshöfe (konungsbú), die sein Voigt (ármaðr, bryti, lensmaðr) verwaltet. Auf diesen Höfen nächtet der König. Dort nimmt er den Beitrag der Bauern entgegen. Snorri führt die Gründung solcher Königshöfe in Schweden auf Braut-Önundr zurück, denjenigen Ynglingerkönig, welcher die öden Marken roden und bebauen und Wege über ganz Schweden brechen liess[203]). Bereits der ältesten Zeit der Urbarmachung schreibt demnach die Ueberlieferung die Errichtung der Königshöfe zu.

Die Gastungspflicht ist eine allgemeine Unterthanenpflicht, die muthmaasslich nach der Grösse der Grundstücke sich abstufte. Auch die Odelsbauern waren ihr demnach unterworfen. Was für Norwegen zweifelhaft blieb, ergänzen die schwedisch-dänischen Quellen. —

Art, Zeit und Maass der Gastung waren dabei nach älterem Volksrecht genau bestimmt. Aus allen drei skandinavischen Reichen haben wir Belege dafür, dass alle drei Jahre der König gastete. Von Norwegen wissen wir, wie gross sein Gefolge sein durfte. Ueberall war die Gastung ursprünglich reine Naturalleistung. —

Die Gastung hatte überall ursprünglich zur Voraussetzung, dass der König in Person erschien. Eben weil sie ein Aequivalent für die Handhabung der Regierungsgewalt war, wurde Stellvertretung nicht geduldet.

In dieser Gestalt fügt sich die Gastung durchaus in den Rahmen des alten Rechts ein, in welchem der König nur ein Organ im starren Gefüge des seine Befugnisse genau abgrenzenden Volksrechtes ist.

Dieser königlichen Gastung läuft in allen drei skandinavischen Staaten parallel die Kirchweihgastung des Bischofs. Wie die Kirchweihe der ganzen Bauernschaft zu Gute kommt,

---

[203]) Heimskr. Yngls. 37/30. In Norwegen sitzt der greise Harald oft auf den Grosshöfen, die er hatte im Hörðaland zu Alreksstadir oder zu Sæheim oder zu Fitjar oder zu Utstein oder zu Ögvaldsnes in Körmt Heimskr. Haraldss. 40/78.

so soll die ganze Bauernschaft dafür eine Gegenleistung machen, deren Umfang ebenfalls genau durch das Volksrecht bestimmt ist, sowohl hinsichtlich des Gefolges, welches der Bischof mit sich führen, als hinsichtlich der Zeit, welche er verweilen, als hinsichtlich der Leistungen, welche er verlangen durfte. Auch bei der Kirchweihe war das persönliche Erscheinen des Bischofs nothwendig.

Dagegen entspricht der königlichen Gastung nicht die Visitationsprocuration des Bischofs. Diese hatte nicht die Bauernschaft, sondern der Priester zu tragen. Nur äusserlich lehnt sich die Visitation des Bischofs an die Rundreise des Königs an.

Wohl aber entspricht der Visitationsprocuration des Bischofs ein Institut in Norwegen, dessen Besprechung bis zu dieser Stelle aufgespart ist. Wir hatten früher auf die in den Rechtsquellen vorkommende veizlujörđ hingewiesen. Es wird nunmehr geboten sein, ihr Verhältniss zur veizla abzugrenzen. Nach dem früher Vorgetragenen ist es klar, dass es sich bei der veizlujörđ um Grundstücke handelt[204]), welche der König an seine Vögte und Gefolgsleute verlieh, und diese Bedeutung bestätigen denn auch sonst die Quellen. Oefters berichtet die Heimskringla von ármenn oder lendirmenn, welche grosse veizlur besassen; das Wort veizla wird dann wohl neben gjöf oder eignir oder lèn, auch wohl dem lèn gegenüber gestellt[205]). Von 12 marka veizlur, die ein lendrmađr erhält, wird einmal gesprochen[206]). Nach der Hirđskrá gebührt dem lendrmađr sogar eine 15 marka veizla, der Kanzler soll í veizlu haben einen 10 marka boll, der hirđprestr eine 5 marka veizla[207]). Für die Gefolgsleute gebraucht die Hirđskrá an anderer Stelle den Ausdruck veizlumenn[208]). Offenbar handelt es sich, wie die Nebeneinanderstellung von veizla und gjöf oder eignir

[204]) Auch wenn die Gþl. nicht von veizlujarđir sprächen, würde sich aus den Geschichtsquellen ergeben, dass mit veizla in diesem Sinne ein Grundstück gemeint ist. Vergl. z. B. Heimskr. Ol. s. h. helga 180/439. [205]) Heimskr. Olafssaga Tryggv. 83/188; Olafss. h. helga 132/366; Magnúss. bl. 4/707. [206]) Heimskr. Haraldss. harđr. 38/576. [207]) N. G. L. II 406, 409, 410. [208]) N. G. L. II 428; siehe auch L. L. III 12.

darthut, um eine Uebertragung nicht zu Eigenthum, sondern nur zu dinglichem Rechte. Aber auch mit dem Lehn deckt sich die veizla offenbar nicht vollständig, weil beide einander gegenübergestellt werden, wenngleich Lehn und veizla inhaltlich nicht sehr verschieden gewesen sein mögen. Offenbar hat die veizlujörđ entweder ihre Bezeichnung vom Recht oder von der Pflicht des Empfängers zur veizla. Fasst man sie im ersteren Sinne auf, so wäre die veizlujörđ ein Nutzungsrecht am Grundstücke[209]); fasst man sie im letzteren Sinne auf, so wäre sie ein mit der Verpflichtung zur Gastung empfangenes Grundstück. Bereits Thorlacius, Kofod Ancher, Keyser, Maurer, Hertzberg u. A. haben sich in letzterem Sinne entschieden, und auch wir tragen kein Bedenken, die veizlujörđ so aufzufassen. Ganz deutlich weisen auf diese Auffassung die oben citirten Stellen der Fagrskinna und des Upphaf ríkis Haralds hin, welche die Jarle gehalten sein lassen, den König jährlich zu bewirthen. Weiter weist darauf aber auch die Réttarbòd von 1308[210]) hin, welche bestimmt: „Wir haben jetzt die Anordnung erlassen, dass, wer immer eine Syssel vom Könige empfängt, von da ab schuldig sein solle, ihm und einem Hundert seiner Leute Beköstigung von seinem eigenen Gute zu gewähren, solange Jener in seiner Syssel verweilt, Recht unter den Leuten zu thun.“ Die Neuerung der Vorschrift wird in der Festsetzung des Gefolges auf 100, nicht in der Statuirung der Bewirthungspflicht zu erblicken sein, welche letztere vielmehr alten Datums war, da sich ja auch bei den niederen Leihverhältnissen eine Bewirthungspflicht der Beliehenen vorfand[211]). Die Bewirthungspflicht der veizlumenn unterschied sich von der der Bauernschaft dabei aber wohl durch ihre häufigere Wiederkehr. Alljährlich sollte sie nach dem Upphaf und der Fagrskinna stattfinden, und die Réttarbòd von 1308 stellt gar keine Termine auf. Es verhielt sich darnach die Gastungspflicht der norwegischen veizlumenn zu der der Bauern, wie die Gastungs-

---

[209]) So fassen sie auf Dahlmann Geschichte von Dännemark II S. 311; Munch Saml. Afhandl. I, 81. [210]) N. G. L. III 75. Dazu D. N. II 224 syslur iærder æder adrar væitzslur. [211]) Oben N. 100.

pflicht der norwegischen Priester zu der der Parochialgemeinde.

§ 6. DIE ANGELSÄCHSISCHE FEORM[212].

Die angelsächsische Gastung tritt uns unter dem Namen pastus, pastio, refectio, victus, convivium, feorm, firma fast ausschliesslich in Urkunden entgegen. Die Gesetze der angelsächsischen Könige wissen so gut wie nichts von ihr. Und dasjenige, was wir über die Gastung erfahren, betrifft meist die Gastung des Königs. Von der bischöflichen procuratio ist so wenig bemerkbar, dass auf sie nicht besonders eingegangen zu werden braucht[213].

Alten Rechtes war zweifellos auch bei den Angelsachsen die Rundreise des Königs. Ueber Aedvin von Northumberland, den Frodi der Angelsachsen, berichtet bereits Beda[214]: Tantum vero in regno excellentiae habuit, ut non solum in pugna ante illum vexilla gestarentur, sed et tempore pacis equitantem inter civitates sive villas aut provincias suas cum ministris semper antecedere signifer consuesset. Von Edgar (959—975) heisst es, dass er nicht bloss in jedem Sommer, sondern auch im Frühjahre und Herbste durch alle Provinzen ritt, über das Recht wachend[215]. Auch von Knut wird erzählt, dass er more assueto regni fines peragraret[216]. Gerade von diesem letzten König haben wir aber eine Satzung, die einzige fast, welche sich auf die königliche Gastung bezieht. Er bestimmte[217]: „Dies ist dann die Erleichterung, durch die ich alles Volk vor dem bewahren will, womit sie früher allzusehr gedrückt waren. Das ist dann das Erste, was ich allen meinen Gerefen gebiete, dass sie zu dem Meinigen recht Sorge tragen und mich daraus

---

212) Literatur: Kemble, die Sachsen in England übers. von Brandes I 124, 241 ff., II 49—52; R. Schmid, die Gesetze der Angelsachsen 2. Aufl. Glossar sub voce feorm, folcland; K. Maurer in Krit. Ueberschau I S. 102 ff. 213) Kemble berührt sie nicht. Aus den Urkunden in Kemble's Codex diplomaticus sind hierher zu ziehen: Nr. 73, 185, 216, 610 etc. 214) (ed. Holder) II, 16. 215) Malmsbury Gest. reg. II, 156. 216) Kemble Sachsen II, 50 Anm. 2. 217) Schmid S. 306—309.

unterhalten, und dass ihnen Niemand als Beihilfe zum Unterhalt irgend etwas zu geben braucht, ausser wenn er selbst will. Und wenn Jemand hierfür Wette einfordert, habe er seine Were an den König verwirkt.“ Die angelsächsischen Worte für Unterhalt und für Beihilfe zum Unterhalt sind feormian und feorm-fultum, die lateinischen servire und firmae adjutorium. Am klarsten drückt sich über den Sinn obiger Stelle der codex Colbertinus dahin aus: „In primis praecipio omnibus praepositis meis, ut in propriis villis meis bene et pleniter avent et seminent et culturas optime colant et inde me et meos pascant. Et nemo cogatur eis ad firmae adjutorium aliquid dare nisi sponte sua velit. Quod si aliquis dehinc forisfacturam aliquam exegerit ab aliquo qui eos adjuvare ad hoc noluerit, pretium suum, id est were, regi persolvat.“ Es ergiebt sich aus der Stelle, dass es bis Knut Rechtens war, dass alles Volk einen Beitrag zum Unterhalte des Königs leistete. Der königliche Voigt hatte die Befugniss, diesen Beitrag einzutreiben. Für die Zukunft hebt Knut diese Beitragspflicht auf, da sie eine harte Last für das Volk sei. Ja, er bedroht den Voigt, der den Beitrag noch ferner eintreiben sollte, mit der Strafe des Wergeldes an den König. —

In den Urkunden tritt der pastus bereits seit dem 7. Jahrhundert auf. Im Jahre 680 befreit der König eine Kirche ab omnibus tributis et vectigalibus .... et ab omni opere regale, a pastu regis et principis et subditorum eorum[218]). In einer Immunitätsurkunde von 706 wird unter den Lasten, von welchen der Bedachte befreit ist, der victus genannt[219]). Auf die Gastung bezieht es sich wohl auch, wenn Aethilbald 719 allen Kirchen und Klöstern seines Reiches einräumt, ut a publicis vectigalibus, operibus et oneribus absolvantur .... nec munuscula praebeant regi vel principibus nisi voluntaria[220]). Wenigstens specialisirt eine andere Urkunde von 749 die munuscula als in saeculare convivium regis vel principis erfolgend und schreibt vor, dass sie a subditis

---

[218]) Kemble Nr. 17. [219]) Kemble Nr. 56. [220]) Kemble Nr. 70.

minime exigantur nisi amore et voluntate praebentur[221]). 781 tritt Offa an den Bischof Headored gewisse Orte ab mit dem Privileg, dass sie keine grösseren Lasten tragen sollten, als der Bischofssitz. Nec non et trium annorum ad se pertinentes pastiones id est VI convivia libenter concedendo largitus est[222]). Da die rückständigen Gastungen für drei Jahre aus 6 convivia bestehen, ergiebt sich, dass der König für jedes Jahr Anspruch auf 2 convivia hatte. 814 tritt Coenuulf an Bischof Denebehrt einen pastus 12 hominum ab[223]). In einer Urkunde von 863 lesen wir von einem pastus von zwei Tagen[224]), in Urkunden von 904 und 1066 von einem pastus von einer Nacht[225]). —

Die genannten Urkunden lehren bereits, dass der pastus des angelsächsischen Königs eine auf dessen Rundreisen gewährte Gastung darstellt, demnach der skandinavischen Gastung zur Seite tritt. Die einzelnen Züge, welche bei dieser Gastung hervortreten, der Aufenthalt von 1 oder 2 Nächten, die zwei Tische (convivia), das Gefolge von 12 Leuten sind uns bereits aus jener bekannt. In zwei Beziehungen nur weicht der angelsächsische pastus von der skandinavischen Gastung ab. Einmal scheint der angelsächsische König Anspruch auf jährliche Gastung zu haben. Sodann beschränkte sich die Gastung nicht auf den König. Neben dem König werden die principes, d. h. wohl die ealdormen, als gastungsberechtigt erwähnt. Dies geschieht bereits in der Urkunde von 680[226]), sodann in späteren Urkunden. Seit dem 9. Jahrhundert finden wir weiter königliche Beamte mit dem Namen fæstingmen, anvertraute Männer, homines commendati, welche den pastus eintreiben[227]). Weiter werden praefecti exactores neben ihnen genannt, wobei man wohl an die Gerefen wird denken müssen[228]). Auch die Jäger, Falkner, Stallknechte, Treiber haben Anspruch auf den pastus, schliesslich auch die Gesandten[229]). Wie wir sehen,

---

221) Kemble Nr. 99. 222) Kemble Nr. 143. 223) Kemble Nr. 203. 224) Kemble Nr. 288. 225) Kemble Nr. 825, 1084. 226) Kemble Nr. 17. 227) Kemble Nr. 214, 216, 223, 227, 236, 237, 246, 248, 257, 258 etc. 228) Kemble Nr. 216. 229) Kemble Nr. 214, 226, 223 etc.

ist der Ausspruch Knuts, dass das Volk zu seinen Zeiten hart bedrückt werde, ganz den Thatsachen entsprechend.

Mit dem pastus des Königs war regelmässig keine Beherbergung verbunden. Es war ein convivium, die Lieferung von Naturalien zum Unterhalte. Wie hierauf die Fassung bei Knut hindeutet, so eine Urkunde, nach welcher an den regalis vicus bestimmte Naturalleistungen zu entrichten sind[230]) und eine andere, welche die einzelnen Leistungen bei der cyningfeorm genau feststellt[231]). Der König herbergte im regalis vicus, wie die skandinavischen Könige in ihren konungsbúum.

Die Gestaltung des angelsächsischen pastus trug in sich den Keim zu einer Steuer. Wie wir bereits aus der Urkunde von 781 ersehen, war die Leistung des pastus nicht mehr abhängig vom wirklichen Erscheinen des Königs. Der König behält den Anspruch auf die ihm zustehenden convivia, auch wenn er nicht erscheint. Es werden dann eben die rückständigen convivia einfach summirt, bis er sie erhebt. War aber sein Erscheinen nicht nothwendig, so konnte er an Andere leicht den Anspruch auf den pastus übertragen. Andererseits war die Gestaltung des angelsächsischen pastus der Ablösung günstig. Die Ablösung des pastus geht in England bereits früh vor sich. Zahlreiche Urkunden aus der Zeit des 9. u. 10. Jahrhunderts beschäftigen sich mit der Ablösung[232]).

Die Hauptfrage, welche sich bei der angelsächsischen feorm erhebt, ist, ob sie eine allgemeine Unterthanenpflicht war, oder ob sie nur auf dem Empfänger von folcland lastete. Für die letztere Annahme haben sich Kemble und K. Maurer, für die erstere hat sich R. Schmid ausgesprochen. Wir glauben, uns Schmid anschliessen zu sollen. Nichts berechtigt uns, das eđel und bocland von der feorm auszunehmen. In den Gesetzen handelt ja, wie wir sahen, nur Knut einmal von der feorm. Er spricht aber von allem Volke, auf welchem die drückende Last läge, nicht bloss von den Besitzern des folclandes. In den Urkunden aber wird die feorm mit den anderen servitia regis, den publica vectigalia, opera et onera, insbesondere der expe-

---

[230]) Kemble Nr. 166. [231]) Kemble Nr. 313. [232]) Kemble, Sachsen II, 51.

ditio, instructio pontium und den necessariis defensionibus arcium gleichgestellt, und wenn die drei letzteren freilich in den Immunitätsurkunden als trinoda necessitas bei Erlass sonstiger Leistungen vorbehalten werden, so geschieht dies nur wegen ihrer Unerlässlichkeit für die Erhaltung des Staatswesens, gerade so, wie in schwedischen und dänischen Urkunden der leiđangr selten erlassen wird. — Andrerseits ist auch zu erwägen, dass die Rundreisen des angelsächsischen Königs offenbar öffentlichrechtlichen Zwecken dienten. Edgar, heisst es, per omnes provincias equitando judicia potentiorum exquirebat, violati juris severus ultor, in hoc justitiae, in illo fortitudini studens; in utroque rei publicae utilitatibus consulens. Dem entspricht ganz die Leistung der feorm seitens aller Unterthanen. Es ist das Aequivalent für die Wohlthaten, welche ihnen der König durch seine Kontrole gewährte. —

§ 7. DER ALTFRÄNKISCHE PASTUS[233]).

So vorbereitet wenden wir uns nun zu den südgermanischen Verhältnissen. Die nahe Berührung der Südgermanen mit der Römercultur hat die uralte Gastung der Könige naturgemäss beeinflusst. Der Kern und Ausgangspunkt des Gastungsrechtes ist hier ungleich schwächer wahrnehmbar, als bei den Skandinaviern und Angelsachsen. Auf der anderen Seite treten uns hier gewisse Auswüchse des Gastungsrechtes bereits früh entgegen, die wir im Norden entweder gar nicht oder erst in ganz später Zeit kennen lernten. Der breite Unterbau, den wir durch die voraufgehenden Untersuchungen geschaffen haben, wird das sonst nicht genügend solide Gebäude von Schlussfolgerungen, die wir anwenden, stützen können.

Ich beginne zunächst mit den Verhältnissen im Frankenreich, um nachher auf die Verhältnisse des deutschen und französischen Reiches überzugehen.

---

[233]) Es genügt, hier das von Waitz verarbeitete Material vorzuführen.

Auch hier werden wir zwischen der Gastung von König und Bischof und bei der königlichen Gastung wiederum zwischen dem Gastungsrecht des Königs und dem seiner Beamten zu scheiden haben.

Aus Gregor von Tours erfahren wir[234]), und Fredegar[235]) bestätigt dies, dass nach altem Herkommen der neugewählte Frankenkönig sein Reich umzog (circumiret). Sowie der Grundstückserwerber sein Grundstück umging, ob er es nun durch Occupation oder durch Auflassung erwarb[236]), so umzog der Frankenkönig sein Reich. Nur die Theile, welche er beschritt, galten als erworben. Er ritt von Landschaft zu Landschaft gleich dem Schwedenkönige und liess sich auf den Volksversammlungen huldigen. Von sonstigen periodischen Rundreisen des Königs verlautbart direkt nichts. Wohl aber hören wir, dass sich die Könige nicht stets in ihren Residenzen zu Paris, Soissons, Reims, Metz, Trier aufhielten, sondern auch andere Städte ihres Reiches besuchten, vornehmlich aber auch auf ihren im Lande zerstreuten Villen weilten[237]). Wir hören, dass sie feierlich empfangen wurden. Die Romanen bewillkommten sie in Procession, die Franken dagegen luden den König zu sich ein[238]). In die Augen springt hier bereits der Unterschied zwischen beiden Nationen. Die königliche Gastung, welche die Franken zu tragen hatten, ragt aus alter Zeit in die römischen Verhältnisse hinein, während die Romanen dem Frankenkönige den Empfang bereiten, welchen der Caesar beanspruchte und erhielt.

Aus der Karolingerzeit erfahren wir von dem Umzuge im Reiche nach der Königswahl nichts[239]). Der gewaltige Umfang des Reiches erschwerte ihn, die kunstvolle Aemterverfassung, insbesondere das Institut der missi, ersetzte ihn. Dagegen stehen uns zahlreiche Belege zu Gebote dafür, dass der König, wenn er im Laufe seiner Regierung hierhin und dorthin zog, gastlich

---

[234]) Waitz „V. G.“ II³, 1 S. 205. [235]) Waitz a. a. O. [236]) K. Lehmann, die altnordische Auflassung in Savigny-Zeitschr. Germ. V S. 113; Heusler, Institutionen des deutschen Privatrechts II S. 68. [237]) Waitz II, 1 S. 179—182. [238]) Waitz II, 1 S. 179. [239]) Waitz III, 285.

aufgenommen wurde. Das Umherziehen des Königs wird als visitare bezeichnet[240]), der Unterhalt des Königs pflichtmässig geleistet[241]). In einer Immunitätsurkunde für Hasenried behält sich der König ausdrücklich das Recht auf Gastung vor[242]). Karl dem Kahlen empfehlen Bischöfe, dass er von den Franken nur nicht mehr als Beitrag zur Unterhaltung verlange, quam lex et consuetudo fuit tempore patris vestri[243]). Offenbar wurden in der zweiten Hälfte des 9. Jahrhunderts darnach bereits Missbräuche mit der Gastung getrieben. Ueber solche beklagt sich denn auch Hincmar, indem er gleichzeitig auf die glückliche Zeit von Pipin, Karl, Ludwig hinweist[244]). Auch das Concil von Metz 845 beschwert sich über die depraedatio, welche die civitates durch den transitus regis erlitten[245]), und sonstige Klagen werden über die harte Last der als Rechtsinstitut anerkannten Gastung laut. Alles dies beweist, dass Karl der Grosse sein Gastungsrecht schonend in Anwendung brachte, während die letzten Karolinger es habsüchtig ausnutzten. Falsch aber ist es, daraus zu folgern, das ganze Institut sei ein erst von Karl herstammendes, wie Wirth[246]) annimmt. Vielmehr liegt ein Rückgreifen auf halb vergessene alte Gewohnheiten vor, wie es denn ausdrücklich in einem Capitulare von 898 heisst: Ut pastus imperialis ab episcopis et comitibus secundum antiquam consuetudinem solvatur[247]).

Die Namen für die Gastung des Königs sind servicium, alimonia, conjectus, convivia, pastus, mansio, annona, fodrum, Bezeichnungen, welche bald die eine, bald die andere Seite der Gastung in den Vordergrund stellen[248]).

Ueber die Einzelheiten der Gastungspflicht wissen wir leider nichts. Dass bestimmte Fristen existirten, innerhalb welcher der König Gastung beanspruchen konnte, erfahren wir nicht. Nur so viel können wir annehmen, dass die Gastung des Königs allgemeine Unterthanenpflicht war. Erwähnt auch

---

240) Waitz IV, 12⁴. 241) Waitz IV, 11 ff. 242) Waitz IV, 13². 243) Waitz IV, 13⁴. 244) Waitz IV, 14⁴. 245) Waitz IV, 13⁴. 246) D. G. I, 477. 247) LL. I, 564. 248) Waitz a. a. O.

das Capitulare von 898 die episcopi und comites als zur Gastung verpflichtet, so spricht doch das Schreiben an Karl den Kahlen allgemein von fideles und Franci, das Metzer Concil allgemein von den civitates. Mochten auch, wie Waitz hervorhebt, die Grossen unmittelbar in Anspruch genommen werden, so erhoben sie wiederum von ihren Untergebenen eine Abgabe in adventu regis.

Verhältnissmässig besser ist es mit den Nachrichten bestellt, die wir über das Gastungsrecht (mansio, mansionaticus, heribergare) der königlichen Beamten haben. Nach der lex Ribuaria[249]) wird mit der königlichen Bannstrafe belegt, wer einen legatarium regis vel ad regem seu in utilitatem regis pergentem hospitio suscipere contempserit nisi emunitas regis hoc contradixerit. Nach der lex Burgundionum sollen die legati extranearum gentium gastlich von den Einwohnern der villae, in welche sie gelangen, aufgenommen werden[250]). Marculf[251]) überliefert uns die Formel für eine tracturia ligatariorum, ausgestellt vom Könige, in welcher aufgezählt wird, was der legatarius an Brod, Bier, Fleisch, Oel, Gemüse, Futter etc. verlangen dürfe. Ist die Formel auch nur an die agentes adressirt, so werden wir angesichts der lex Ribuaria doch eine allgemeine Beitragspflicht anzunehmen haben.

Zu dem Gastungsrechte der Gesandten treten aber die Gastungen anderer Beamter.

Eine Formula imperialis handelt von der Gastung, welche der heribannator beanspruchen kann[252]). Sie ist zunächst an die Beamten, zum Schlusse aber auch an reliqui fideles gerichtet. Auch hier wird aufgezählt, was an Brod, Fleisch, Eiern, Getränk, Salz, Holz, Futter zu leisten sei.

Das Capitulare missorum von 803[253]) bestimmt allgemein: Ut missis nostris discurrentibus vel caeteris hominibus propter utilitatem nostram iter agentibus ut nullus mansionem contradicere praesumat. Dass bezüglich ihres Gefolges und der

---

[249]) LXV, 3. [250]) XXXVIII. [251]) I, 11 (LL. V, 49). [252]) LL. V, 292. [253]) Boretius I, 116.

Länge ihrer Gastungszeit bestimmte Grundsätze herrschten, lässt ein anderer § desselben Capitulars errathen. Ein Capitulare von 819[254]) beschäftigt sich mit demselben Gegenstande. Es bestimmt, dass die missi, die Bischöfe oder Aebte oder Grafen seien, nur dann auf Gastung Anspruch hätten, wenn sie fern von ihrem beneficium sich befänden.

Ein anderes Capitulare aus derselben Zeit handelt vom dispectus literarum dominicarum. Es droht denen, welche die tractoria nicht beachteten, Verlust ihrer honores und zur Strafe eine Verpflichtung an, die königlichen Beamten solange zu unterhalten, wie es dem Könige gefalle[255]).

Endlich sind die zahlreichen Immunitätsurkunden heranzuziehen, in welchen Freiheit vom Gastungsrechte der Beamten ertheilt wird. Die Wendungen in den Formeln Marculfs[256]): ut nullus iudex publicus ad causas audiendum vel freta exigendum nec m a n s i o n e s a u t p a r a t a s f a c i e n d u m . . . . ingredire non debeat oder: nec mansiones aut paratas.... tollere non presumatis[257]) treten mit mehr oder weniger Abänderungen überall auf. Jedweder öffentliche Beamte, der im Auftrage des Königs ausserhalb seines Besitzthums umherreiste, hatte darnach den Anspruch auf Gastung.

Dieses weitgehende Gastungsrecht der königlichen Beamten ist, wie bereits Waitz[258]) erkannt hat, nicht germanischen Ursprungs. In Norwegen und Schweden finden wir hierfür kein Analogon, in Dänemark und England ein solches erst in späterer Zeit. Tritt es bereits früh in starker Ausbildung uns im Frankenreiche entgegen, so ist anzunehmen, dass eine Anlehnung an römisch-rechtliche Verhältnisse vorliegt. Dem straffen Beamtenthume des römischen Caesars entsprach es, nicht dem germanischen Staatsrechte, welches den königlichen Beamten nur langsam in seinen Organismus aufnahm, welches

---

[254]) Boretius I, 291. [255]) Boretius I, 284. [256]) I, 4 (LL. V, 44). [257]) I, 3 (LL. V, 43). [258]) V. G. II^3, 2 S. 296. Zu weit geht aber vielleicht R. Schroeder, Lehrbuch 190, wenn er die sämmtlichen Leistungen der Unterthanen, auch die an den König selbst, auf römische Einrichtungen zurückführt.

nur dem Könige in Person, nicht Anderen für ihn, Unterthanenpflichten erwies[259]).

Ueber das Gastungsrecht des fränkischen Bischofs belehren uns die Capitularien. In einem Capitulare Pippins von 742[260]) heisst es: Et quandocumque iure canonico episcopus circumeat parrochiam populos ad confirmandos, presbiter semper paratus sit ad suscipiendum episcopum cum collectione et adiutorii populi qui ibi confirmari debet. Zwei Jahre später wird die Vorschrift wiederholt, ohne dass der collectio und des adiutorium populi gedacht wird[261]). Wohl aber erwähnt diese wieder das Capitulare Karls von 769[262]). Auch das Capitulare Mantuanum von 781[263]) gedenkt des adiutorium, welches der comis vel sculdais zu leisten habe, damit der Bischof ministerium suum pleniter perficere valeat secundum canonicam institutionem. Und eben darauf weist es hin, wenn das Capitulare Mantuanum I[264]) ecclesiasticum dem Bischofe einschärft, von seiner Parochie nicht mehr zu verlangen, als die Kanonen und alten Gewohnheiten erlaubten. Auch ein Capitulare Ludwigs des Frommen von 818[265]) ermahnt die Bischöfe, ne occasione praedicandi aut confirmandi oneri essent populis. —

Darnach hatte also der fränkische Bischof Anspruch auf Gastung gegen die Parochianen, nicht bloss gegen die untergebenen Priester. Einer Scheidung zwischen Kirchweihgastung und Visitationsprocuration thuen denn auch die fränkischen Quellen keine Erwähnung.

Während wir bei der Gastung des fränkischen Königs jüngere Verhältnisse vor uns haben, als wir sie im Norden trafen, scheint die Gastung des fränkischen Bischofs einen älteren Charakter an sich zu tragen. Was wir aus älteren kirchlichen Quellen erfahren, stimmt mit dem überein, was die Capitularien lehren. Erst in späterer Zeit scheint die Gastungs-

---

[259]) Codex Theodosianus VIII, 6 De tractoriis et stativis, auf welche Stelle mich Hr. Professor Brunner aufmerksam machte. [260]) Boretius I, 25. [261]) Boretius I, 29. [262]) Boretius I, 45. [263]) Boretius I, 190. [264]) Boretius I, 195. [265]) Boretius I, 278.

pflicht gegenüber dem visitirenden Bischof auf die ihm untergebenen Priester eingeschränkt worden zu sein. So betrachtet ist der Parallelismus zwischen Gastungsrecht von König und Bischof für die Urzeit noch mehr in die Augen fallend.

§ 8. DIE ALTDEUTSCHE GASTUNG[266]).

Deutlicher treten die Spuren der alten Rundreise des Königs wieder hervor, seitdem der rein germanische Theil des Frankenreiches seine selbständigen Wege wandelt. Von Heinrich II. berichtet Thietmar, dass er nach der Wahl zu Mainz das Reich durchzog und sich von den einzelnen Stämmen, die bei der Wahl nicht vertreten waren, huldigen liess[267]). Zuerst wandte er sich nach Thüringen, sodann nach Sachsen, hierauf nach Lothringen. Ueberall, wo er sich zum Könige annehmen liess, versprach er, das alte Recht zu wahren. Freilich waren es besondere Umstände, welche bei ihm den Umzug durch das Reich erforderten. Otto III. war ohne Nachkommen gestorben, und Heinrich bedurfte, wenngleich er in gerader Linie von dem ersten Sachsenkönige abstammte, immerhin einer besonderen Anerkennung seitens der Stämme. Aber, dass er gerade zu jenem alten Brauche zurückkehrte, welchem die Merowingerkönige gefolgt waren und welcher von den mächtigen Karolingern und Ottonen lange Zeit nicht beobachtet wurde, beweist, dass es sich um eine tief eingewurzelte alte Sitte handelt. Noch mehr beweist jenes, was von seinen Nachfolgern berichtet wird. Konrad II.[268]) durchzieht nach seiner Wahl bei Mainz Lothringen, Sachsen, Thüringen, Baiern, Ostfranken und Alamannien. Wipo be-

---

[266]) Für die vorstaufische Zeit hat ebenfalls Waitz Alles gesammelt, über die Staufenzeit und die späteren Verhältnisse ist m. W. nichts vorhanden. Ueber die Entwicklung der kirchlichen procuratio in Deutschland, Frankreich und Italien zum cathedraticum brauchen wir uns nicht weiter zu verbreiten, da dieser Gegenstand nunmehr kein Interesse hat, nachdem die ursprünglichen Verhältnisse erörtert sind. [267]) Waitz, VI, 137, 138, 156. [268]) Waitz VI, 156, 157.

handelt diesen Umzug in einem eigenen Kapitel, welches er überschreibt: De itinere regis per regna, und die Vita Godehardi prior nennt den Umzug regali more erfolgend. Offenbar wurde der Umzug darnach als alte Sitte angesehen, die vielleicht lange Zeit ausser Acht gelassen, aber dann wieder geübt wurde. Als Konrad seinen Sohn Heinrich zum Könige wählen liess, wiederholte er den Umzug mit dem jungen Könige[269]), und auch von Heinrich III. und Lothar[270]) hören wir, dass sie nach ihrer Thronbesteigung die einzelnen Stammgebiete durchzogen. Es scheint sich dabei sogar eine gewisse Reihenfolge ausgebildet zu haben, in welcher die einzelnen Landschaften besucht wurden. Wenigstens fällt auf, dass Lothringen an erster, Alamannien an letzter Stelle genannt wird. Wissen wir doch, dass der schwedische König seine Erichsgasse in bestimmter vorgeschriebener Richtung ritt. — Offenbar wurde bei diesen Rundreisen der neue König in gastlicher Weise empfangen. Nicht bloss die Grossen, sondern auch die Unterthanen trugen zu seinem Unterhalte bei.

Ueber sonstige periodische Rundreisen des deutschen Königs aus jener Zeit verlautet nichts Sicheres. Dass auch sie üblich waren, beweist die Forderung, welche die Sachsen an Heinrich IV. stellen: ut totam in sola Saxonia aetatem inerti otio deditus non transigat, sed interdum regnum suum circumeat[271]). Die Forderung wird begreiflich, wenn man daran denkt, dass während des Aufenthaltes in Sachsen diese Landschaft die Leistungen an den König allein aufzubringen hatte, weshalb sie auch als Küche des Königs bezeichnet wurde[272]). Die Vertheilung der Last der Gastung war, wie Waitz treffend bemerkt, nicht minder ein Motiv zur Rundreise, als die Ausbeutung des Rechts auf Unterhalt.

Denn dass die Könige ein Recht auf Unterhalt auch in dieser Periode besassen, beweisen zahlreiche Quellenstellen. Sie handeln vornehmlich von den geistlichen, seltener von den weltlichen Grossen. Nur mittelbar werden die Unterthanen

---

269) Waitz VI, 157. 270) Waitz VI, 157. 271) Waitz, l. c. 272) Waitz VIII, 228.

herangezogen, indem sie an die Grossen eine Leistung in adventu regis zu machen haben[273]). Auf die Francorum consuetudo wird die königliche Gastung zurückgeführt, als obsequium servicium, convivium, prandium, alimentum, procuratio, victus, fodrum, wie in der vorigen Periode bezeichnet[274]). Häufig wird über den Druck der Last geklagt, mitunter sie nur für den transitus regis, nicht dagegen für den dauernden Aufenthalt des Königs zugestanden[275]). Ueberhaupt zeigt sich das Bestreben, die Grenzen der Verpflichtung möglichst genau zu ziehen. Es wird das von Alters her festgesetzte, das nothwendige, volle servitium von dem, was freiwillig ausserdem geleistet wurde, geschieden. Eine solche freiwillige Leistung liegt vor, wenn der Erzbischof von Mailand dem König über zwei Monate reichlichen Unterhalt gewährt. Das nothwendige servitium bezog sich wohl nur auf kurze Zeiträume, eine Nacht oder zwei, drei Nächte[276]). Wie häufig der König das nothwendige servitium verlangen konnte, darüber fehlt es zunächst an Nachrichten. Aber allmählich sehen wir feste Grundsätze hervortreten. Das Kloster Stablo behauptet unter Lothar, dass es nur jedes siebente Jahr zu einem vollen, königlichen Dienste verpflichtet sei[277]). Von St. Maximin erfahren wir aus einer Urkunde Heinrichs II., dass es alle zwei Jahre das servitium ad mensam in curia regia geleistet hatte[278]). —

Auf der anderen Seite löst sich die Leistung aber auch von der ursprünglichen Grundlage insofern los, als die Anwesenheit des Königs für sie nicht mehr Vorbedingung bleibt. Die Entwicklung vollzieht sich hier in der gleichen, freilich nicht so klar ersichtlichen Richtung, wie in Schweden, Dänemark und England. An die Stelle des servitium tritt eine servitii redemptio, eine periodische, von dem Erscheinen des Königs unabhängige Leistung, welche in den Immunitätsurkunden mitunter ebenfalls erlassen wird[279]).

Mit der Zeit der Staufer trübt sich das Bild, welches die

---

[273]) Waitz VIII, 384. [274]) Waitz VIII, 229 ff. Ueber das fodrum speciell siehe die Arbeit von B. Post, Ueber das fodrum 1880. [275]) Waitz VIII, 230. [276]) Waitz l. c. [277]) Waitz VIII, 381. [278]) Waitz l. c. [279]) Waitz VIII, 380 ff.

Quellen von der königlichen Gastung geben. Der Zerfall des Reiches durch die völlige Feudalisirung und die sich daran knüpfende Ausbildung von Territorialgewalten, die Sprengung des allgemeinen Reichsunterthanenverbandes, die höher entwickelte Kultur, das Verdrängen der Naturalwirthschaft durch die Geldwirthschaft mussten auf jenes alte Recht, welches einfache Verhältnisse und die unmittelbare Beziehung von König und Volk zur Voraussetzung hatte, zerstörend wirken. Formell wohl ist es noch lange in Geltung. Wenn Karl IV. 1346 dem Erzbischofe Balduin von Trier, so oft er in des Reiches und seiner Kirche Geschäften reise, für ihn und seine Begleiter das Recht des freien Hoflagers gewährt[280]) und dies Privileg 1354 in der Form bestätigt, dass der Erzbischof das Recht der freien Herberge und der Zehrung für sich und seine Begleitung auf den Fahrten in des Reichs und seiner Kirche Geschäften haben solle, sowie es der König habe[281]), so zeigt sich unser Gastungsrecht in ausgesprochener Gestalt. Aber in der Praxis erlitt es eben aus den oben skizzirten Gründen wesentlichen Abbruch. Thatsächlich erhält es sich in Uebung nur noch gegenüber den Reichsstädten und den Kirchen. Ausdrücklich weisen die ältesten Stadtrechte auf das Gastungsrecht des Kaisers hin. So heisst es im Strassburger Recht: Si autem imperator vel rex intraverit, equi sui ubique hospitabuntur[282]). Im Privileg für Hagenau von 1164 befreit Friedrich Barbarossa die treuen Einwohner ab omni exactionis pecunia, ab importuno et contra velle suum hospitandi gravamine. Beim Einritt des Kaisers solle der Marschall absque civium detrimento de hospiciis pacifice disponere[283]). In Basel wird dem König vom Bischof das servitium geleistet, wenn er dort hinkommt[284]). Bedenklicher klingt es schon, wenn König Wilhelm sich 1247 Köln gegenüber verpflichtet, keine bewaffneten Leute, ausser einer mässigen Zahl von Leibwächtern einzuführen[285]). Immerhin wissen sich die Kaiser bis in das

---

[280]) Böhmer Regesten VIII, 27. [281]) Böhmer Regesten VIII, 139. [282]) Gaupp I, 71. [283]) Gaupp I, 96. [284]) Zeumer, die deutschen Städtesteuern S. 51. [285]) Lacomblet II 166.

14. Jahrhundert und in die spätere Zeit hinein ihr Gastungsrecht gegenüber den Reichsstädten zu erhalten. Zahlreiche Urkunden von Karl IV. lehren, wie streng er auf sein Recht der Gastung gegenüber den Reichsstädten hielt. Je nach der Persönlichkeit des Kaisers musste natürlich die Ausübung dieses Rechtes verschiedenartig sein. In den Zeiten des Interregnums kaum noch anerkannt, wird es unter den kräftigen Habsburgern wieder in voller Schärfe herausgekehrt. Den landesherrlichen Städten gegenüber war es nicht in Geltung. An Stelle des Kaisers trat aber hier der Landesherr.

Zahlreichere Belege haben wir vom Gastungsrechte des Kaisers gegenüber den Reichsklöstern und Reichskirchen. Für sich und seine Beamten hat der Kaiser ein Recht auf Gastung. Mag auch dieses Recht ihm zunächst als Schirmvogt der Kirche, in zweiter Linie erst als Kaiser zustehen[286]), so entbehrte es keineswegs des öffentlichrechtlichen Charakters. Mit der Gerichtsbarkeit wird es in Zusammenhang gebracht, als Entgelt für ihre Ausübung hingestellt[287]). Es ist offenbar die Fortsetzung des alten Gastungsrechtes, dessen Gebiet nur jetzt bedeutend eingeschränkt war.

Die Namen für dieses Gastungsrecht sind verschieden: pernoctatio[288]), sumptus[289]), albergaria[290]), Nachtselde[291]), hospitalitas[292]), Gastung[293]). Besonders aus Baiern haben wir zahlreiche Belege dafür, dass die Kaiser Klöster von solchen Gastungen ganz oder auf bestimmte Zeit befreiten, aber auch vom Rhein[294]) und Main[295]), aus Böhmen[296]), Mähren[297])

---

[286]) Wir können Beides nicht immer trennen. Dass auch der Kaiser als solcher ein Recht auf Gastung hatte, geht mitunter klar aus der Fassung hervor, z. B. in der Urkunde bei Lacomblet I, 238, bei Böhmer Regesten VIII, 337 u. a. [287]) Dies hebt mit Recht Zeumer a. a. O. S. 47 hervor. [288]) Urkundenbuch des Landes ob der Enns II, 560; Wirtemberg. Urkundenb. Nr. 375. [289]) Wirtemb. Urkdb. Nr. 544. [290]) M. Boica XXIV, 65. [291]) M. B. VI, 397, 447, 503; X, 291. Beyer Urkundenb. I, 154; Neugart Nr. 1103. [292]) Wirtemb. Urkdb. Nr. 716; Bd. IV. S. 362. [293]) M. B. XV, 294; VIII, 64, 65, 543; VII, 163 etc. [294]) Böhmer Reg. VIII, 188, 282, 337. [295]) Böhmer V, (1882) 754, 764. [296]) Böhmer VIII, 118. [297]) Böhmer VIII, 148.

und Schlesien[298]) stehen sie uns zu Gebote. Wir ersehen aus diesen Urkunden zugleich, wie weit sich nun die Gastungspflicht erstreckte. Nicht bloss der Kaiser und der kaiserliche Voigt oder Richter, auch die Boten, Jäger und Falkner hatten einen Anspruch auf Gastung. Dass diese unmässige Gastungspflicht gar schwer auf den Klöstern lastete, ja fast ihren Ruin herbeiführte, schallt immer wieder aus den Urkunden hervor. Die allgemeine Verwilderung scheint auch hier die Schranken, welche früher das Herkommen der Pflicht zog, gesprengt zu haben.

In den Territorien war der Territorialherr Kaiser. Auch dessen Gastungsrecht gegenüber den Klöstern ist uns bezeugt. Am zahlreichsten sind die Belege aus Baiern[299]) und Oesterreich[300]). Aber auch aus Würtemberg[301]), vom Rhein[302]), aus Brandenburg[303]) fehlt es nicht an Beispielen. Die Namen sind hier die gleichen, wie bei der königlichen Gastung, dann finden sich aber noch Bezeichnungen, wie jacentiae, Atzung, Futter, Lager, Quartier. Ein allgemeines Gastungsrecht der Landesherren gegenüber den Unterthanen schlechthin lässt sich kaum nachweisen. Es kam eben das landesherrliche Gastungsrecht auf in einer Zeit, in welcher das Gastungsrecht des Königs bereits die Eigenschaft einer allgemeinen Auflage nicht mehr besass.

Im Mikrokosmus der Hofrechte wiederholt sich schliesslich das Gastungsrecht. Wie jeder Gutsherr seinen Hintersassen gegenüber sich als rechtmässiger Herrscher dünkte, so nahm er von ihnen die Leistungen in Anspruch, welche der Vollfreie von Alters her an den König entrichtete. Die Gastung, die wir hier als albergarium, pernoctatio, Herberge, Lager, Nacht-

---

[298]) Böhmer VIII, 61, 219, 34. [299]) Siehe die relaxationes juris albergariae in M. B. II, 46, 47, 53, 54; III, 156, 179, 370, 371; IV, 176, 467; V, 46, 204; VII, 180; VIII, 175, 562; IX, 125, 126, 231, 248 ff.; XII, 244, 245; XV, 483, 484, 488; XVII, 54 u. a. [300]) Urkundenb. des Landes ob der Enns III, 122; V, 367; VI, 148, 513; VIII, 193, 642. [301]) W. U. Nr. 1142. [302]) Beyer III, 361; Lacomblet II, 86; III, 869. [303]) Geffken, codex dipl. Brandenb. II. 546, 557; VII, 76 ff. 231; VIII, 434.

stallung, Nachtsälde, Atzung etc. auftreten sehen[304]), meist in bestimmter Verklausulirung und alterthümlicher Färbung, sie ist eine Nachahmung der alten Königsgastung. Was ursprünglich eine bedeutsame, ja geschichtlich wohl eine der ersten financiellen Unterthanenpflichten war, im 16. Jahrhundert hat es sich in den kleinen Dorfverhältnissen als althergebrachte Pflicht der Hintersassen gegenüber ihrer Herrschaft einen bescheidenen Platz behauptet. —

Bevor wir die deutschen Verhältnisse verlassen, wird es sich empfehlen, die Ergebnisse, die wir aus ihnen entnehmen, zu präcisiren. Das Gastungsrecht des deutschen Königs zeigt offenbar nicht den ausgeprägten Charakter, welchen uns die nordischen Schwestergestaltungen boten. Bei seinem Eintritte in die Geschichte ist der Frankenkönig nicht mehr ein Bauernkönig über ein Bauernvolk, sondern ein Nachfolger des alten Caesar mit dessen reichen Städten, verfeinerter Cultur, straffem Beamtenthum. Ein persönliches Eingreifen, ein periodischer Umritt des Königs hat darum bereits fast aufgehört. Sein Gastungsrecht als Aequivalent für die persönliche Handhabung der Regierung ist also nicht recht praktisch mehr. Dafür nehmen seine Beamten ein solches Gastungsrecht wahrscheinlich auf Grund römischer Vorbilder in Anspruch. So tritt uns der fränkische mansionaticus entgegen, als eine romanisirte Spielart der alten königlichen Gastung. Gemeinsam beiden ist die öffentlichrechtliche Natur einer allgemeinen Unterthanenpflicht. Bei den Nordgermanen, wie bei den Deutschen ist der freie Unterthan als solcher zur Gastung verpflichtet; die Gastung beruht weder auf Vertrag noch auf Hörigkeit. Sie ist der Entgelt für den Genuss der Gerichtsbarkeit und der sonstigen Wohlthaten, welche das Staatsoberhaupt und dessen Organe gewähren. Diesen Charakter hat sich in Deutschland die Gastung bis in die Hohenstaufenzeit bewahrt. Die veränderten Staatsverhältnisse nahmen ihr seit dieser Zeit nicht de jure, aber de facto die Eigenschaft einer allgemeinen Unterthanenpflicht, da es Reichsunterthanen im Sinne der Karolingerzeit nicht giebt.

---

304) Grimm, Weisthümer Register s. v. Herberge.

Nur den Reichskirchen und Reichsstädten gegenüber wahrt sich der König das Recht auf Gastung. Daneben taucht dann ein Gastungsrecht des Landesherrn und des Gutsherrn in den Territorien und Gutsbezirken auf. Alle diese Gastungsrechte haben, nach wie vor, einen öffentlichrechtlichen Charakter. Nach dem königlichen Gastungsrecht geformt, beruhen sie auf denselben Grundlagen, wie jenes, auf der Handhabung der Regierung, vor Allem der Gerichtsbarkeit.

In den nordischen Staaten sahen wir, wie die Gastung sich zu einer festen, jährlichen Steuer entwickelte. Die schwedische gengiærđ, die dänische stuđ leiteten sich von der Gastung her. In Deutschland lässt sich der gleiche Process wegen der Zerrissenheit der staatlichen Gliederung schwerer erkennen. Aber so viel ist auch hier wahrnehmbar, dass das Gastungsrecht eines der Institute war, an welche spätere Steuern, vor Allem die Bede anknüpfte. Bereits Zeumer hat die enge Verbindung constatirt, welche zwischen Bede und servitium besteht[305]). Indem er mit Recht dem servitium öffentlichrechtlichen Charakter beimisst, erblickt er in der Bede eine unberechtigte Erweiterung der servitia. Waren die letzteren ein Aequivalent für die Ausübung der Gerichtsbarkeit, ein Unterhalt des zu Gerichtszwecken anwesenden Beamten oder Voigtes, so sind die Beden von dessen Anwesenheit unabhängige feste Steuern. Ursprünglich blosse Ablösungen für die Naturalleistungen[306]) werden sie ständige Lasten. Auf einen solchen Zusammenhang deutet es offenbar hin, wenn wir in der späteren Zeit in Baiern[307]) und am Rhein[308]) einer ständigen Abgabe unter dem Namen: Futter oder Marchfutter begegnen, die der Landesherr oder Voigt erhebt. Offenbar haben wir es hier mit der Fortsetzung des alten fodrum zu thun. Worüber uns die deutschen Quellen nicht volle Klarheit verschaffen, darüber

---

305) Die deutschen Städtesteuern S. 47. 306) z. B. befreit Ludwig der Bayer das Kloster Ensdorf von aller albergaria gegen eine Herbst- und Maisteuer, die jährlich gezahlt werden soll. M. B. XXIV 65. 307) Meichelbeck II, S. 72. 308) Lacomblet III, 578. Vergl. auch Böhmer. V, 197 fodrum, quod vulgo dicitur marchetfuoter.

werden uns die naheverwandten italischen Quellen Aufschluss geben, zu denen wir uns schliesslich wenden.

§ 9. DIE ITALIENISCHE[309]) UND FRANZÖSISCHE[310]) GASTUNG.

In Italien tritt uns das Gastungsrecht unter zwei Namen entgegen: fodrum und albergaria. Bezieht sich der erstere eigentlich nur auf die Verpflegung der Pferde, auf das fodrum ad caballos[311]), so hat er im Laufe der Zeit einen umfassenderen Sinn angenommen, betrifft die Verpflegung überhaupt im Gegensatz zur Beherbergung, albergaria[311]).

Das italienische fodrum knüpft an das fodrum der karolingischen Zeit an. Jenes erkannten wir zunächst als das Recht des Königs auf Verpflegung bei seinem Aufenthalte. Ein solches fodrum regale oder imperiale kennen auch die italienischen Quellen seit dem 11. Jahrhundert[312]). Friedrich Barbarossa zählt es auf den roncalischen Feldern bereits zu den Regalien[313]), und das Recht des Kaisers auf das fodrum consuetum et regale wird im Vertrage von Constanz feierlich anerkannt[314]).

Das italienische fodrum regale war eine weit drückendere Last, als die deutsche Gastung. Zog der deutsche König in seinem Heimathlande mit mässigem Gefolge umher, so erschien er in Italien an der Spitze eines Heeres. Nicht um die gastliche Aufnahme des königlichen Herrn, sondern um die Verpflegung einer ungeheuren Menschenmenge handelte es sich also. Und war diese Aufgabe bereits eine ernsthafte bei vorübergehenden Römerzügen, so wurde sie eine riesige bei dauerndem Aufenthalte, wie ihn die späteren Hohenstaufen nahmen.

---

[309]) Literatur: Muratori, de tributis, vectigalibus aliisque oneribus publicis medii aevi (Antiquitates Italicae medii aevi IV, 94 ff.); B. Post, über das fodrum 1880. [310]) R. Chopinus, de domanio Franciae 1605; La Curne de St. Palaye, Dictionnaire de l'ancien langage françois s. v. giste. [311]) Post S. 4 ff. [312]) Post 32, 33. [313]) LL. III. [314]) Post 33.

Es liegt auf der Hand, dass dieser Umstand auf die Natur des fodrum wirken musste. Erscheint es am Ende des 10. und im 11. Jahrhundert noch als ein einmaliges servitium pro receptu regis[315]), so wird es später nach Bedürfniss erhoben, solange der König in Italien weilt. Es erscheint das fodrum dann als eine Reichssteuer, welche auch ohne die örtliche Nähe des Königs fällig wird, sobald der König Italien mit seinem Heere betritt[316]).

Diese Ausbildung des italischen fodrum regale wurde dadurch befördert, dass sich neben dem fodrum regale ein fodrum anderer Gewalten schon früh ausgebildet hatte[317]). Wir sahen, wie im Frankenreiche neben dem Könige dessen Beamte auf Beherbergung Anspruch erhoben. Einen derartigen Anspruch erkannte die karolingische Gesetzgebung auch für Italien an, wo ihm ja ohnedies durch das römische Recht der Weg geebnet war. Früher aber und energischer, als in Deutschland, wurde in Italien aus dem abgeleiteten Rechte der Beamten ein selbständiges obrigkeitliches Recht. Seitdem Italien auf eigene Füsse gestellt ist, also seit dem 9. Jahrhundert, wird aus dem fodrum und der albergaria, welche die Missi und die ordentlichen Beamten bei Ausübung der Gerichtsbarkeit verlangen durften, eine Gastung, auf welche die Herzöge, Markgrafen und Bischöfe kraft eigenen Rechtes Anspruch erhoben. Ja, die eigenthümliche Entwicklung, welche die italienischen Verhältnisse nahmen, brachte es mit sich, dass auch Klöster und Städte als Inhaber der Gerichtsbarkeit ein Gastungsrecht über ein bestimmtes Territorium in Anspruch nahmen oder gar mitunter ohne Gerichtsbarkeit ein solches Recht kraft Privilegs erhielten. In den Städten, welche sich in den Besitz der gräflichen Gerichtsbarkeit setzten, fielen die Grenzen des Territoriums mit den Weichbildgrenzen principiell zusammen. Das fodrum wurde also dort zur städtischen Last, welche der civis gegenüber der städtischen Obrigkeit zu tragen hatte. Der Eintritt in die Civität war nun mit der Uebernahme der Pflicht zum fodrum verbunden[318]).

---

[315]) Post 36. [316]) Post 36 ff. [317]) Post nennt es gräfliches Privatfodrum S. 6 ff. [318]) Post S. 18.

Alle diese Arten des italischen fodrum, fodrum regale, herzogliches, gräfliches, städtisches fodrum, aber waren allgemeine Unterthanenpflichten. Das fodrum regale hatten Alle zu tragen, welche nicht ausdrücklich davon befreit waren[319]). Auf den Gesammtheiten der Klöster, Kirchen und Bisthümer, der Grafschaften und Städte lag die Last. Jede Gesammtheit vertheilte sie wiederum unter ihre Mitglieder. Das herzogliche, gräfliche, städtische fodrum hatten die Angehörigen des Herzogthums, der Grafschaft, der Stadt nach Maassgabe ihrer Leistungsfähigkeit zu tragen, soweit sie nicht ausdrücklich davon eximirt waren[320]).

Alle Arten des fodrum erscheinen dementsprechend auch als Ausflüsse des Hoheitsrechtes, nicht als privatrechtliche Befugnisse. Fodrum und albergaria werden neben placita, thelonei, bannus, districtus, honor, jus, jurisdictio, exercitus, als Bestandtheile des imperium genannt[321]). Ja, schliesslich erklärt Barbarossa 1158 das fodrum für ein Regal.

Von hier aus betrachtet erscheint das italische fodrum offenbar als ein Tochterkind der altgermanischen Gastung, die sich ursprünglich nur auf den König beziehend im Laufe der Zeit auch dessen Beamten und später den Territorialgewalten zugestanden wird. Was wir bei jener als wesentlich erkannten, öffentlichrechtliche Natur, allgemeine Unterthanenpflicht, tritt auch bei ihr hervor. Ja, selbst den Uebergang von gelegentlichen Leistungen, falls der Berechtigte erscheint, zu ständigen, vom Erscheinen des Berechtigten unabhängigen Leistungen können wir wenigstens beim fodrum regale verfolgen, während das gräfliche und städtische fodrum freilich bereits sich zu ständigen Leistungen condensirt haben[322]). Endlich wiederholt sich beim fodrum die Umwandlung der Naturalleistung in eine Geldleistung. Statt Brod, Wein und Futter werden Geldsummen bezahlt, anfangs in schwankender Höhe, später in gewisser Fixirung. So zahlt Lucca seit 1162 jährlich 400 Pfund Denare, Cremona 200 Mark, Volterra 30 Mark u. s. f. als fodrum regale[323]). Bei einem Theile der Städte wird diese

---

319) Post S. 43 ff. 320) Post S. 22. 321) Post S. 9 ff. 322) Post S. 19 ff. 323) Post S. 48 ff.

Leistung nur in den Jahren entrichtet, in welchen der Kaiser nicht erscheint. Erscheint der Kaiser, so wird die Leistung von dessen Belieben abhängig gemacht. Bei anderen, wie Perugia, Gubbio tritt die jährliche Leistung aber an Stelle von allem fodrum[324]). Hier hat sich also die Umwandlung des fodrum zu einer jährlichen Abgabe vollzogen. Das fodrum ist zu einer dativa oder collecta regis geworden. Offenbar tritt in Italien der Zusammenhang zwischen Gastung und Steuer klar hervor.

In Frankreich tritt das Gastungsrecht des Königs auf als jus albergii, herbergaria, herbergamentum, gistum oder gesta, jacere oder jacendi et comedendi consuetudo, procuratio, tallia ad pactum regis. René Chopin äussert sich in seinem Werke: de domanio Franciae (1605)[325]) folgendermaassen darüber: „Auf ein uraltes Recht stützen sich unsere Könige, wenn sie beim Besuche ihrer Provinzen, welchen sie beim Antritte ihrer Regierung gewöhnlich vornehmen, von den Provincialen gastlich aufgenommen und umsonst mit Lebensmitteln versehen wurden. Damit sind die von den Vorfahren als gista regum et procurationes bezeichneten Leistungen gemeint. Städte, Dörfer, die gemeinen Leute, die geistlichen Stadtobrigkeiten und Diöcesanvertreter hatten sie zu entrichten, wie das Parlament im Jahre 1275 ausdrücklich festsetzte.“ Aus diesen Mittheilungen eines Gewährsmannes, welcher zu einer Zeit sein Werk schrieb, in der das gistum noch kaum verschwunden war, geht bereits hervor, dass das gistum an den fränkischen pastus anknüpft. Eben die mit dem Regierungsantritt verbundene Rundreise des Königs hebt ja Chopin als den Hauptanlass zur Entrichtung des gistum hervor. Wie der pastus, lastet das gistum nach einem Parlamentsbeschlusse von 1275 auf allen Unterthanen. Und zwar war es, wie aus einem anderen, von Chopin[326]) allegirten Parlamentsbeschlusse von 1271 hervorgeht, eine Grundsteuer. Ein miles Robertus de Belcia hatte sich geweigert, zum gistum von seinen Ländern den Beitrag zu entrichten, welcher im Umlageverfahren auf sie

[324]) Post a. a. O. [325]) Lib. III, S. 622. [326]) l. c.

gelegt war. Die Beschwerde des Robertus, der sich darauf stützte, dass das gistum ratione personarum et non terrarum debeatur, wurde zurückgewiesen mit der Motivirung, dass dictus Robertus habeat terram in dicto territorio et communia, et quod taillia gisti ratione terrarum et non personarum debeatur, folglich dictus miles solvet pactionem gisti eiusdem ratione terrarum, quas habet in territorio memorato.

In den Urkundenbüchern Frankreichs tritt meist das gistum bei Klöstern und Städten auf. Der König gewährt Klöstern Freiheit vom gistum auf einige Jahre oder für immer, er verbietet Anderen, die Klöster mit Gastung zu beschweren etc. Aus dem Jahre 1293 ist andrerseits eine Urkunde König Philipps erhalten, in welcher sich die Bürger von Reims über die damna et gravamina beschweren, die sie durch die königlichen Gastungen erlitten hätten[327]). Die grossen Kosten, die die königliche Gastung verursachte, veranlassten eine genaue Fixirung der Häufigkeit und Dauer der Gastung. Der Erzbischof und das Capitel von Tours schliessen z. B. 1255 einen Vertrag mit dem Könige, nach welchem das Erzbisthum immer nur zu einer Gastung während der Regierung jedwedes Erzbischofs verpflichtet sei, welche Gastung nicht über 100 Pfund Pariser Münze zu kosten brauche[328]). Die Dauer der Gastung wird regelmässig auf drei Tage festgesetzt. Bei Ducange[329]) ist ein altes Verzeichniss der Gastungen abgedruckt, welche die französischen Könige beanspruchen durften. Dieses von der Pariser Rechenkammer überlieferte Verzeichniss giebt die Orte, an welchen, die Häufigkeit, mit welcher, und den Betrag, bis zu welchem der König Gastung beanspruchen durfte, an. Meist sind es geistliche Besitzthümer, daneben auch Städte. Bei den Meisten wird eine Gastung verzeichnet, d. h. wohl, dass einmal im Jahre der König gasten dürfte. Der Betrag schwankt von ziemlich kleinen bis zu sehr beträchtlichen Summen. Schliesslich wird die Gastung in eine fixe Geldsumme verwandelt. Die Entwicklung ist hier also die gleiche, wie in den benachbarten Ländern.

---

[327]) Ducange s. v. gistum. [328]) Ducange l. c. [329]) l. c.

II.

DIE ALTSCHWEDISCHEN FESTIGER.

INHALT.

DIE ALTSCHWEDISCHEN FESTIGER.

Einleitung.

Bei gewissen Rechtsgeschäften, vornehmlich Veräusserungen von Grundstücken und Verlöbnissen, begegnet uns im altschwedischen Rechte eine eigenthümliche Förmlichkeit. Um einen aufgepflanzten Speer schaart sich ausser den Vertragschliessenden eine Anzahl Männer. Regelmässig mit dem Veräusserer, bezw. Verlober, mitunter ohne deren Mithandeln, legen die Männer Hand an den Speer. Einer der Speerhalter, sei es der Veräusserer selbst, sei es ein Anderer, erlässt eine feierliche Erklärung, welche den Inhalt des Rechtsgeschäftes formulirt und zur öffentlichen Kenntniss bringt. Der Erwerber nimmt die Erklärung entgegen, was er dadurch bestätigt, dass er auch seinerseits den Speer anfasst. Ueber den ganzen Akt werden Zeugen aufgerufen. Die Speerhalter tragen den Namen der „Festiger", „fastar" lat. „firmarii" oder „affirmatores", „confirmatores", der Akt selbst heisst „Festigung". Diese Formen und Bezeichnungen finden sich in allen schwedischen Landschaftsrechten, so dass angenommen werden muss, Name und Institut seien uralt. Im Uebrigen gehen die einzelnen Landschaftsrechte auseinander. Sowohl die Anwendungsfälle der fæst als der Ort, wo sie vorzunehmen ist, als endlich Zahl und Eigenschaften der Festiger werden verschiedenartig geregelt. Neben dem Namen „fæst" finden sich sodann bei Grundstücksveräusserungen die besonderen Namen „skötning" und „umfærþ", neben dem Namen „fastar“ die besonderen Bezeichnungen „skötningsmenn“ und „omfarningsmenn“ vor.

Das Institut der Festiger erregt die vornehmliche Aufmerksamkeit des Rechtshistorikers bei der Grundstücksveräusserung. Während andere Länder des skandinavischen Nordens die Grundstücksveräusserung mit Formen umgeben, die mit den Formen des deutschen und angelsächsischen Rechtes Fühlung haben[1]), hebt sich die fæst als eine Eigenthümlichkeit des schwedischen Rechtes ab, welche zu erklären oder gar aufzulösen zunächst schwer fällt. Der Umstand, dass die schwedischen Rechte nicht gerade häufig zum Gegenstande eingehender Studien gemacht werden, hat es verschuldet, dass dem Institute bis vor fünf Jahren genügende Beachtung nicht geschenkt wurde. Erst von Amira[2]) hat in seinem altschwedischen Obligationenrechte sich eingehend mit den Festigern beschäftigt. Allein das Material, mit welchem er arbeitet, ist nicht das vollständige und die Ergebnisse, zu welchen er gelangt, sind nicht derart sichere, dass es überflüssig ist, den Gegenstand nochmals zu prüfen.

Gehen wir daran, die Bedeutung der schwedischen fåst festzustellen, so beabsichtigen wir einen anderen Weg einzuschlagen, als von Amira. Nicht werden die schwedischen Rechte zusammen, sondern es wird jedes einzelne Landschaftsrecht gesondert vorzuführen sein. Das ältere Westgötalag trennt vom gemeinen Landrechte Königs Magnus eine grosse Spanne Zeit. Erweckt bereits dieser Umstand Bedenken, die Zeugnisse beider Quellen ohne Weiteres neben einander vorzuführen, so kommt hinzu, dass im 13. Jahrhundert sich gewaltige Umwälzungen auf staatsrechtlichem und wirthschaftlichem Gebiete in Schweden vollzogen, die auch auf das Immobiliarsachenrecht nicht ohne Einfluss bleiben konnten. Ich weise bloss auf das Aufkommen des Einzelurtheilers an Stelle der Thinggemeinde und auf die

---

[1]) Ueber die norwegisch-isländische Auflassung siehe meinen Aufsatz in der Savigny-Zeitschr. German. Abth. V, woselbst auf die Literatur über die dänische Auflassung hingewiesen ist. [2]) Altschwed. Obligationenrecht § 40, wo die früheren Constructionen zu finden sind.

Ausbildung des Geschworneninstitutes hin, welche beide, wie wir sehen werden, für die Entwicklung der fæst bedeutungsvoll waren. Um so mehr wird es sich also empfehlen, vorsichtig vorzugehen und die Aussprüche späterer Quellen nicht unbedingt für die Aufklärung früherer Rechtszustände zu verwerthen. Die Reihenfolge, in welcher ich die einzelnen Landschaftsrechte betrachte, ist aber folgende: Zunächst werden die Landschaften des göthischen Rechtes, Westergötland, Oestergötland, Wermland und Småland behandelt werden. Hierauf wende ich mich zu den mehr abseits liegenden Svearechten, als welche ich vorgreifend die von Nerike, Helsingland, Jæmtland und Finnland hinstelle. Die drei übrigen Svearechte, nämlich die von Upland, Södermannaland und Westmannaland, hängen einerseits auf das engste zusammen und bilden andrerseits den Uebergang zum gemeinen Landrechte von Magnus. Sie werden also zum Schlusse untersucht werden. Nach Durchforschung der Landschaftsrechte soll dann der spätere Rechtszustand vom gemeinen Landrechte ab vorgeführt werden. Einer besonderen Prüfung wird neben diesen Quellen des Landrechts das Stadtrecht unterfallen, weil auch seine Quellen für das Verständniss der fæst Manches beitragen.

Das Material für unsere Untersuchungen liefern uns in erster Linie die Landschaftsrechte selbst, in zweiter Linie die Urkunden[3]). Wo die Landschaftsrechte uns nicht erhalten sind, wie in Wermland, Småland, Nerike, Jæmtland und Finnland, sind wir nur auf die Urkunden angewiesen. Glücklicherweise sind die schwedischen Urkunden sehr zahlreich. Sie geben uns übrigens nicht bloss da, wo uns die unmittelbaren Quellen fehlen, willkommne Ergänzungen unseres Wissens, sondern sie liefern auch bei Vorhandensein von Rechtsaufzeichnungen wichtige Züge, die in jenen fehlen. Ein Beispiel sind die mælismenn des Stockholmer Grundbuches.

---

[3]) Ich habe die schwedischen Urkundensammlungen citirt in meinem Verzeichnisse der Litteratur der nordgermanischen Rechtsgeschichte, Zeitschrift der Savigny-Stiftung Germ. Abth. VII 214, VIII 171, worauf ich verweise.

I. DIE GÖTARECHTE.

1. Das Recht von Westergötland.

„Fünf Arten des Erwerbs von Grundstücken giebt es,“ beginnt das ältere W. G. den Grundstücksabschnitt. „Eine ist Erbschaft, die zweite Ausstattung eines Sohnes, die dritte Aussteuerung einer Tochter, die vierte ist Kauf, die fünfte ist Schenkung (skötning).“

Indem es nun auf die vierte Erwerbsart besonders eingeht, beschreibt es den Vorgang folgendermaassen[4]):

„Der Käufer soll Zwei von dessen Hand nehmen, der das Grundstück verkauft, für die Umfahrt Bürgen zu sein, und der Andere Zwei von dessen Hand, der kauft, für die Preiszahlung Bürgen zu sein. Die Alle sollen Beiden die Hand reichen; dann ist mit den Kauffestigern gebunden. Es trete nun zurück bei drei Mark, wer zurücktreten will. Kein Rücktritt findet mehr statt, nachdem umgefahren ist. Nun ist eine Siebent anzuberaumen dem, der für die Umfahrt haftet und allen denen, die ein Grundstück haben im Dorf. Man soll gehen über Aecker und Wiesen und so hernach zurück zum Gehöft. Wird da eine Stätte bestritten, dann soll der sie vertheidigen, der das Grundstück verkauft, sofern früher bestritten wird, als die Umfahrt geschieht. Wird sie hernach bestritten, dann soll der wehren, der kauft. Acht Odelsfestiger sollen sein, der Neunte Leitfestiger. Sieben Nächte alt soll die Siebent sein. Der soll das Grundstück vertheidigen, der Eigenthümer ist, mit 24 Eideshelfern und 2 Zeugen soll er das Grundstück vertheidigen . . . . . Wird ein Grundstück dem bestritten, der es gekauft hat, dann soll er es wehren mit 24 Eideshelfern und 2 Zeugen; er bitte: so sei ihm Gott hold und seinen Zeugen, dass ich kaufte dieses Grundstück mit Festigung und mit Umfahrt unbestritten und so wie die Gesetze sagen.“

---

[4]) Jordþb. 2.

Aus dieser Stelle ergiebt sich: Das ältere W. G. verlangt zum Eigenthumsübergang bei Kauf eines Grundstückes zwei Handlungen, Festigung und Umfahrt. Auf die Vornahme beider richtet sich der Beweis, wenn der Erwerber von Dritten mit der Vindikation belangt wird; erst wenn beide stattgefunden haben, ist der Erwerber als Beklagter im Eigenthumsprozess legitimirt, erst nach Vornahme beider ist das Geschäft unwiderruflich. Ueber die Umfahrt zunächst unterrichtet uns obige Stelle klar. Es ist einfach die in Gegenwart der Dorfgemeinde vorgenommene Grenzbegehung des Grundstücks, bei Gelegenheit welcher die anstossenden Nachbarn ihre etwaigen Einwendungen vorzubringen hatten, falls sie sich nicht verschweigen wollten. Dagegen ist nicht so klar, was unter Festigung zu verstehen ist. Das Wort „Festiger“ wird nämlich bereits im Anfange der Stelle gebraucht. Mit den Kauffestigern gilt der Vertrag als gebunden, wenn die Parteien je zwei Bürgen für die Vollziehung des Geschäftes einander gestellt haben. Und die Wirkung ist, dass nun 3 Mark Busse auf Vertragsbruch steht. Kauffestiger sind hier also die 4 Bürgen, die für die Vollziehung des geschlossenen Vertrages gestellt werden. Hernach aber treten neun Festiger bei der Umfahrt auf, von denen acht einfache Odelsfestiger und der Neunte der Leitfestiger ist. Bei der Umfahrt fand also eine erneute und verstärkte, gewissermassen verdoppelte Festigung statt. Haben wir nun, was einleuchtend ist, unter letzterer die eigentliche Festigung zu verstehen, so fand diese Festigung, wie die Reihenfolge „mit Festigung und mit Umfahrt“ ergiebt, kurz vor der Umfahrt statt, so dass Festigung und Umfahrt als Bestandtheile des einen dinglichen Uebertragungsaktes zu bezeichnen sind. Jener Uebertragungsakt wurde aber, wie sich weiter ergiebt, an einer Siebent, d. h. an einer nach sieben Tagen von der Ladung ab stattfindenden Tagfahrt vor den versammelten Nachbarn an Ort und Stelle vorgenommen. Vom Hundertschaftshäuptling, von Mitwirken der Gerichtsgemeinde ist bei Festigung und Umfahrt keine Rede. Es sind nur die Grundbesitzer aus demselben Dorfe zu einem Privattermine zu laden, um ihre Ansprüche hinsichtlich des verkauften Grundstücks geltend zu machen. Freilich bestimmt an anderer Stelle[5]) das ältere W. G., dass der verkaufslustige Eigenthümer eines Grundstücks seine Erben zum Thinge zu laden habe, damit sie dort von ihrem Vorkaufsrechte Gebrauch machten und dass er bei deren Ausbleiben erst nach Einholung eines Thingurtheils, welches ihm den Verkauf gestatte, zum Verkauf schreiten könne; allein die Thätigkeit der Thinggemeinde bezieht sich hiernach nicht auf den Uebertragungsakt selbst, sondern nur auf die Voraussetzungen der Veräusserung. Das Urtheil der Thinggemeinde stellt nicht dar oder bekräftigt nicht die Uebertragung, sondern erlaubt nur die Vornahme der Uebertragung[6]). Ueber die Form dieser letzteren entscheiden aber die oben dargelegten Grundsätze, nach welchen Festigung und Umfahrt nur vor den Dorfnachbarn vorzunehmen sind. Auch ein anderer Satz des älteren W. G.[7]) bestätigt die aussergerichtliche Vornahme der Festigung. Es heisst: „Der, welcher ein Grundstück verkauft, selbst soll er mit Kauffestigern binden und bei der Umfahrt sein, ob er Frau oder Kind ist oder Mann. Auf dem Thing soll man das Kaufgeschäft eines Unmündigen verkünden.“ Wird darnach nur für Unmündige die Publikation des Rechtsgeschäftes auf dem Thing verlangt, so ergiebt sich, dass im Uebrigen dasselbe aussergerichtlich sich abwickelte.

Der Inhalt der obigen, auf Grundstückskauf bezüglichen Stellen wird nun zunächst durch andre Stellen des älteren W. G. bekräftigt. Es heisst[8]), dass der Eigenthümer eines Gutes, dem eine Parzelle abgestritten wird, sich damit vertheidigen solle, „dass dieses Stück niemals von diesem Gute fortübertragen ist mit Festigung oder mit Umfahrt und nicht entäussert, wie die Gesetze sagen“; sodann[9]): „Errichtet ein Mann eine Mühle am Almendegewässer und hat ein Anderer eine Wiese auf dem anderen Ufer, dann soll ein Drittel vom Wasser frei fliessen, aber zwei Drittel mag er dämmen. Nicht gehört ihm das Land jenseits des Wassers, wenn er nicht Landfestigung mit Festigung und Umfahrt nach den Gesetzen

---

[5]) Jordþb. 3 pr. [6]) Das Verhältniss ist dasselbe, wie beim nam.
[7]) Jordþb. 3 § 3. [8]) Jordþb. 7. [9]) Huru myuln. skal gæræ § 4.

erhält." Weiter aber belehrt uns eine Stelle des älteren W. G., dass auch bei Verpfändung von Land Festigung und Umfahrt statt hatte[10]), wobei nach dem jüngeren Westgötalag[11]) die Zahl der Festiger dieselbe wie beim Kaufe ist. Diesen Fällen fügt aber ferner das jüngere W. G. den eigentlich selbstverständlichen Fall des Tausches[12]) und den Fall der Morgengabe hinzu, letzteren mit folgenden Worten[13]): „Alles was am Tage nach der Hochzeit gegeben und am Hochzeitsabend öffentlich verkündet wird, das fällt Alles unter volle Erwerbsgrundstücke, wenn Umfahrt vorgenommen wird, sei es am Tage nach der Hochzeit oder früher, jedoch nie früher, als bis sie beide auf ein Kissen oder unter eine Decke kommen." Endlich ersehen wir aus den Excerpten Lydekins[14]), dass auch bei der Schenkung die Umfahrt Platz griff. Nur für die Schenkung ad pias causas ist unter gewissen Voraussetzungen[15]) und für die Veräusserung von Almendegut ist allgemein[16]) die Festigung und Umfahrt entbehrlich.

Fassen wir den Inhalt der obigen Satzungen zusammen, so ergiebt sich, dass Festigung und Umfahrt im W. G. nothwendig sind bei Kauf, Tausch, Schenkung, Verpfändung und Morgengabebestellung von Grundstücken. Ausser im Immobiliarrechte lassen sich von den fastar sichere Spuren nicht entdecken. Zwar deckt sich die Verlobung der Bezeichnung nach mit der fæst, und es wird sogar von einem firi fæst skilia dort gesprochen[17]), aber von einer Mitwirkung von fastar und vom Speer ist beim Verlöbnisse keine Rede. Die fæst des W. G. ist also ein ausschliesslich dem Grundgüterrechte angehöriges Institut. Daraus erklärt sich denn auch, dass Festigung und Umfahrt zur Formel verbunden sind, ja dass, wie wir sehen werden[18]), für den Leitfestiger in einer Urkunde die Bezeichnung „omfarningsmann" gebraucht wird. —

Die Zahl der Festiger beträgt nach dem W. G. neun. Einer ist Leitfestiger, acht sind Stammgutsfestiger. Sie er-

---

[10]) Jordþb. 6 pr. [11]) Jorþb. 14. [12]) Jorþb. 3. [13]) Giþtb. 2. [14]) 52. 108. [15]) W. G. II. Kb. 60. [16]) W. G. II. Add. 11/11. [17]) I. Giptb. 2 pr. [18]) s. unten S. 111 N. 42.

scheinen an der zum Zwecke der Umfahrt anberaumten Siebent. Der Leitfestiger giebt für sie die Veräusserungserklärung ab, indem er und die acht anderen den zweifellos auf das Grundstück gestellten Speer anfassen. Ob der Veräusserer mit unter den Festigern sich befand oder als Zehnter den Speer anfasste, muss vorläufig dahingestellt bleiben. Nach vollzogner Festigung, die der Erwerber entgegennahm, indem auch er den Speer anfasste, begaben sich die Parteien nebst Festigern und Nachbarn auf die Umfahrt. Sie umgingen das Grundstück in seinen einzelnen Bestandtheilen. Muthmaasslich ergriff bei dieser Gelegenheit der Veräusserer von jedem Bestandtheil eine Scholle Erde und warf diese in den Schooss des Erwerbers. Die Nachbarn, welche ruhig zuschauten, galten als consentirend. Behauptete ein Nachbar, Rechte am Veräusserungsobjecte zu haben, so musste ihm der Veräusserer sofort Rede stehen. Mit vollzogener Umfahrt war der Erwerber passiv legitimirt.

Die aus der Betrachtung des W. G. gewonnenen Ergebnisse bestärken nun die westgöthischen Urkunden der älteren Zeit.

1. Liess das W. G. der Umfahrt den durch vier Bürgen gesicherten Vertrag voraufgehen, so liefert uns einen Beleg für das „Binden mit Kauffestigern“ die Urkunde vom 23. Septbr. 1385[19]). Martin Unge verkauft an Jon Bendictson sein und seiner Mutter Gut in Rysluthorp, Parochie Gällstad. Für die Umfahrt stellt er als Bürgen Klaus Satlamester in Bogesund und Johann Haconson, seinen Schwager.

2. Für alle vom W. G. aufgezählten Rechtsgeschäfte finden sich Belege der Umfahrt.

a) Kauf. Am 13. April 1320 verkauft Karl Philippson an das Kloster Gudhem seine curia in Tunhem. Er ernennt pro sepedicta curia eidem claustro approprianda legali edicione mediante 9 Personen, die als astantes aufgeführt werden[20]). Im Jahre 1325 verkauft die Aebtissin Ingeborg und der Konvent des Klosters Gudhem verschiedene Güter in Westergötland an Herrn Gustav Tuneson für 140 gezählte Mark. Sie quittirt den

---

[19]) Riks-Archivets Pergamentsbref Nr. 2160. [20]) D. S. 2234.

Empfang des Kaufpreises und erklärt: scotacione legali vulgariter dicta umfærdh sibi et suis heredibus assignasse et tradidisse[21]). 1331 verkauft Lorenz Kærling an seinen väterlichen Oheim Siggo Diacn einen Hof in Bøne omni jure legali videlicet cum scotacione vulgariter dicta umferd[22]). 1312 lässt Abjörn Petersson für die Erben von Abjörn Sixtensson in Vollziehung eines Kaufvertrages an den Propst Benedict von Skara verschiedene Güter in Dynla. Die scotacio nimmt für Benedict der Kleriker Eskill entgegen. Den Speer halten 9 Männer mit den Händen[23]). 1349 verkaufen und übertragen Erich und Olaf Gudthormsson einen Hof Hustomptæ für 200 Mark secundum leges Vesgotorum et legalem scotacionem dictam lagha umfærd[24]). 1390 verkauft Aszur, Priester in Dala, an den Ritter Swarte Skanung einen halben attungr in Litla Borghunda und nimmt die fæst nach westgöthischem Rechte auf dem rætharaþíng in Höstene vor[25]). Die bereits vom gemeinen Landrechte beeinflusste Urkunde ist insofern doch specifisch westgöthisch, als sie den Wortführer als styresfaster bezeichnet. Hierhin gehört endlich vielleicht die Urkunde vom 29. Juni 1411, in welcher Arne Siggeson und Hakon Elefsson an Michel Nilsson den Hof Arbeek auflassen medh fææsth oc medh umfeerdh oc medh allom thøm laghom, som war lagh til sæghia, oc fææsthin war giordh a lagberghe i Thingwallom. Der fastar sind, den Vorsprecher mit inbegriffen, zehn, darunter die beiden Veräusserer[26]).

b) Tausch. Am 11. October 1279 tauscht Birger Philippson mit seiner Gemahlin Ulfhild, Tochter des Gesetzsprechers Magnus (Benedictsson?) ein Grundstück in Westergötland gegen ein Grundstück in Småland. Prolocutor der „Festa" auf Seiten des Mannes ist Martinus de Slyckio[27]). Am 21. October 1286 tauscht Hafrid, Sigtrygs Tochter, Güter in Westergötland ein iuxta omnem racionem, que dicitur umfærd, cui condicioni interfuit filia mea rangfridis as alii fidedigni[28]). 1331 tauscht

---

21) D. S. 2513. 22) D. S. 2874. 23) D. S. 1837. 1825. 24) D. S. 4481. 25) R-A. P. Nr. 2529. 26) Silferstolpe Nr. 1445. 27) D. S. 688. 689. 28) D. S. 925.

Knut Abjörnsson von „Gymini“ mit seiner Tochter und seinem Schwiegersohne ein Grundstück in Vanghe gegen Güter in superiori Suecia und in Oestergötland. Er tradirt sein Gut scotacione legittima umferd dicta[29]). 1346 tauscht der Ritter Johannes Hæmingsson mit dem Bischof von Skara Güter in Westergötland gegen Güter in Småland. Es beauftragt seinen Onkel, dem Bischof das Gut in Westergötland zu scotare; die scotatio erkennt er als ebenso giltig an, als ob „presentes adessemus et in hasta personaliter teneremus“ [30]). 1407 übertragen die Brüder Lorenz und Anbjörn Garp an Torberg Kärling ihren Hof in „Teghom“ gegen sein Gut in Lokkathorp. Sie erklären: havir jæk hanom thet forde gooz farit meth skaft oc skiæl oc thæsse 12 fasto waro oppa umfærdonne[31]).

c) Schenkung. In der Urkunde von 1222—1230 schenkt König Erich Erichsson dem Kloster Alvastra gewisse Güter in Westergötland. „Hoc ea lege facimus, quod lingua patria vocamus mulscota ita quod in placito communis populi publicetur et umferd fiat lege terre[32]). Am 21. Oktober 1286 schenkt die oben genannte Hafrid zwei eingetauschte Grundstücke cum omni rigore legis, quem iterum appellamus vulgariter umferd[33]). Am 27. Februar 1292 bezeugt Bischof Brynjolf von Skara, dass Frau Katharina, Matthei Tochter, bei ihrem Eintritte in das Kloster Gudhem gewisse Güter schenkte und diese Güter scotacione legittima secundum consuetudinem terre pure, simpliciter et irrevocabiliter übertrug[34]). 1341 schenken Ulf Gudmarsson und seine Hausfrau Brigitta, Birgers Tochter, an das Kloster Riseberga gewisse Güter im Vartoptaherad. „Scotamus insuper ipsis et irrevocabiliter assignamus cum omni ratificatione et modo legum vestgotorum, dictis skapt et umfærd[35]). 1347 schenkt Benedicta Daxdoter dem Kloster Rakkaby ein Gut in Westergötland scottacione legittima, que vulgariter dicitur umfærdh[36]). 1349 beauftragt König Magnus Herrn Karl in Hvalstad, Güter im Kindæherad, die er behufs Gründung des Nonnenklosters Rakkaby geschenkt hat, aufzu-

---

[29]) D. S. 2891. [30]) D. S. 4044. [31]) Silfv. Nr. 813. [32]) D. S. 217. [33]) D. S. 925. [34]) D. S. 1062. [35]) D. S. 3558. [36]) D. S. 4130.

lassen. Der einschlägige Passus lautet: quatenus ad locum predictum personaliter accedentes bona prefata . . . . . nostro nomine per scotacionem, que vulgariter dicitur skøtning, secundum leges Wesgocie . . . . assignetis[37]).

d) Vergabung von Todeswegen. Esbjörn Varg vermacht dem Kloster Nydala seinen Antheil an dem Gut Ebbathorp. Die Vergabung geschieht zunächst vor der Kirchspielgemeinde von Fischibec, nachher wird sie auf dem Heradsthing publicirt und sollemniter confirmirt[38]). Helene, die Hausfrau Böses, hatte ihre Grundstücke Ketilstorp und Sigrudstorp an das Bisthum Skara vermacht. Zur grösseren Sicherheit nimmt sie am 6. April 1291 die scotacio legitima et approbata secundum patrie consuetudinem vor. Sie erklärt: scotavi manu mea cum manibus astancium haste apposita, ex consensu dilecti mariti mei Bösonis et honesto milite domino Tolvone per me et ex parte mea verba quibus scotans utitur proferente sicut rogatus fuit per me et predictum maritum meum . . . . Domino N. canonico scarensi ecclesie recipiente predictas scotacionem et translacionem[39]). Am 9. Juli 1344 vermacht die Wittwe Ingegerd an das Kloster Rakkaby einen Hof in der Parochie Thorsö. Als zugegen bei der scotatio und hastam tenentes werden zehn Personen, darunter der König, aufgeführt. Der Vorgang spielt sich in der Sakristei der Marienkirche zu Skara ab[40]).

e) Pfandbestellung. 1350 verpfändet Lorenz Ingæson seine Güter in der Parochie Borghunda an die Marienkirche zu Skara scotatione dicta laghaumfærdh prehabita[41]). 1378 stellt Ḥalvard in Wagatorp als Pfand für die Zahlung von Busse sein Muttergut. Er gewährt dafür 12 fastar auf dem Nordalsthing. Einer von den fastar ist „omfarningæsman" [42]).

f) Morgengabebestellung. Am 5. September 1347 bestellt Magnus Eriksson seiner Hausfrau Gunnhild eine Morgengabe mit westgöthischen Gütern secundum leges terre cum scotacione subsequenti[43]). 1352 bestellt Benedict Algutzson

---

[37]) D. S. 4438. [38]) D. S. 447. 448. [39]) D. S. 1038. [40]) D. S. 3808. [41]) D. S. 4577. [42]) R-A. P. 1364. [43]) D. S. 4222.

seiner Hausfrau Sigrid des Nicolaus Tochter eine Morgengabe nach westgöthischem Rechte cum hasta scotacionis[44]). Auf das westgöthische Recht beruft sich auch Ritter Leko Ofradsson, der 1365 seiner Ehefrau Katharina Olafstochter eine Morgengabe mit 12 Festigern bestellt[45]). 1379 bestellt Anund Nycommin seiner Ehefrau Kristina Peterstochter eine Morgengabe, wobei „upa umfærth stotho“ ausser dem Besteller 9 Personen[46]). Endlich gehört vielleicht noch unter den alten Rechtszustand die Urkunde von 1409. Benedict Arvidsson bestellt seiner Ehefrau Ingeborg, Lorenz's Tochter, eine Morgengabe. Er untersiegelt mit „mehreren guten Männern, die am Schaft hielten,“ und deren ausser ihm 7 angeführt werden[47]).

Ausser den angeführten Urkunden finden sich noch manche andere, die Grundstücke in Westergötland betreffen. Allein sie geben nicht den Rechtszustand des W. G., sondern den des gemeinen Landrechts wieder, so dass sie keinen Werth für uns haben. Auch unter den angeführten Urkunden bieten einzelne einen gemischten Rechtszustand, da sie halb dem W. G., halb dem gemeinen Landrecht angehören.

3. Festigung und Umfahrt fanden im W. G. nicht nothwendig vor Gericht, sondern auf dem Grundstücke statt. Die älteren Urkunden bestätigen diesen Satz insofern, als sie selten von gerichtlicher Vornahme des Aktes verlauten lassen. Erst seit dem Ausgange des 14. Jahrhunderts stehen uns häufigere Belege für die Vornahme der Festigung im Gerichte zu. So giebt Halvard in Wagathorp am 19. August 1378 auf dem Nordalsthing Festiger für die Verpfändung[42]), liefert Aszur in Dala dem Ritter Nicolaus am 26. November 1390 Festiger auf dem rættaraþing in Höstene[25]), geschieht die Festigung, welche Arne Siggesson und Hakon Elefsson am 29. Juni 1411 vornehmen, auf dem lagberg in Thingvalla[26]). Es ist hier Einfluss des gemeinen Landrechts anzunehmen, um so mehr, als in den beiden ersten Urkunden auch die Zahl der Festiger nach dem gemeinen Landrechte bemessen ist. In den älteren

---

44) R-A. P. 89. 45) R-A. P. 655. 46) R-A. P. 1888. 47) Silfverst. 1025.

Urkunden kommt wohl auch die gerichtliche Festigung vor, so in der Urkunde König Erichs, meist dagegen fehlt entweder jeder Vermerk über den Ort der Vornahme, oder es lässt die Datirung der Urkunde unwahrscheinlich sein, dass die Festigung vor Gericht geschah. So z. B. ist die Urkunde des Lorenz Kärling vom 29. August 1331, in welcher er erklärt, die Umfahrt vorgenommen zu haben, zu Ubbaryd, einem ganz unbekannten Orte abgefasst[22]), die Urkunde des Lorenz Ingæson von 1350 von Säkkestad datirt[41]), die Urkunde vom 21. September 1379 von Säby[46]). Beide Orte sind nicht die ordentlichen Thingstätten gewesen. In anderen Urkunden ist der Datirungsort überhaupt nicht in Westergötland gelegen. Z. B. ist die Urkunde vom 29. März 1341[35]) zu Riseberga abgefasst, also in Nerike, die Urkunde vom 22. August 1349[24]) in Jonköping, also in Småland u. dergl. m. Lassen diese Thatsachen bereits an einer gerichtlichen Vornahme der Festigung zweifeln, so stehen uns aber auch direkte Belege für die Vornahme der Festigung und Umfahrt auf den Grundstücken selbst zu. Am 26. Februar 1312 nimmt Abjörn Petersson für andere Personen die Festigung als Bevollmächtigter vor. Glücklicherweise ist uns die Veräusserungsurkunde, auf welche sich die Auflassungsurkunde stützt, ebenfalls erhalten, so dass wir den ganzen Vorgang genau kontroliren können. Darnach geschah die Veräusserung der in Dynla gelegenen Güter in Fæsberg (Askemsherad), also nicht an Ort und Stelle; die Festigung dagegen wird vom Bevollmächtigten mit 9 fastar auf dem Grundstücke selbst vorgenommen[23]). Einen anderen Beleg liefert die Urkunde vom 20. April 1346. Der von Johann Hemmingsson bevollmächtigte Gustav Tuneson nimmt die scotatio des Gutes Odensaker vor. „Ego igitur .... in curia predicta odhensaker personaliter constitutus .... scotacionem feci“ [48]). Einen dritten Beleg gewährt die Urkunde vom 31. Mai 1349[49]), durch welche König Magnus Herrn Karl von Hvalstad bevollmächtigt, die Auflassung der Güter in Aræn æs an die Nonnen in Rakkaby vorzunehmen. Es soll der Bevollmächtigte darnach

[48]) D. S. 4065. 4044. [49]) D. S. 4438.

„ad locum predictum personaliter accedentes bona prefata .... per scotacionem ... secundum leges Wesgocie predictis sanctimonialibus ....“ anweisen.

4. Der Akt der Festigung stellt sich in den Urkunden so dar, wie im Westgötalag. Es wird ein Speer (hasta, skapt) aufgepflanzt, an welchen die Festiger die Hände legen (manum apponere, manu tenere, halda a fasthinne). Einer spricht vor (proloquitur, disserit, discernit prae festa), er wird als styresfaster oder omfarningsman bezeichnet; die Anderen begnügen sich mit dem Halten des Speeres. Der Veräusserer selbst wird zuweilen unter den Festigern mitaufgeführt[50]), als prolocutor dagegen erscheint er in den älteren westgöthischen Urkunden nicht. Die Zahl der Festiger wird in vier Urkunden auf neun, ausser dem Veräusserer, angegeben[51]); andre Urkunden bringen zwölf fastar[52]), wobei wahrscheinlich ein Einfluss des gemeinen Landrechts vorliegt. Wichtig ist, was eine Urkunde über das Verhältniss des Veräusserers zu den fastar lehrt. Es ergiebt sich, dass die fastar vom Veräusserer ernannt werden und dass der Leitfestiger als Mandatar der Partei handelt. In der Urkunde vom 6. April 1291 nämlich[39]) erklärt Helena, dass der honestus miles Tolvo für sie und von ihrer Seite aus die üblichen Scotationsworte vortrug, wie er durch sie aufgefordert wurde. Also nicht aus eigenem Rechte etwa kraft amtlicher Stellung publicirt der Leitfestiger die Festigung, sondern als Mandatar des Veräusserers. Dem entspricht es, dass nirgends ein Vermerk sich vorfindet, dass die Festiger von der Obrigkeit ernannt werden. So wenig in Westergötland die Festigung vor Gericht sich nothwendig abspielte, so wenig waren die Festiger Vertreter der Gerichtsgemeinde, es waren von der Partei ernannte Personen. Ueber die Eigenschaften der Festiger vermögen wir uns leider nicht genügend aus den westgöthischen Urkunden zu orientiren. In Betracht kommt hier eigentlich nur die Urkunde vom 26. Februar 1312[23]). Es ergiebt sich aus ihr, dass von den neun Festigern drei in zweifellosen Beziehungen zum

---

[50]) D. S. 1038. 1837. 4044.; R-A. P. 1888; Silfverst. 1445. [51]) D. S. 1837. 2234.; R-A. P. 1888; Silfv. 1445. [52]) R-A. P. 655. 1364. 2529.

Erwerber und der Eine wahrscheinlich in Beziehung zum Veräusserer standen, dass ferner acht von den neun Personen von geringer socialer Stellung waren, da zwei ausdrücklich als villici, einer als faber, einer als famulus bezeichnet wird, die übrigen vier sonst in Urkunden aber nicht auftreten.

5. Ueber den Act der Umfahrt, der in lateinischen Urkunden scotacio genannt wird, erfahren wir aus den Urkunden nichts Näheres. Aus Bemerkungen, dass die Festiger „auf der Umfahrt gestanden hätten, gewesen seien", und aus der Bezeichnung des Leitfestigers als „omfarningsman" ergiebt sich, dass die Festiger der Umfahrt beiwohnten, aus der lateinischen Uebersetzung scotacio, dass ein Erdwurf vorgenommen wurde. Wenn das ältere W. G. die persönliche Anwesenheit des Veräusserers zur Umfahrt verlangte, so lehren dagegen die Urkunden seit dem 14. Jahrhundert, dass er vertreten werden konnte, wie denn in der That die Excerpte Lydekins Stellvertretung bei der Umfahrt ausdrücklich für zulässig erklären [53]).

2. Das Recht von Wermland.

Das Urkundenmaterial, auf welches wir für Wermland ausschliesslich angewiesen sind, ist zwar nicht reichlich, aber es gewährt uns genügende Aufschlüsse, um die Behauptung aufzustellen, dass der Rechtszustand in Wermland sich eng an den in Westergötland anschloss.

In Betracht kommt zunächst die Urkunde vom 17. Januar 1334, durch welche Andreas und Margaretha, Thords Tochter, mit dem Nonnenkloster in Riseberga einen Tausch eingehen [54]). Der Tausch geschieht cum omni legali iure Vermælandie. Zugegen sind „super firmacionem dictam fæst et umfærþ" einschliesslich des Andreas 9 Personen, wobei ausdrücklich bemerkt wird, dass diese Neun beide Seiten vertraten, wie denn in der That drei von ihnen nachweislich der Landschaft Nerike, in welcher Riseberga lag, angehören. Ob einer und wer prolocutor war, ist nicht gesagt; da aber Andreas sich an erster Stelle unter den Festigern anführt, so wird er prolocutor ge-

[53]) 67, Schlyter corp. I S. 266. [54]) D. S. 3022.

wesen sein. Dass die Festigung auf dem Thing geschah, wird durch nichts angedeutet.

In Betracht kommt möglicherweise ferner die Urkunde vom 21. October 1336[55], in welcher Lorenz Magnusson eine curia in Wermland und eine colonia in Nerike dem Nonnenkloster Riseberga gegen Güter in Lidhawik eintauscht. Da die Urkunde freilich in Riseberga geschrieben ist, so ist es fraglich, ob sie das Recht von Wermland oder von Nerike wiederspiegelt. Es werden acht fæstumænn und ein skilaman genannt als bei der scotacio anwesend. Vier von den Festigern sind aus Nerike, zwei wahrscheinlich aus Wermland[56], so dass auch hier beide Parteien vertreten zu sein scheinen. Auch hier weist nichts darauf hin, dass die Festigung auf dem Thing geschah.

Weiter fällt ins Gewicht die Urkunde vom 17. März 1361[57], welche, wenigstens aus den Orten Gillberga, Thingvalla und Stafnäs zu schliessen, wermländisch ist. Es handelt sich hier um Busszahlung für ein Vergehen. Die Zahlung erfolgt durch Auflassung eines Grundstücks. Angeführt werden neun, welche die fæst hielten, und Einer, welcher „fastfor".

Sodann ist von Werth die Urkunde vom 14. Juli 1390[58]. Ingimar Habramson bekräftigt die Gabe von wermländischen Grundstücken, die seine Eltern an seine Schwester machten, durch erneute Auflassung. Bei der „umfærdh" und „skötning" sind zehn Personen zugegen.

Weiter ist bedeutsam die Schenkungsurkunde vom 4. März 1414[59]. Assur Haldorson schenkt sein in der Parochie Bro gelegenes Grundstück an seinen Verwandten „mæth fææst oc umfærdh". Festiger sind neun Personen.

Endlich ist zu bemerken, dass noch in einer Verkaufsurkunde vom 29. Juni 1444 „fæst oc umfærdh" nach wermländischem Rechte erfolgt[60].

Aus diesen sechs Urkunden ergiebt sich Folgendes: Bei Kauf, Tausch, Schenkung und allgemein Hingabe an Zahlungs-

---

55) D. S. 3259. 56) cfr. D. S. 3022. 57) R-A. P. 496. 58) R-A. P. 2492. 59) Silfverstolpe 1918. 60) Styffe, Skandinavien under Unionstiden 2. Aufl. S. 150 N. 3.

statt war in Wermland Festigung und Umfahrt nachweislich üblich. „Fæstumænn", d. h. Personen, welche „die fæst hielten", also gleichfalls Speerhalter, waren neun oder zehn, von welchen einer, der „skilamann" „fastfor". „Skilamann" konnte auch der Veräusserer selbst sein. Die Festiger vertraten beide Parteien, wurden also jedenfalls durch die Parteien gewählt. Die Festiger waren auch auf der „Umfahrt" oder „skötning" anwesend. Beide Acte, Festigung und Umfahrt sind als gerichtliche nicht nachweisbar. Die Festiger selbst sind nicht Gerichtspersonen oder Mitglieder der Gerichtsgemeinde.

3. Das Recht von Oestergötland.

Die Rechtsgeschäfte, bei welchen die Festigung im Ostgötalag auftritt, sind dieselben, wie im Westgötalag: Kauf[61]), Tausch[62]), Schenkung[63]), Theilung[64]), Morgengabebestellung[65]) und Verpfändung[66]) von Grundstücken. Auch im O. G. ist die Festigung darnach ein Institut des Immobiliarrechts. In einem Falle freilich tritt die Festigung auch anderswo auf, nämlich bei Kauf eines fostre, d. h. eines Unfreien, der das Gut seines Herrn selbständig bewirthschaftet[67]). Mag in diesem Falle die eigenthümliche Verbindung des fostre mit dem Grundstücke dazu beigetragen haben, auf seine Veräusserung, mit der regelmässig auch die Veräusserung des Grundstücks erfolgt sein wird, die Grundsätze der Immobiliarveräusserung anzuwenden, jedenfalls liegt hier eine bewusste Ausnahme von den sonstigen Grundsätzen über die Veräusserungen Unfreier vor, die die principielle Zugehörigkeit der Festigung zum Immobiliarrecht nicht aufhebt.

Wo die Festigung gebraucht wird, verwendet das O. G. den Ausdruck „mæþ fæstum ok köpum" „mit Festigungen und Verträgen", seltener „mæþ fæstum ok laghafangum". Der Veräusserer „giebt", der Erwerber „empfängt" oder „nimmt" die fæst oder „nimmt mæþ fæstum ok köpum". Beide Parteien „halten" an der fæst oder an „fæstum ok köpum". Daran

---

61) Eghnasal. 5. 62) Eghnasal. 4. 63) Eghnasal. 1/1. 64) Ærfþab. 10/2. 3. 65) Giþtab. 10 pr. 66) Eghnasal. 16. 67) Eghnasal. 23.

„halten“ soll auch, wer consensberechtigt ist zur Veräusserung, z. B. der Erbe bei Vergabungen[68]). Gehalten wird die fæst „an“ oder „über“ das Rechtsgeschäft.

Darnach weist bereits die Terminologie darauf hin, dass die Formalität der fæst auch im O. G. im Halten eines aufgepflanzten Speeres besteht. Als Speerhalter erscheinen aber nicht bloss die Parteien und die consensberechtigten Erben, sondern es wird ausserdem die Hinzuziehung eines eigentlichen „Festigungsmannes“ verlangt, eines Mannes, der „skildi firi fæst þæs köps“ „sprach über die Festigung dieses Geschäftes“. Von dem Festigungsmanne erfahren wir, dass er von beiden Parteien „gebeten“, also von beiden gewählt wird[69]). Er ist es, der bei Streit über das Rechtsgeschäft zwischen den Parteien, bezw. deren Erben seine Aussage abzulegen hat[70]). Ist er nicht mehr am Leben, so soll sein Erbe an seiner Stelle auftreten[71]). Allein seine Funktion beschränkt sich nicht auf die eines Beweismittels. Er ist wesentliches Erforderniss für die Gültigkeit der Uebertragung. Darum müssen ausser ihm zwei Zeugen beschwören, dass sie dabei waren, als er „skildi firi fæst“[72]).

Von weiteren Festigern spricht das O. G. nicht. So sehr es betont, dass der „Festigungsmann“ hinzugezogen werden müsse, so ermangelt es jeglicher Bestimmung über die Nothwendigkeit weiterer Festiger. Es bleibt nichts anderes übrig, als anzunehmen, dass rechtlich der eine Festigungsmann genügte.

Wo die Festigung vorzunehmen ist, wird selten gesagt. Einmal heisst es, dass man seinem Findelkinde nur auf dem Liongathinge oder vor dem Könige etwas schenken und dort die fæst halten dürfe[73]). Sodann heisst es[74]): „Nun will der König Grundeigenthum schenken (sköta), dann soll der, welcher das Grundstück erhält, dem Könige drei Tische bereiten[75]): der König soll von demselben Grundstück Erde nehmen, welches er schenkt, und ihm die Erde in den Schooss legen: er hat die

---

[68]) Ærfþab. 4. [69]) Eghnasal. 8. [70]) ibid. [71]) ibid. [72]) Eghnasal. 4 pr. [73]) Ærfþab. 4. [74]) Eghnasal. 1. [75]) vergl. oben S. 56 Anm. 168.

Festigung vor des Königs Tisch zu nehmen .... § 2. Jetzt will der König Almendeland veräussern, dann soll sein Stallmeister den Grenzritt machen: der Bauer soll ihm drei Tische bereiten und die Festigung am Grundstücke entgegennehmen." Daraus ergiebt sich, dass die Festigung in den beiden letzteren Fällen im Hause des Bauern vor sich ging, der das Grundstück erwarb. Scheint der Zusammenhang ausserdem darauf hinzuweisen, dass der Erwerber bereits als Pächter auf dem Grundstücke sass, so ergäbe sich, dass die Festigung auf dem veräusserten Grundstücke zu geschehen hatte. Gegen diese Auslegung spricht nun jedenfalls nicht der erstcitirte Fall, da es sich hier um einen Sonderfall handelt, gegen sie sprechen aber auch nicht andere Stellen. Zwar wird bei Veräusserung eines Grundstücks vom O. G. das Aufgebot dieses Grundstücks an die Erben auf dem Thinge als Voraussetzung hingestellt[76]); allein damit ist nichts für die Festigung selbst gesagt. Dass diese vielmehr nicht auf dem Thinge zu geschehen hatte, scheinen die Sätze zu lehren, welche den Beweis über die vorgenommene Festigung betreffen. Der Erwerber soll nämlich die Vornahme der Festigung mit dem Festigungsmanne, zwei Sollemnitätszeugen und zwölf Eideshelfern beschwören. Dagegen kann der Veräusserer 4 Erfahrungszeugen für sein Eigenthum und seine laghæfþ und 24 Eideshelfer anbieten. Schwören die beiderseitigen Beweispersonen, so entscheidet die Hundertschaftsnæmd[77]). Wäre die Festigung auf dem Thinge nothwendig erfolgt, so hätte sogleich die Hundertschaftsnæmd eingreifen müssen. Dass diese aber erst als ultimum remedium auftritt, scheint gegen die gerichtliche Vornahme der Festigung zu sprechen. Der Umstand endlich, dass nur ein Festigungsmann verlangt und dass dieser von den Parteien gewählt wird, weist darauf hin, dass die Festigung nicht auf dem Thinge zu geschehen hatte.

Neben der Festigung, die im Speerhalten bestand, wird dann noch in den oben mitgetheilten Stellen des Erdwurfes und der Grenzbereitung gedacht. Aber während die west-

---

[76]) Eghnasal. 3 pr. [77]) Eghnasal. 4.

göthische Umfahrt für den Uebertragungsact wesentlicher Factor ist, tritt die skötning und das vaþa riþa im O. G. nicht weiter hervor; der Beweis richtet sich allein auf das formgerechte fæst taka.

Betrachten wir nun das Urkundenmaterial, so liefert uns dieses zunächst zahlreiche Belege für die Festigung bei Kauf, Tausch und Schenkung von Grundstücken, seltnere für die Verpfändung [78]) und Morgengabebestellung.

Die Ausdrücke, welche die Urkunden für die Festigung bieten, entsprechen denen des O. G. Der Veräusserer veräussert „cum appropriacione legitima dicta lagafastum secundum leges osgotorum, cum legibus, que dicuntur festnæ, cum tradicionibus secundum leges ostgotorum dictis vulgariter laghafæsto, cum fastis et laghafang, med fæstum oc lagafangum, legali tradicione adhibita dicta adhalfæsth, cum omni iuridicione dicta vulgariter laghafæsto, secundum iura legum, que dicuntur vulgariter adalfæsto, secundum iura et statuta regni que vulgariter dicuntur adalfeste, cum festum et forskiæl, per festæ et køpæ, secundum leges terre praesentibus festum et køpum, per festas legitimas“ oder „legales“ oder „cum festis legitimis, cum testimonio discretorum virorum dictorum fasta, secundum leges terre ac scutaciones legitimas dictas festo, cum firmariis dictis fastæ u. s. w. — Die Festiger „tenuerunt super festnæ“ oder „tenuerunt scutaciones legitimas, dictas festo“. Dass ein Speerhalten vorliegt, ergiebt der Ausdruck „skaftfærdh“, der einmal als Uebertragungsmodus „legibus Ostgothorum“ hingestellt wird. — Einer unter den Festigern ist der gesetzliche Verkünder, „publicat legaliter, vulgariter dictum: skildi fyr festnum“. Er nimmt die „prolocutio, dictam fest super hoc facto“ vor oder „proloquitur“ einfach. Er wird daher technisch als „prolocutor fæstarum, pro fæst, in faestis legitimis“ oder als „forskiælamaðr, forskiluman“ bezeichnet gegenüber den einfachen „fæstamæn“. Indessen führt er, wo er allein genannt wird, häufig auch den Namen „fæstemann“. Z. B. heisst es in der Urkunde vom 13. März 1331: recepto ad hoc fæstemann, videlicet Thoriro haralzson ac aliis,

---

[78]) cfr. D. S. 665.

que secundum leges patrie in alienacionibus faciendis requiruntur, rite et racionabiliter observatis [79]). Acht Zeugen hat die Urkunde vom 6. Dec. 1305, darunter aber nur einen „festemann" [80]), zwölf die Urkunde vom 13. Februar 1307, darunter ebenfalls nur einen „festamann" [81]). Ebenso wird in den Urkunden vom 10. Juli 1345, 18. April 1348 und 23. März 1349 unter den Anwesenden als „festemann" Lorenz Thorisson aufgeführt [82]), in der Urkunde vom 25. April 1348 als „firmarius huius facti, dictus faste" Johann Swartsson [83]). Die Urkunde vom 29. April 1348 zeigt zwei „fæstamæn" [84]), ebenso die vom 23. März 1350 [85]). Drei Festiger nennt die Urkunde vom 12. Mai 1352 [86]). Offenbar lehnen sich hier die Urkunden an das O. G. an, welches nur den Festigungsmann kannte. Es fällt überhaupt als Eigenart der ostgöthischen Urkunden auf, dass sie das Hauptgewicht auf den prolocutor legen. Wir finden allerdings Urkunden, welche ausser dem prolocutor andre Festiger nennen. So werden in der Urkunde vom 24. Juni 1342 ausser zwei prolocutores zwei fastar genannt [87]), in der Urkunde von 1299 ausser dem prolocutor vier Personen namentlich aufgeführt, welche nebst „aliis quam plurimis fidedignis ... tenuerunt super festnæ", nachher neun [88]); acht Festiger und ein prolocutor treten in der Tauschurkunde vom 26. April 1313 [89]), sieben Festiger und ein prolocutor in den Urkunden vom 30. März 1328, 28. Oktober 1341 und 21. April 1349 [90]), acht Festiger in der Urkunde vom 1. Mai 1414 [91]), fünf fastæmen in der Urkunde vom 30. Januar 1347 [92]), zehn Festiger in den Urkunden vom 9. Juni 1356 und 1. Juli 1363 [93]), zwölf Festiger in der Urkunde vom 13. Februar 1340 [94]), sechszehn Festiger in der Urkunde vom 21. November 1360 [95]) auf. Wenn die drei fastæ et køpæ in der Urkunde von 1305 [96]) nicht in einen Festiger und zwei Zeugen aufzulösen sind, so findet sich zum zweiten Male die Dreizahl. Es ergiebt sich

---

[79]) D. S. 2839. [80]) D. S. 1489. [81]) D. S. 1533. [82]) D. S. 3967. 4312. 4405. [83]) D. S. 4316. [84]) D. S. 4320. [85]) D. S. 4551. [86]) R-A. P. 69. [87]) D. S. 3648. [88]) D. S. 1260. [89]) D. S. 1921. [90]) D. S. 2659. 3603. 4421. [91]) Silfverstolpe 1943. [92]) D. S. 4135. [93]) R-A. P. 259. 582. [94]) D. S. 3470. [95]) R-A. P. 481. [96]) D. S. 1462.

jedenfalls, dass es den Urkunden an einer festen Zahl Festiger durchaus gebricht. Da eben das Rechtsbuch nur von dem Festigungsmanne spricht, so war der Hinzuziehung weiterer fastar zwar nichts in den Weg gestellt, aber einer consequenten Praxis bezüglich der Zahl der fastar der Boden entzogen. Erst durch das gemeine Landrecht bürgert sich die Zwölfzahl in Oestergötland ein.

Sehen wir uns nun den prolocutor und die anderen Festiger an, so finden wir zunächst, dass der prolocutor kein ständiger, sondern ein für den speciellen Fall ernannter Dritter ist. In der Urkunde von 1299 [97]) z. B. verzichten die Erben der Benedicta auf ihre Erbansprüche an den Gütern. Der Verzicht wird feierlich publicirt von Johannes von Myreby. Darauf vergabt Benedicta die fraglichen Güter an das Nonnenkloster in Skenninge. Prolocutor der Vergabung ist Johannes Thorasun. Die Grundstücke sind bei beiden Rechtsgeschäften die gleichen, die prolocutores verschiedene. In der Urkunde vom 2. April 1303 [98]) handelt es sich um den Erwerb von zwei Parzellen in Patastad, die dem Suno Borstærva gehören. Die eine kauft der Kanoniker Olaf, die andre Hemming Susanne. Prolocutor ist in ersterem Falle Saxo de Karaby, im zweiten der Schuster Knut. Da die beiden Grundstücke offenbar neben einander lagen, so hätte derselbe prolocutor auftreten müssen, falls dessen Stellung überhaupt eine ständige war, um so mehr als beide Rechtsgeschäfte unmittelbar hinter einander stattfanden. In der Urkunde vom 31. März 1331 [99]) legirt der Kanoniker Hemming Liquidsson in Linköping sein Grundstück Mycklaby an die Pfründe, die er an der Domkirche zu Linköping hat, recepto ad hoc fæstemann, videlicet Thoriro Haralzson. Deutet das recipere bereits an, dass der Festiger frei gewählt ist, so bestätigt dies die sonst ganz dunkle Persönlichkeit Thorirs. Auch sehen wir als prolocutores Leute auftreten, die im Uebrigen in den Urkunden keine Rolle spielen. Sehr lehrreich für die Stellung der Festiger ist die Urkunde vom 28. Oktober 1341 [99a]). Nikolaus Guthormsson tauscht ein Gut in

[97]) D. S. 1260 cfr. 1307. [98]) D. S. 1386. [99]) D. S. 2839. [99a]) D. S. 3603.

Nerike gegen ein Gut in Oestergötland mit dem Kloster Riseberga. Als „testes seu affirmatores vulgariter dicti fastæ" werden accersiti et coassumpti acht Personen, davon drei von der Seite des Nikolaus, vier von der Seite des Klosters, der prolocutor oder forskyæluman aber, wie es scheint, von beiden Seiten gemeinschaftlich. Mag sein, dass die Urkunde nicht ganz dem ostgöthischen, sondern zugleich dem Gebiete von Nerike angehört, immerhin gewährt sie auch für Oestergötland das Resultat, dass die Festiger von den Parteien gewählt wurden. Dagegen kann denn auch nicht sprechen, wenn wir einmal den Lorenz Thorisson in drei verschiedenen Urkunden als festemann auftreten[100]) und wenn wir seit Mitte des 14. Jahrhunderts[101]) den Heradshäuptling die Festigungsurkunde ausstellen sehen. In beiden Fällen mag Einfluss des gemeinen Landrechts vorliegen. —

Stimmen insofern die Urkunden mit dem O. G. überein, so ergiebt sich freilich eine gewisse Abweichung hinsichtlich des Ortes der Festigung. Zahlreiche Urkunden nämlich lassen die Festigung im Gerichte geschehen. Allein, wenn wir näher zusehen, so sind es überwiegend Urkunden, deren Vorgang in der Stadt sich abspielt. In den Städten Linköping[102]) und Söderköping[103]) finden wir vor Voigt, Consuln und Viertelmännern die Festigung erfolgen oder der Aussteller untersiegelt mit dem sigillum civitatis. Liegt hier zweifellos Gerichtlichkeit der Festigung vor, so verhält sich die Sache auf dem Lande anders. Bei den meisten Urkunden fehlt uns hier überhaupt jeder Anhalt, um den Ort der Festigung zu erkennen. Bei einigen ist es sicher oder möglich, dass sie auf dem Thing geschah, z. B. in der Urkunde vom 13. März 1331[104]), welche zu Eneby, der Thingstätte des Braboherad, datirt ist, der Urkunde vom 16. Juli 1345[105]). Bei einigen aber weist der Wortlaut darauf hin, dass die Festigung ausserhalb des Thinges

[100]) D. S. 3967. 4312. 4405. [101]) R-A. P. 582. [102]) D. S. 1386. 1610. 3349. 3738. 3848. 4007..4025. 4129. 4211. [103]) D. S. 2603. 4421, aber noch nicht im Jahre 1253, wie die Urkunde D. S. 404 lehrt. [104]) D. S. 2839. [105]) D. S. 3970.

vor sich ging. So nimmt z. B. Benedicta, Tochter von Holmstan, die Festigung der an das Nonnenkloster in Skenninge gemachten Vergabung vor „coram porta sororum in Skiæningia“ [106]). Der Verkauf und die Festigung des Gutes in Hasleberg seitens des Nonnenklosters Wreta geschieht im Kloster Wreta [107]). In der Urkunde vom 28. October 1341 [108]) heisst es, dass die Parteien sich die Festiger heranholten, was auf alles eher, als auf das Thing hindeutet. Und ebenso heisst es in der Urkunde vom 18. April 1348 [109]), dass die Festiger und andere mehr dazu gerufen und gebeten wurden (et aliis pluribus ad hoc vocatis et rogatis). — Aber auch wo Festigungsort das Thing ist, herrscht nicht stets Zusammenhang der Festiger mit den Gerichtspersonen. In den Städten ist es nicht etwa stets der advocatus oder ein consul, welcher als prolocutor genannt wird, sondern es ist auch einmal ein Schuster Knut [110]). Erst seit Mitte des 14. Jahrhunderts treten die consules unter den Festigern allgemeiner hervor. Die Urkunde vom 6. März 1309 [111]), durch welche der Voigt und die fiærdunghmen dem Knut Stubbe den Erwerb „cum winsord et festum oc alla lagha fanghum vendicant“, steht unter den gleichzeitigen Urkunden vereinzelt da. Aber am 21. April 1349 [112]) finden wir die consules Suthercopienses unter den Festigern, den ballivus Lincopensis Nicolaus Stang sehen wir am 29. Sept. 1344 [113]) als prolocutor; der discretus vie Lorenz Thorisson tritt wiederholt [114]) als festemann auf. Die bekannte Erscheinung, dass das Stadtrecht in seiner Entwicklung dem Landrecht voraufgeht, wiederholt sich auch hier. In der zweiten Hälfte des 14. Jahrhunderts wird aber auch im Gebiete des ostgöthischen Landrechts die Festigung nothwendig gerichtlich. Die ersten klaren Fälle liegen aus den Jahren 1360 und 1363 vor [115]). Mit dem Eindringen des gemeinen Landrechts wird die Festigung allgemein gerichtlich.

---

[106]) D. S. 1254. 1260. [107]) D. S. 2326. [108]) D. S. 3603. [109]) D. S. 4312. [110]) D. S. 1386. [111]) D. S. 1610. vergl. allerdings noch D. S. 1533. [112]) D. S. 4421. [113]) D. S. 3848. vergl. 4405. [114]) D. S. 4312. 4405. [115]) R-A. P. 481. 582.

Darnach glauben wir auch für Oestergötland den Satz aufstellen zu können, dass die fæst ursprünglich ausserhalb des Gerichtes sich vollzog. Jedenfalls aber dürfen wir behaupten, dass die Festiger ursprünglich nichts mit der Thinggemeinde oder dem Thingvorstande zu thun hatten. Sie waren von der Partei erwählt.

Andrer Acte, als der fæst, gedenken die Urkunden nicht. Dass der Erdwurf aber im Leben vorkam, lehrt die lateinische Bezeichnung scotatio, und an die Umfahrt erinnert der Ausdruck skaftfærdh, dem wir in der Urkunde vom 14. Juli 1313 [116]) begegnen.

4. Das Recht von Småland.

Da das småländische Kirchenrecht uns über die fæst nichts mittheilt, so sind wir für Småland ebenfalls auf die Urkunden beschränkt, die zwar zahlreicher als die wermländischen sind, aber doch nur geringe Ausbeute gewähren. Lehnt sich Wermland offenbar an Westergötland an, so scheint sich Småland mehr zu Oestergötland hinzuneigen. In småländischen Urkunden wird nämlich das Hauptgewicht auf den prolocutor gelegt und von den Einzelheiten der fæst wenig gesprochen. Gleich in den ältesten Urkunden vom 11. October 1279 [117]) wird uns nur der prolocutor Dan de Arastad genannt, der „prae festa alienationis discrevit". Dass der prolocutor nicht ständig, sondern ad loc genommen war, geht daraus hervor, dass bei der sofort erfolgenden Weiterveräusserung des Grundstücks ein Anderer, Karolus falca de Skortoby, als prolocutor auftritt. Auf das Mitwirken weiterer Festiger deutet der Satz: „aliis discretioribus commanentibus" hin, aber wie viele es waren, wird nicht gesagt. Dass der Act auf dem Thinge erfolgte, wird durch nichts wahrscheinlich gemacht, vielmehr deutet das Datum: actum apud Ydö auf das Gegentheil hin, da Ydö, soviel wir wissen, nicht Thingstätte war.

Småländisch ist ferner die Urkunde von 1285—1286 [118]). Die Erben von Folko Karlsson vollziehen dessen Testament,

---

[116]) D. S. 1930. [117]) D. S. 688. 689. [118]) D. S. 889. 742.

indem sie an das Kloster Wreta das Gut Eneby „cum hasta“ übertragen.

Sodann kommt in Betracht die Urkunde vom 3. Febr. 1287[119]). Es wird kurz registrirt, was Probst Wimund von verschiedenen Personen an einem Fischteich erhalten hatte. Fæsteman ist Ærnelius de Kysæ. Zeugen sind vier namentlich aufgeführte et alii plurimi fidedigni. „Hoc totum actum fuit . . . in maiore stupa filungxhedhe.“

Nach Småland gehört weiter die Urkunde vom 30. März 1302[120]), in welcher Folko und Johannes erklären, ihr Gut in Suartingshthorp dem Nonnenkloster in Kalmar verkauft „ac eandem terram per legalia vulgariter dicta festnæ calmarnie dictis sororibus multis villanis ibidem presentibus legaliter“ resignirt zu haben. „Magnus Kinben rite secundum leges publicavit et Ditmarus monetarius calmarnie eandem ex parte sororum predictorum acceptavit.“ Untersiegelt wird mit dem sigillum civitatis calmarnie. Auch hier wird also ausser dem Vertreter des Erwerbers nur der prolocutor genannt. Die Handlung geht am Wohnorte des Erwerbers vor sich und zwar, wie aus der Besiegelung mit dem Stadtsiegel hervorgeht, öffentlich vor der Stadtobrigkeit.

Småländisch ist ferner die Urkunde vom 2. Febr. 1329[121]), durch welche Rangwald in Mørlunda erklärt, seinen Pflegetöchtern Güter in der Parochie Malhella schenkungsweise „heredibus meis legitimis presentibus necnon et aliis quamplurimis presentibus fidedignis per fæstæ secundum legum sancciones legittime . . . . vendicasse.“

In Småland spielt sich sodann die Morgengabebestellung „secundum leges paternas cum fastum et førskiælum“ ab, die Ragvald Karlsson am 25. Oktober 1344 in Pabodanäs vornimmt[122]).

Småländisch scheint auch die Morgengabebestellung zu sein, die Ritter Benedict Myrk am 4. Mai 1346 „per festas legaliter“ macht[123]).

---

119) D. S. 932. 120) D. S. 1361. 121) D. S. 2694. 122) D. S. 3853. 123) D. S. 4072.

Småländisch ist der Tausch, den Magnus Salvason am 18. Oktober 1350 mit seinem ehemaligen Schwiegervater Johannes Holmgersson eingeht „racione discretorum, qui dicunter festamen“ [124]). Aufgeführt werden sechs.

Dass das alte småländische Recht gegenüber dem gemeinen Landrechte Eigenheiten aufwies, lehrt die Urkunde vom 24. Februar 1353 [125]), in welcher Gunno Aszurson „secundum totalem formam legum antiquarum et novarum“ seine Güter in Småland überträgt.

Unter der Herrschaft des gemeinen Landrechts scheint dagegen bereits die Urkunde vom 5. Juni 1378 [126]) zu stehen, in der Johann Salomonsson Güter seiner Hausfrau in der Parochie Svenarum verpfändet und auf dem Thing zu Ekesjö festigt. Als „skaphförth“ wird, halten zehn Personen am Schaft, zu denen wohl die mitsiegelnden zwei zu rechnen sind, da der eine der Heradshäuptling ist, so dass wir die zwölf fastar des gemeinen Landrechts vollzählig hätten.

Sehen wir, was wir aus den oben mitgetheilten Urkunden entnehmen können, so ergiebt sich bezüglich der Terminologie für Småland nichts Besonderes. In Geltung war jedenfalls die fæst bei Kauf, Tausch, Schenkung, Vergabung von Todeswegen und Morgengabebestellung. Die Zahl der Festiger wird uns nur einmal genannt, dann freilich als eigenthümliche Sechszahl. Vermuthlich herrschten in Småland, da die übrigen Urkunden mehr auf den prolocutor Gewicht legen, ebensowenig bestimmte Normen über die Zahl der Festiger, wie in Oestergötland. Was den prolocutor betrifft, so war er eine ad hoc genommene Persönlichkeit. Die Frage endlich, wo die fæst vor sich ging, scheint auch für Småland verschieden beantwortet werden zu müssen, je nachdem es sich um Stadt oder um Land handelte. Während die Kalmarner Urkunde vor der communitas civium die fæst vorgenommen zeigt, geht aus den ländlichen Urkunden nichts hervor, was die Nothwendigkeit der Gerichtlichkeit der fæst erhärtete. Vielleicht deutet der in der Urkunde von 1353 berührte Gegensatz zwischen altem und neuem Rechte gerade auf die nach letzterem nothwendige Gerichtlichkeit hin.

---

[124]) D. S. 4627. [125]) R-A. P. 107. [126]) R-A. P. 1344.

II. DIE SVEARECHTE.

A. DIE RECHTE VON NERIKE, HELSINGLAND, JÆMTLAND UND FINNLAND.

1. Das Recht von Nerike.

Nerike war diejenige oberschwedische Landschaft, welche den Götalanden am nächsten lag. Sie war das Grenzland nach Wermland, Wester- und Oestergötland. Es liegt die Annahme nahe, dass der Rechtszustand Nerike's Berührungspunkte mit dem der Götalande hatte. In der That zeigt sich auf unserem Gebiete, dass Nerike mehr nach den Göta- als nach den Svearechten gravitirte.

Das Urkundenmaterial Nerikes ist reichlicher, als das Wermlands und Smålands, nicht bloss der Zahl der Urkunden, sondern auch deren Inhalt nach, so dass wir sicheren Boden unter uns haben.

1. Die älteste Urkunde Nerikes ist die Schenkungsurkunde Königs Magnus Ladulås vom 1. Juni 1278[127]), durch welche er dem Bischof von Strengnäs die curia Sygarsö schenkt, „legali sollempnitate secundum consuetudinem terre vulgariter festis legittime procedente". Als „testes predicte donationis, qui vulgariter dicuntur fastær", werden sechs angeführt, von denen der letztangeführte Thomas de Hahaby „predictam ordinacionem pronunciavit esse legittime factam secundum leges terre et consuetudines approbatas".

2. Demnächst ist von Bedeutung die Urkunde über den Tausch Königs Magnus Ladulås mit Bischof Anund von Strengnäs vom 13. Juli 1283[128]). Der König tauscht die curia Nærthæwi (Parochie Viby) in Nerike gegen zwei Stockholmer curiae „intercedente legali sollempnitate vulgariter festis". Festiger sind zehn Personen, darunter der Gesetzsprecher von Nerike, „qui supradictum commutacionis contractum legaliter pronunciavit secundum ipsius Nærichie leges et consuetudines approbatas". Datirungsort ist Hælhø.

---

[127]) D. S. 645. [128]) D. S. 767.

3. Eine **Verpfändung** betrifft die Urkunde vom 21. Januar 1291 [129]). Nicolaus von Gandagra verpfändet sein Gut Repem an die Kirche in Örabro vor „8 discretis testibus, istud secundum leges terre confirmantibus".

4. Acht fastar treten auf in der **Verkaufs**urkunde vom 21. November 1301 [130]).

5. Um einen **Tausch** handelt es sich in der Urkunde vom 2. November 1307 [131]). Peter Styrbjörnsson tauscht mit dem Bischof von Strengnäs Grundstücke, von denen die seinigen jedenfalls in Nerike liegen. „Testes vulgariter dicti faster" sind acht. Datirungsort ist Sigharsø.

6. Wichtig ist die **Verkaufs**urkunde Birger Rörikssons vom 7. Januar 1325 [132]). Dieser veräussert an Godswen, Bürger von Westerås, ein Grundstück in Fellesta, Parochie Gællesta. Er bevollmächtigt zugleich den Müller in Jaedra, dass er das Grundstück dem Käufer in seinem Namen „committat et assignet adhibitis hinc et inde et datis secundum legum consuetudinem super hoc testibus, qui dicuntur fastær, ad rei memoriam firmiorem". Diese fastar werden gleich genannt. Es sind neun, von denen der Eine „vendicionis pronunciator seu promulgator exstitit, qui vulgariter dicitur forskiælamander". Das Ganze geschieht zwar „praesentibus aliis plurimis fidedignis", aber an einem ganz unbekannten Orte Gaarn. Die Festiger wohnen sämmtlich im Skiöllistaherad, ja acht von ihnen in der Parochie Gællesta, der prolocutor in Fellesta direct.

7. Eine **Schenkung** betrifft die Urkunde vom 7. April 1340 [133]). Christina, Tochter von Nikolaus, schenkt ihrem Sohne Nikolaus Hakonsson ihre curia in Næsby. Als „confirmatores appropriacionis" werden neun genannt, darunter einer als prolocutor. Der prolocutor, und wie es scheint, auch die anderen fastar wohnen im Herad des Grundstücks. Ein Datirungsort ist nicht angegeben. Wichtig aber ist, dass sechs Tage später, also am 13. April 1340 [134]), die Schenkung auf

---

[129]) D. S. 1033. [130]) D. S. 1351. [131]) D. S. 1564. [132]) D. S. 2492. [133]) D. S. 3479. [134]) D. S. 3480.

dem placitum generale in Örabro zur öffentlichen Kenntniss gebracht wird.

8. Ein Tausch liegt vor in der Urkunde vom 24. November 1329[135]). Die Tauschgrundstücke liegen beide im Örabroherad, das eine in der Parochie Vintrusa, das andre in der Parochie Græfva. Der Tausch geschieht „servata super hoc omni legali solempnitate cum firmariis, fastæ dictis et proloqutore forskyælæman et aliis ad hoc necessariis".

9. Mit einem Verkaufe haben wir es zu thun in der Urkunde vom 19. März 1343[136]). Ramborg, Benedicts Tochter, verkauft an den Ritter Gisle Elinason ihre Güter in der Parochie Wigby „transferens ..... per firmarios, viros nobiles fastæ dictos". Der fastar sind neun, darunter als negocii prolocutor der Vice-Gesetzsprecher von Nerike. Die Urkunde ist in Riseberga geschrieben. Am selben Tage tradirt der Erwerber die obigen Güter weiter an das Nonnenkloster Riseberga unter Anwendung derselben Festiger. Der ganze Vorgang spielt sich darnach offenbar im Kloster selbst ab.

10. Einen Tausch betreffen die Urkunden vom 24. Februar 1345[137]). Johann Holmgersson überträgt seine Güter in Nerike an Nicolaus Jonsson gegen Güter in Ostergötland „cum faastis secundum omnem patrie consuetudinem". Nicolaus überträgt sie in der gleichen Form weiter.

11. Am 12. März 1346[138]) schenkt der Curat Peter dem Nonnenkloster Riseberga Güter in Nerike. Als „Firmarios, viros nobiles, fastæ dictos", führt er auf neun, darunter als prolocutor (qui huiusmodi fæstæ mentionem fecit et caucionem) den Vicegesetzsprecher von Nerike.

12. Am 29. März 1346[139]) tauscht der Ritter Magnus Gislason mit dem Kloster Riseberga Güter in Nerike gegen Güter in Wermland. „Testes seu affirmatores vulgariter dicti fasta" sind neun, einschliesslich des als prolocutor auftretenden Vice-Gesetzsprechers von Nerike. Die fastar sind „coassumpti".

13. Am 25. Juli 1347[140]) bestellt Magnus Udvalsson

---

[135]) D. S. 2753. [136]) D. S. 3689. 3690. [137]) D. S. 3905. 3907. [138]) D. S. 4047. [139]) D. S. 4056. [140]) D. S. 4205.

seiner Hausfrau eine Morgengabe. „Firmarii dicti fastæ secundum leges patrie sunt vocati." Folgen neun, einschliesslich des prolocutor. Bei zweien der fastar lässt sich constatiren, dass sie verschiedenen Heraden angehören.

14. Am 10. August 1347[141]) tauscht Birger Nicolausson mit Thorsten in Berga Grundstücke in Nerike. Fastar sind neun, einschliesslich des prolocutor. Die fastar scheinen sämmtlich im Hardhemeherad zu wohnen.

15. Die „nemdarii in Nerike" bekunden am 9. November 1347[142]), dass am St. Lorenztag des Jahres 1346 auf dem Landschaftsthing zu Örabro Nicolaus aus Stightompta mit Bischof Sigmund von Strengnäs einen Tausch einging unter Hinzuziehung von neun firmarii, einschliesslich des als prolocutor auftretenden Vicegesetzsprechers.

16. Eine Schenkung tritt uns entgegen in der Urkunde vom 8. September 1348[143]). Stenar Jonsson und seine Ehefrau vergaben an das Kloster Riseberga Ländereien in den Parochien Hosta und Nora. Fastar sind zwölf, dazu ein prolocutor.

17. Einem Verkaufe begegnen wir in der Urkunde vom 9. Februar 1352[144]). Knut Mattsson und seine Ehefrau in der Parochie Asker veräussern an den Bischof in Strengnäs alle ihre Güter in der Parochie Glanzhammar. Als fastar werden neun, darunter ein prolocutor, bezeichnet. Datirungsort ist Strengnäs.

18. Neun fastar, einschliesslich des „forskæluman", scheinen in der Tauschurkunde vom September 1399[145]) aufzutreten, die uns unvollständig überliefert ist. —

Zu diesen zweifellos Nerike angehörigen Urkunden kommen dann einige früher citirte, in welchen es sich um einen Tausch mit Grundstücken in Wermland handelt[146]). Möglicherweise ist Nerike endlich zuzurechnen die Tauschurkunde vom 12. Juni 1334[147]), in welcher zwölf fastar auftreten.

Für Kauf, Tausch, Morgengabebestellung, Verpfändung und

---

[141]) D. S. 4209. [142]) D. S. 4259. [143]) D. S. 4362. [144]) R-A. P. 55. [145]) R-A. P. 3026. [146]) D. S. 3022. 3259. [147]) D. S. 3068.

Schenkung von Grundstücken gewährt uns Nerike demnach etwa anderthalb Dutzend Urkunden, die ein ziemlich gleichartiges Aussehen haben. Die Festiger, die in ihnen auftreten, führen den Namen fastær, firmarii, confirmatores appropriacionis, der Wortführer heisst prolocutor, pronunciator, promulgator, forskyælæman. Die fastar werden hinzugezogen „ad rei memoriam firmiorem;" der pronunciator hat zu erklären „ordinationem esse legitime factam secundum leges terre et consuetudines approbatas." Die Zahl der fastar beträgt in dem weitaus grösseren Theile der Urkunden neun, einschliesslich des prolocutor. Eine Urkunde hat sechs, zwei zwölf fastar. In der Neunzahl tritt offenbar die Anlehnung Nerike's an die Götalande hervor, wenn sie nicht überhaupt die Urzahl der fastar darstellt. — Die fastar sind regelmässig Personen, die dem Herad des betreffenden Grundstücks angehören. Bei Tausch werden fastar aus beiden Tauschgebieten genommen. Die fastar sind „adhibiti et dati" von den Parteien und zwar bereits bei Abschluss des Vertrages adhibiti et dati, während ihre Funktion erst mit der fæst beginnt. Wo die fæst in Nerike stattfand, wird nicht gesagt. So viel ist aber bemerkenswerth, dass in keiner Urkunde die gerichtliche fæst als nothwendige hingestellt wird, dass bei einigen der Datirungsort gegen die Gerichtlichkeit der fæst spricht, dass endlich in einem Falle constirt, dass die fæst nicht auf dem Thinge, sondern im Nonnenkloster Riseberga geschah.

2. Das Recht von Helsingland und Angermannland.

Fliesst für Helsingland das Urkundenmaterial nicht reichlich, so haben wir dafür im Helsingelag klare Bestimmungen über die fæst.

Ein weiteres Geltungsgebiet, als in den bisherigen Landschaftsrechten, hat im Helsingelag die fæst. Nicht bloss bei Immobiliargeschäften, sondern auch bei Verlobungen, Urfehden, ja bei einem Mobiliargeschäft tritt sie auf. Wir wollen die vier Fälle trennen:

1. Verlobungen[148]). „Verlobt ein Mann sich eine Frau, so verlobe er mit vier fastar von Manns Seite und vier von der Frau Seite.“ „Wo Jemand eine Frau sich anverlobt, da verlobe er sie mit acht fastar, vier von Frauen Seite und vier von Manns Seite.“

2. Urfehde[149]). „So soll man erweisen verglichenen und gebüssten Todtschlag mit acht fastar und Vorsprechern. Sagt der Eine, er sei gebüsst und verglichen, der Andre, er sei nicht, da habe der Beweisrecht, der den Vergleich erweisen will mit denselben fastar. Und dieser Vergleich soll geschehen sein vor der Kirche oder auf dem Thinge, wenn er stetig heissen will.“

3. Immobiliargeschäfte. Hier finden wir die fastar bei Schenkung[150]), Morgengabebestellung[151]), Kauf[152]), Tausch[153]), Verpfändung[154]), Kauf auf Wiederkauf[155]) und Gesellschaft[156]). Ueberall sind es acht fastar. Bei Kauf und Kauf auf Wiederkauf wird ausdrücklich bemerkt, dass die fastar vor der Kirchgemeinde oder auf dem Thinge zu geben seien, was auf die anderen Rechtsgeschäfte ausser Morgengabebestellung und Gesellschaft auszudehnen sein wird. Die Morgengabefastar dürften auf der Hochzeit, die Gesellschaftsfastar daheim gegeben sein.

4. Bei Gesellschaft mit Mobiliareinlage treten ebenfalls fastar auf[157]), sofern die Einlage über sechs Mark beträgt. Acht fastar sollen anwesend sein, sowohl bei Eingehung als bei Auflösung der Gesellschaft. —

Die Ausdrücke für die Festiger weichen von den bisherigen nicht ab. Allgemein werden sie als „fastær“ bezeichnet. Mit Bezug auf das Rechtsgeschäft tragen sie den besonderen Namen „köpfastær“, „aterkiöpsfastar“, „bolagsfastær“. Ihr Vorsprecher heisst forskilæmadr, das Geschäft wird vorgenommen „mæþ fastum ok fullum skiælum“.

Die fastar werden „gegeben und genommen“ [158]), gegeben also vom Veräusserer, genommen vom Erwerber. Nur bei

---

[148]) Kyrkiub. 15/1; Ærfþab. 1/1. [149]) Manhb. 26. [150]) Ærfþab. 1/1. [151]) Ærfþab. 4. [152]) Jorþæb. 4. 6. [153]) Jorþæb. 8. [154]) Jorþæb. 9. [155]) Jorþæb. 7. [156]) Ærfþab. 7/2. 8/2. [157]) Jorþæb. 13/1. [158]) Jorþæb. 4.

Verlobungen geben sich beide Parteien fastar. Sie werden „gegeben und genommen“, auch da, wo dies vor der Kirchengemeinde oder auf dem Thinge geschehen soll. Auch in diesem Falle giebt sie nicht etwa der Lehnsmann, der ja auch nichts mit der sókn zu thun hat, sondern es giebt sie die Partei. Die fastar haben also auch in diesem Falle keine Stellung über den Parteien, sondern sie sind von den Parteien hinzugezogen. Zu welchem Zwecke, sagt das H. L. nicht. Dass es zu Beweiszwecken geschah, lassen mehrfache Stellen annehmen, welche mit den fastar den Beweis liefern lassen, was gegeben, ob verglichen, wie verpfändet, welches der Inhalt des Gesellschaftsvertrages ist[159]). Aber offenbar sind sie mehr als blosse Zeugen, von denen sie zudem ausdrücklich geschieden werden. Sie sind Essentiale der Uebereignung, der Verlobung, der Urfehde. Ohne sie sind diese nicht „gesetzlich geschehen“ [160]). —

Die Urkunden bestätigen, mit einer Ausnahme, die Sätze des Helsingelag.

Zu nennen ist einmal die Urkunde vom 7. März 1303[161]). Erzbischof Nicolaus von Upsala kauft zur Errichtung eines Gasthauses ein Gut in Helsingland. „Firmarii vero dicti vulgariter fastar empcioni predicte et vendicioni facte inter nos et dictum Radgerum adhibiti fuerunt suprascripti.“ Folgen neun, von denen Einer „in premissis prolocutor extitit“. Ausserdem werden zwei Zeugen „in tradicione possessionis huiusmodi vulgariter dicta skøtning“ aufgerufen. Datirungsort ist die ecclesia skøn. — Sodann kommt in Betracht die Urkunde vom 25. April 1345[162]). Nicolaus Silvesterson tauscht sein Vatergut in der Parochie Jumakil gegen Güter in der Parochie Nordungeradh ein „per firmarios dictos fasta secundum leges Angarmannie“. Weiter zu nennen ist die Urkunde vom 19. Februar 1363[163]). Margarethe überlässt als Busse für einen Todtschlag, den ihr Mann beging, ihre Grundstücke in Helsingland an den Sohn des Erschlagenen. Festiger sind neun, darunter ein Vorsprecher. Datirungsort ist die Kirche Nyutanger. — Viertens ist

---

159) Ærfþab 1/1; Manhb. 26; Jorþæb. 9. 13. 160) Jorþæb. 4.
161) D. S. 1383. 162) D. S. 3940. 163) R-A. P. 572.

bemerkenswerth die Urkunde vom 15. September 1402[164]. Der Vicegesetzsprecher von Helsingland, Lorenz Karlson, stellt eine Urkunde aus über eine auf dem „laghmanzthing“ in der Parochie Bersia vorgenommene Festigung. Der Veräusserer „afhende . . . sigh ok sinom arfvom . . . . ok hemolathe . . . . met fastom ok fullom skelom“. Als fastar werden acht genannt, zu denen man den Aussteller der Urkunde als forskiælamaðr rechnen muss. — Acht fastar treten weiter auf in der Urkunde vom 19. November 1406[165]. Die Festigung geht, wie es scheint, „a sættha thinghe“ vor sich. Endlich enthält die Urkunde vom 24. December 1412[166] acht Festiger.

Im Gegensatze zu diesen sechs Urkunden hat eine siebente sechszehn Festiger. Es ist die Urkunde vom 26. März 1324[167]. Erzbischof Olaf von Upsala bezeugt, dass bei Gelegenheit der Weihe des cimiterium in Bervik die Parochianen von Hanabo das Grundstück, auf welchem die Kapelle Bervik stand, der Kapelle geschenkt hätten „adhibitis eciam super hoc secundum leges et consuetudinem patrie firmariis“. Als solche werden sechszehn aufgeführt. Ort die Kapelle Bervik.

Aus den citirten Urkunden ergiebt sich, dass die Festiger entweder vor der Kirchgemeinde oder auf dem Thinge genommen wurden; ja, das Erstere scheint in älterer Zeit das Uebliche gewesen zu sein. Von Wichtigkeit ist, dass die skøtning als Investitur von der fæst geschieden wird. Die Zeugen für die skøtning sind andere als die fastar.

3. Das Recht von Jæmtland.

Ein überaus reiches Urkundenmaterial liefert uns das zu Norwegen gehörige Jæmtland. Fast vier Dutzend Urkunden finden wir im Diplomatarium Norvegicum über jæmtländische Festigungen. Sie sind desshalb von besonderem Werthe, weil Jæmtland, durch seine staatsrechtliche Stellung von dem Einflusse des gemeinen Landrechts frei, sich den ursprünglichen Zustand länger erhalten konnte.

---

[164] Silfv. 230. [165] Silfv. 781. [166] Silfv. 1653. [167] D. S. 2458.

Jæmtland ist, wie in anderen Punkten, so auch bei der fæst von Helsingland beeinflusst. Andrerseits ist der Umstand, dass es zu Norwegen gehörte, nicht ohne Bedeutung. Seine Urkunden stellen ein eigenthümliches Gemisch von norwegischem und schwedischem Rechte dar.

Die meisten jæmtländischen Urkunden, in denen der fastar Erwähnung geschieht, sind Verkaufsurkunden. Doch finden sich auch Tausch- und Schenkungsurkunden, und zwar bemerkenswerther Weise eine Urkunde über Schenkung von Fahrhabe. In der Urkunde vom 5. März 1486[168]) nämlich erklärt Biørn in Kluksaas, dass er seine Tochter Christine mit 22 jæmtländischen Mark ausgesteuert und abgefunden habe. „Thetta war giort i Klaxass i hennes wæl fara øøl meth otta fasta". Endlich finden sich zwei Urkunden über Urfehde und Busszahlung, deren Gegenstand freilich Grundstücke sind. In der Urkunde von 1303[169]) wird bekundet, dass auf dem almannætal in Aas der Priester Eyvind dem Erzbischof in Upsala für seine Vergehen (brot) ein Grundstück im Werthe von 40 Mark abtrat „mæd fastom oc fullom skælum". Fastar sind acht, die alle „ræte laga fastæ bidæner oc til takne" sind. In der Urkunde vom 4. Juni 1431[170]) vergleicht sich Thorer Jonsson mit seines Vaters Todtschläger, der ihm als Busse Grundstücke abtritt. Es werden acht Personen genannt, unter welche der Vergleich „witnat" wird.

Die Förmlichkeit der fæst wird in Jæmtland als skæl bezeichnet. „Med fullum skælum" oder auch „med skælom oc skilriikom" wird veräussert. Die Festiger heissen fastar, laga fastar oder fastar oc fulskiæl[171]). Mitunter wird der schwedische Ausdruck vermieden und dafür eine allgemeine Wendung gebraucht, wie: „med thæssa biskeda manna nærvaro ok vara handlage ahørande"[172]) oder „meth . . . te godhe men til witnis"[173]) oder „med witnom oc skilrikom mannom"[174]). Auch vattar schlechthin findet sich für fastar[175]) oder zusammen mit

---

[168]) D. N. III 954. [169]) D. N. V 44. [170]) D. N. III 709. [171]) D. N. V 516. [172]) D. N. V 498. [173]) D. N. V 1122. [174]) D. N. VI 481. [175]) D. N. V 533.

fastar[176]). Dahin gehört auch die Wendung „war thetta . . . witnat undir atta ffasta“[177]). Auf der anderen Seite werden die fastar von den Zeugen geschieden; das Geschäft wird mit den fastar gestätigt (stadhfæst) und vor den Zeugen geschlossen. Lehren bereits diese Erscheinungen, dass der symbolische Act der Festigung in Jæmtland sehr verblasst war, so bestätigt dies der sonstige Inhalt der jæmtländischen Urkunden. In keiner Urkunde wird des skapt gedacht oder gar nur eine Wendung gebraucht, welche auf den Gebrauch des skapt hindeuten könnte. Dagegen findet sich häufig der Handschlag (handlagh), und zwar an Stellen, an welchen schwedische Urkunden der hasta gedachten. Die fastar sind „vara handlage ahørande“; wenn das Geschäft gesetzlich geschieht mit acht fastar, dann ist ein Dritter mit i handlaghi[178]). Die Gegenpartei nimmt bei der Stetigung mit acht fastar den Handschlag an[179]). Es scheint also die Thätigkeit der fastar nicht im Anfassen des Speeres, sondern im Hineinschlagen in den Handschlag zu bestehen. Wie deshalb in Schweden vor dem Speere der prolocutor vorsprach, so wird in Jæmtland skilt „fore handlaghi“[180]).

Die fastar werden vom Veräusserer „gegeben“ oder „hinzugenommen“ oder „erbeten“. Sie sind „alle ræte laga fastæ bidæner oc til takne“[169]). Ihre Zahl ist durchgängig acht. Eines forskilumadr wird selten gedacht. Fast stets scheint der Veräusserer diese Rolle gespielt zu haben. Alles dies scheint bereits darauf hinzudeuten, dass auch in Jæmtland die fastar in keiner inneren Beziehung zum Thing standen. In der That bestätigt die Beobachtung der Urkunden diese Annahme.

Es ist wahr, dass in einigen jæmtländischen Urkunden die Festigung zweifellos auf dem Thing geschieht. Ausser der oben erwähnten Urkunde von 1303 kommt in Betracht die Urkunde vom 24. Februar 1439[181]), nach welcher „war thetta giort oc stadhfæst a sætto thinge i Haakaas“. Auch, wenn es nicht ausdrücklich bemerkt ist, werden wir aus anderen Thatsachen die gerichtliche Vornahme der fæst mitunter schliessen

---

176) D. N. III 243. 177) D. N. III 749. 178) D. N. III 693. 179) D. N. III 811. 180) D. N. III 775. 181) D. N. III 749.

dürfen, z. B. wenn der Gesetzsprecher unter den fastar ist oder mituntersiegelt. In anderen Fällen geschah die fæst nach dem ausdrücklichen Wortlaute der Urkunde vor einer Kirche, z. B. in der Verkaufsurkunde vom 19. Mai 1443 vor der Lopnakirche[182]), in der Verkaufsurkunde vom 24. Juni 1450 vor der Kirche zu Näs[183]), in der Verkaufsurkunde vom 31. Mai 1451 vor der Kirche Brunflo[184]), in der Urkunde vom 10. Juni 1416 vor der Kirche Baldanæs[185]). Aber mitunter wird geradezu gesagt, dass die Festigung privatim geschah, z. B. bei der Aussteuerung der Katharina auf dem Abschiedsfeste[186]). In anderen Urkunden ist als Ausstellungsort oder gar als Schauplatz der fæst ein einzelner Hof angegeben, wie Skarpaas[187]), Borgasio[188]), so dass die Frage immerhin aufgeworfen werden kann, ob die fæst in Jæmtland nicht auch ausserhalb des Thinges und der Kirche vor sich gehen konnte. Räumen wir aber selbst ein, dass in Jæmtland, wie in Helsingland, die fæst regelmässig auf dem Thing oder vor der Kirche geschah, so wird der Charakter der fastar dadurch noch nicht geändert. Es lässt sich nicht der Beweis führen, dass die jæmtländischen fastar Vertreter der Thinggemeinde gewesen seien oder sonst in Beziehung zur Thinggemeinde standen. Wenn von Amira[189]) sich zum Beweise dafür auf die in jæmtländischen Urkunden auftretende Klausel beruft: „Es war nun so für den Kauf derselben geurtheilt, dass, wer immer dieses bricht oder Helfer zum Bruch findet, so gebrochen habe wie einen Entscheid des Gesetzsprechers“, so ist dem zu entgegnen, dass diese Klausel überhaupt nicht schwedisch, sondern norwegisch ist, dass sie auf die norwegischen trygdir zurückführt[190]) und wie andere norwegische Rechtsbräuche in Jæmtland mit der schwedischen fæst sich vermischt hat. Für diese selbst lässt sich also aus der Klausel kein Schluss ziehen. Gerade in Jæmtland haben vielmehr die fastar möglichst wenig mit der Thinggemeinde

---

[182]) D. N. III 775. [183]) D. N. III 811. [184]) D. N. III 816. [185]) D. N. V 516. [186]) D. N. III 954. [187]) D. N. III 243. [188]) D. N. III 651. [189]) Obligationenrecht I S. 276. [190]) Siehe **meinen** Aufsatz über die altnordische Auflassung in *Z.* der Savigny-Stift. Germ. V S. 104 ff.

zu thun. Sie besitzen dort kaum eine andre Stellung, als die von Urkundenzeugen. Lässt sich ja fast nie bei ihnen ein prolocutor nachweisen und werden sie mit den Zeugen häufig zusammengeworfen.

Neben der fæst tritt in Jæmtland ein zweiter Act schärfer und eigenthümlicher als in Schweden hervor, die skötning. Als skötning wird einmal von den Urkunden der ganze Uebertragungsact bezeichnet. Vom Veräusserer heisst es in diesem Sinne, er „skøtte ok skilade". Sodann wird es im Gegensatz zur fæst als Bezeichnung des dinglichen Traditionsactes gebraucht, den die fæst stetigen soll, z. B. in der Urkunde vom 24. Juni 1450[191]: „Eric Anundsson anamadhe handlagh om skøtningar . . . . som giort war meth witnom oc stadhfæst meth atta fastom". Ueber die skötning werden besondere Zeugen aufgerufen (skœytninge vitne)[192]. Die skötning, ursprünglich der Erdwurf, später die von der Uebergabe des Documents begleitete Auflassungserklärung, steht in Jæmtland in einem anderen Verhältnisse zur fæst, als die schwedische scotatio. Sie geht der fæst voraus, während die scotatio der fæst folgt. Die fæst ist m. a. W. in Jæmtland Bestärkung der skötning, während die schwedische scotatio Theil der fæst ist. Grund ist einerseits, dass die jæmtländischen fastar kaum mehr sind als Urkundszeugen, andrerseits, dass die norwegische skeyting die völlige Stellung der schwedischen fæst einnimmt. Auch hier tritt also der norwegische Einfluss deutlich genug hervor.

4. Das Recht von Finnland und Aland.

Von den Urkunden Finnlands und Alands kommen hier nur die älteren, vom gemeinen Landrecht unbeeinflussten, in Betracht. Sie ergeben den engen Anschluss Finnlands an Helsingland. Ihre Zahl beträgt etwa ein Dutzend.

1. Die älteste Urkunde ist die Auflassungsurkunde vom 15. März 1322[193]. Die Erben eines gewissen Ingewald erklären, dass sie gewisse Güter, die ihr Erblasser der Domkirche Abo unrechtmässig entrissen, dieser wieder zurückgeben wollen.

---

[191]) D. N. III 811. [192]) D. N. III 242. [193]) D. S. 2327.

Sie verzichten auf alle Rechte publice et expresse, und, um jeden Zweifel zu beheben, bestärken sie den Verzicht in „communi placito“ mit „octo firmariis dictis fastum“ und einem „forskiælaman secundum consuetudinem et leges terre per scotacionem“.

2. Sodann kommen in Betracht die Tauschurkunden des Bischofs von Abo mit Nicolaus Henriksson vom 6. Juni 1329[194]. Die vertauschten Güter (in Vanø und Hænnikaby) liegen in Finnland. Ueber den Tausch findet eine erste Festigung „apud ecclesiam parvasa“ mit einem „forskælaman“ und 8 „firmarii dicti fasta“ statt, von welchen vier von Seiten des Bischofs, vier von Seiten des Nicolaus genommen sind. Sodann findet eine zweite Festigung „apud ecclesiam waano“ statt mit einem „forskyælaman“ und zwölf firmarii, sechs von Seiten des Bischofs, sechs von Seiten des Nicolaus. Da die Kirche Vanø den Gütern in Vanø und die Kirche Parvasa den Gütern in Hænnikaby entspricht, so fand für jedes Gut eine fæst statt. Nicht klar ist nur, weshalb bei der einen fæst acht, bei der anderen zwölf firmarii hinzugezogen wurden.

3. Im generale placitum von Aland überträgt (scotat) sodann am 23. Juli 1330[195]) Margarethe, die Wittwe von Magnus Byskalle, gewisse Güter an den Bischof von Abo „cum firmariis dictis fastum“. Die Zahl der fastar beträgt acht, ausschliesslich des „prolocutor in vulgari forskeleman nuncupatus“. Die fastar werden von beiden Seiten genommen. Acht Tage darauf veräussert sie an denselben gewisse Güter. Der Vorgang der Festigung wird mit denselben Worten beschrieben[196]).

4. Am 2. Februar 1332[197]) überträgt Katharina, Villa Dotor, ihr Vatergut racione emende, nämlich für Vergehen, die ihr Sohn begangen hatte. Als „skøtningamen“ sind neun Personen legaliter ordinati, vier von Seiten der Katharina, fünf von Seiten des Erwerbers, darunter der Gesetzsprecher von Finnland. Untersiegelt ist die Urkunde mit dem Stadtsiegel von Abo.

5. Am 1. April 1336[198]) verkauft Jacob Korlafas ein

---

[194]) D. S. 2719. 2720. [195]) D. S. 2789. [196]) D. S. 2793. [197]) D. S. 2902. [198]) D. S. 3210.

Grundstück in Hirwisalo an Gerhard Pariis, einen Bürger von Abo. Als „fastæ“ werden neun Personen aufgeführt, darunter vier von der einen, vier von der anderen Seite und ein „forskælaman“.

6. Am 6. Mai 1338[199]) verkauft der eben genannte Gerhard Pariis dasselbe Grundstück weiter an Bischof Benedict von Abo. Zum testimonium vendicionis und recognicionem sublevacionis werden „testes dicti ffastæ ex utraque parte nominati“, und zwar neun, darunter die proconsules Aboenses. Nur zwei von den fastar kamen in der Urkunde vom 1. April 1336 vor. Untersiegelt wird mit dem Stadtsiegel von Abo.

7. Am 30. Mai 1344[200]) bezeugt der Gesetzsprecher in Finnland, Jakob Magnusson, dass Nicolaus Ingivalzsson seine Güter in Espelunda „cum duobus prolocutoribus et octo fastonibus“ dem Botvid Ragvalzsson legaliter appropriando übertragen habe.

8. Am 25. Juni 1346[201]) tauschen Nicolaus Ripsason und Bischof Hemming von Abo Güter in Finnland. Als „testes scotacionis dicti fasta“ werden sechsundzwanzig Personen aufgeführt, je dreizehn von jeder Seite. Die scotacio der beiderseitigen Güter erfolgt zu verschiedenen Zeiten, die scotacio der einen Güter bei der Kirche Wirmo; wo die der anderen Güter, wird nicht gesagt.

9. Am 11. März 1347[202]) bezeugt der Gesetzsprecher von Finnland, dass er „secundum legum nostrarum statum“ prolocutor, dictus forskiælaman über gewisse Güter gewesen sei, die Nicolaus Ingevaldsson „scotavit, tradidit et assignavit in generali placito habito in curia convivii sancte gertrudis ulfsby praesentibus parochianis et civitatensibus ibidem“. Die testes scotacionis dicti fastæ seien in der Urkunde nicht ganz richtig aufgeführt, da er nicht als prolocutor, wie richtig sei, sondern als vidhærwaroman aufgeschrieben sei.

10. Am 28. November 1348[203]) verkauft Gøbelin Lon, Bürger von Abo, Güter an Bischof Hemming. Die scotacio

---

199) D. S. 3357. 200) D. S. 3789. 201) D. S. 4086. 202) D. S. 4150. 203) D. S. 4265.

geschieht mit acht fastar. Forskælaman ist der Verkäufer selbst. Untersiegelt wird mit dem Stadtsiegel von Abo.

11. Am 11. April 1350[204]) tauscht Antu in Rogø mit dem Bischof von Abo gewisse Güter. Fastar sind acht, dazu ein „forskiæleyman“. Die fastar sind halb von jeder Seite ernannt.

12. Am 29. Juni 1374[205]) tauschen Margaretha und Disa mit Andreas Garp gewisse Güter in Finnland „med atta fastom ok niundæ forskælamanne“.

13. Endlich ist zu nennen die Verkaufsurkunde vom 5. November 1374[206]), in welcher Martin und Paul Eriksson demselben Andreas Garp gewisse Güter verkaufen „met atto fastom ok niundæ forskælamanne“. Forskælaman ist Ötin domare.

Diese Urkunden gehören zweifellos dem älteren Rechtszustande an, während die anderen zahlreichen Urkunden Finnlands mehr oder weniger vom gemeinen Landrechte beeinflusst sind. Uebersehen wir die vorgenannten Urkunden, so lehnen sie sich zweifellos an das Helsingelag an[207]). Die Neunzahl der Festiger (den Vorsprecher inbegriffen) und das Auftreten der Festiger auf dem Thinge oder vor der Kirche sind Züge, die das Helsingelag aufwies. Die zwei Urkunden, welche zwölf und sechsundzwanzig Festiger aufweisen, dürften von Upland beeinflusst sein. Allerdings tritt die fæst in Finnland ungleich häufiger als gerichtliche fæst auf, als in Helsingland. Aber der Charakter der Festiger ist offenbar auch hier kein anderer, als dort. Im Gegentheil tritt hier klar hervor, dass die Parteien die Festiger ernennen, die Hälfte der Veräusserer, die Hälfte der Erwerber.

Eigenthümlich ist die einmal auftretende Bezeichnung skøtningamen. Sie lehrt, dass in Finnland der Erdwurf den Act der fæst begleitete. Ja, es scheint, da von einem Speer nirgends etwas verlautet, der Formalismus des Speerhaltens auch hier, wie in Jæmtland, dem der skøtning gewichen zu sein.

---

[204]) D. S. 4560. [205]) Arwidsson II, 5. [206]) Arwidsson II, 7.
[207]) cfr. D. S. 3901.

B. DIE RECHTE VON UPLAND, SÖDERMANNALAND, WESTMANNALAND.

1. Uplandslagen.

Uplandslagen zeigt uns die fæst in voller Ausbildung. Doch tritt sie bei zwei Kategorien von Rechtsgeschäften nur auf, bei Verlobungen und Immobiliargeschäften.

I. Was die Verlobungen betrifft, so sollen bei ihr acht Festiger zugegen sein, vier von der Frau, vier von des Mannes Seite[208]). Dann ist die Verlobung „mæþ fastum ok fullum skiælum“ erfolgt. Wird die Thatsache der Verlobung bestritten, so hat der Angegriffene mit den acht fastar Beweis zu erbringen. Sie haben zu schwören, „dass sie dabei waren, als er sie sich gesetzlich anverlobte“ [209]).

II. Die Immobiliargeschäfte, bei denen die fæst auftritt, sind: Schenkung[210]), Verkauf[211]), Tausch[212]), Verkauf auf Rückkauf[213]), Verpfändung[214]), Morgengabebestellung[215]), Gesellschaft (bolagh)[216]), Theilung[217]). Darnach führen die fastar verschiedene Namen: aþælkiöpsfastær, aterkiöpsfastær, wæþiafastær, bolagsfastær, boskiptisfastær. Ihre Zahl ist verschieden gross bei den verschiedenen Rechtsgeschäften sowohl als bei den verschiedenen Grundstücken. Der bolagsfastar sollen zwölf sein[218]), der boskiptisfastar achtzehn[219]). Bei Kauf, Tausch, Schenkung, Verpfändung, Verkauf auf Wiederkauf und Morgengabebestellung kommt es auf den Werth des Grundstücks an. Ist das Grundstück nicht über eine Mark werth, dann sollen zwölf fastar dabei sein; ist es mehr, aber nicht über zwei Mark werth, sechzehn fastar; ist es mehr werth, vierundzwanzig fastar[220]).

Für alle fastar zu Grundstücken gilt, dass sie gegeben und genommen werden sollen auf dem Thing oder bei der Kirche vor den Kirchspielleuten[221]). Unter Thing ist dabei nicht bloss

---

[208]) Ærfþb. 1/1. [209]) Ærfþb. 18. [210]) Kirkb. 14. [211]) Jorþb. 4. [212]) Jorþb. 8. [213]) Jorþb. 7. [214]) Jorþb. 9. [215]) Ærfþb. 4. [216]) Jorþb. 16. [217]) Ærfþb. 12/2. [218]) Jorþb. 16 pr. [219]) Ærfþb. 11/2. [220]) Jorþb. 4 pr. [221]) Jorþb. 5/1.

das Hundertschafts- und Volklandsthing, sondern auch das affkiænnuþing verstanden[222]).

Für einzelne fastar gelten aber besondere Erfordernisse. Bei Erbtheilung und Kauf zwischen Geschwistern, ferner bei Kauf zwischen Vater und Sohn sollen bröllungær und syzlungær Festiger sein[223]).

Die fastar werden „gegeben" oder „ausgegeben" vom Veräusserer, „entgegengenommen" vom Erwerber[224]).

Welche Funktion haben die fastar? Die fastar, heisst es zunächst nur, sollen „dabei sein"[225]). Lässt dies annehmen, dass sie Beweiszwecken dienen, so bestätigt diese Annahme U. L. insofern, als es die fastar im Processe als Beweismittel auftreten lässt. Die acht Verlobungsfastar haben, wie wir sahen, zu bekunden, „dass sie dabei waren, als er sie sich gesetzlich anverlobte"[209]). Die Kauffastar werden gegen den Verkäufer vorgeführt, wenn dieser die Thatsache des Verkaufes nicht zugesteht. Sie „beissen" dann in ihn, wie es drastisch heisst[226]), oder der Erwerber „binde" sie an ihn[227]). Ebenso „beissen" die fastar bei Tausch etc. an den Gegencontrahenten, der das Rechtsgeschäft leugnet[228]). Doch sind sie dann nicht unwiderlegliches Beweismittel. Vielmehr kann der Veräusserer mit zehn, bezw. achtzehn Eideshelfern die Thatsache des Rechtsgeschäftes abschwören[229]). Sind die upländischen fastar des Beweises wegen zunächst hinzugezogen, so spielen die boskiptisfastar noch die besondere Rolle von Vermittlern. Der väterliche Theil schnitzt die Loose, der mütterliche Theil hält den Schooss, der väterliche wieder zieht die Loose heraus[230]). Aber darüber hinaus sind a l l e fastar Essentiale des Geschäftes. Daher muss die Vornahme der fæst noch ausdrücklich durch besondere Zeugen erwiesen werden.

Der Annahme Amira's[231]), dass die fastar Vertreter der Thingversammlung darstellen, seien hier bereits für Upland Bedenken entgegengestellt. Abgesehen von den acht fastar bei

---

[222]) Jorþb. 4 pr. [223]) Jorþb. 3. [224]) Jorþb. 5/1. [225]) Jorþb. 4 pr. [226]) Jorþb. 4/3. [227]) Jorþb. 4/5. [228]) Jorþb. 8/3. [229]) Jorþb. 4/3. [230]) Ærfpb. 11/2. [231]) Obligationenrecht I, 276.

der Verlobung, welche auf dem Thinge überhaupt nicht auftreten, scheinen auch die sonstigen fastar keine Thingversammlung darzustellen. Werden sie doch nicht bloss á þíngi, sondern auch vor der Kirche vom Veräusserer gegeben! Die zwölf fastar ferner, die bei Rechtsgeschäften über ganz kleine Grundstücke auftreten, und die zwölf bolagsfastar genügen nicht für eine Thingversammlung, für welche U. L. mindestens sechszehn Mitglieder ohne domari und Lehnsmann verlangt[232]). Gegen die Idee von Vertretern der Thingversammlung spricht weiter, dass bei Rechtsgeschäften zwischen nahen Verwandten die fastar selbst Verwandte sein sollen. Wären ferner die fastar Vertreter der Thingversammlnng, so wäre ihr Zeugniss ein Thingzeugniss. Aber dies ist es so wenig, dass es mit Eideshelfern überboten werden kann und dass das Zeugniss der zwölf Thingleute über dem Zeugniss der fastar steht. Endlich ist nicht abzusehen, weshalb von Amira's Standpunkt aus die Zahl der fastar verschieden gross nach der Grösse des Grundstücks sein soll.

Die upländischen Verkaufs-, Tausch-, Schenkungs-, Verpfändungs-[233]), Busszahlungs-[234]), Theilungsurkunden[235]) zeigen regelmässig vierundzwanzig fastar. Bereits in der Verkaufsurkunde vom 21. September 1276 werden so viele firmarii more Svevorum dati ac modo nominati angeführt[236]). Nur wenige Urkunden haben geringere Zahlen. In der Urkunde vom 2. Oktober 1283[237]) werden acht fastar genannt. Neun scheint die Urkunde vom 9. Mai 1298 zu haben[238]). Zwölf byfaster et gardfaster treten auf in der Urkunde vom 27. März 1297[239]), obwohl das U. L. vierundzwanzig gefordert hätte. Sechszehn fastar treffen wir in der Morgengabsurkunde vom 26. Januar 1299[240]).

Je nach dem Ort der Vornahme heissen die fastar býfastar oder garthfastar[241]). Allgemein werden sie bezeichnet als fastar, ffastemen, fastones, firmarii, die Förmlichkeit als fastær

---

232) þingmb. 1/1. 233) D. S. 1312. 1390. 234) D. S. 1443. 235) D. S. 2260. 236) D. S. 618. 237) D. S. 774. 238) D. S. 1234. 239) D. S. 1191. 240) D. S. 1267. 241) D. S. 1191.

oc fulskyal[242]). Einer, der prolocutor[243]), spricht vor der Festigung (skildæ foræ fastum)[244]). Auch die Partei kann Vorsprecher sein[245]).

Die fastar sind, wie sich aus den Urkunden deutlich ergiebt, nur ad hoc hinzugezogen, sie sind nicht ständig. Z. B. tritt in den beiden Urkunden vom 17. Oktober 1311[246]), welche zu Sigtuna vorgenommene Immobiliargeschäfte desselben Veräusserers darstellen, nur eine Person beide Male auf, während die anderen dreiundzwanzig verschieden sind, was um so auffälliger ist, als die Orte Rueta und Swarzsta durch verschiedene fastar vertreten werden. In den Urkunden vom 4. April 1322 und 3. April 1323[247]), welche von Festigungen auf dem Wermdöthing handeln, sind unter vierundzwanzig fastar nur vier (höchstens fünf) die gleichen; in den Urkunden vom 30. Januar 1346 und 4. Juni 1347[248]), welche Festigungen auf dem Trögdthing betreffen, nur acht; in den Urkunden vom 3. Februar und 17. Februar 1347[249]), wo in publico placito grænbythyngstad Festigungen über Grundstücke in derselben Parochie vorgenommen werden, ebenfalls nur acht; in den Urkunden vom 4. Januar 1348, 2. Dezember 1348 und 10. Mai 1349[250]), welche sämmtlich dem Habohundare angehören, zeigen sich ähnliche Erscheinungen, da die zweite mit der ersten nur vier, die dritte mit der zweiten nur acht, die erste mit der dritten höchstens acht fastar gemeinsam hat. Nur sechs Festiger sind gemeinsam den Urkunden vom 11. Oktober 1347 und 16. Juli 1349[251]), welche in publico placito provincie Lagund sich abspielende Vorgänge betreffen; nur einer ist gemeinsam den Urkunden vom 1. April 1349 und 8. Oktober 1349[252]). Auch ergiebt die Terminologie deutlich, dass die fastar ad hoc hinzugezogen werden. Die Partei erklärt: „testes dedimus invocavimus seu adhibuimus fasta vulgariter appellatos“[253]), oder nur: „firmarios sen testes dedi“[254]). Bevollmächtigt die Partei

[242]) D. S. 1179. [243]) D. S. 1293. 2138. 4276. 4463. [244]) D. S. 1818. 1819. [245]) D. S. 2055. [246]) D. S. 1818. 1819. [247]) D. S. 2332. 2399. [248]) D. S. 4029. 4189. [249]) D. S. 4136. 4143. [250]) D. S. 4276. 4382. 4426. [251]) D. S. 4251. 4463. [252]) D. S. 4412. 4493. [253]) D. S. 1040. [254]) D. S. 1216. 1312. 1856. 2138.

einen Dritten, die fæst in ihrem Namen vorzunehmen, so geschieht dies mit der Wendung: „ut firmarios, vulgariter dictos fastæ nomine meo assignant“ [255]) oder: „per famulum meum adhibeo firmarios“ [256]) oder: „firmarios vulgariter dictos fastar . . . per discretum virum . . . dari fecimus“ [257]), oder: „tribuens auctoritatem nomine meo firmarios dictos fasta iuxta leges patrie dandi“ [258]), oder: „testes vulgariter dictos fasta . . . . nominandi ex parte nostra“ [259]). Demgemäss nimmt der Erwerber die fastar an [260]). Die „firmari sind dati et accepti“ [261]) oder „nominati, dati et recepti“ [262]) oder „dati et recepti“ [263]) oder „nominati et recepti“ [264]). Bei Tausch werden die „firmarii ex utraque parte adhibiti“ [265]), während sie sonst der Veräusserer giebt, der Erwerber nimmt. Wie sehr dieser Grundgedanke vorschwebte, lehrt die Stockholmer Urkunde vom 27. März 1313, in welcher Bürgermeister und Rath von Stockholm erklären, dass sie „vore tiil kalladhe tiil vitness och ffastemen“ [266]).

Darnach haben offenbar auch in den upländischen Urkunden die fastar nichts mit der Thingversammlung als solcher zu thun. Allerdings ergiebt sich aus den Urkunden die Thatsache, dass in Upland die fæst fast stets [267]) auf dem Thinge geschah, sei es auf dem Volklandsthing [268]), sei es auf dem Hundertschaftsthing [269]). Allein die Thingversammlung steht über den fastar. Diese werden auf dem Thinge gegeben, vertreten aber nicht das Thing, ja brauchen nicht einmal der Hundertschaft oder Landschaft anzugehören. Regelmässig freilich gehören sie der betr. Hundertschaft, ja der betr. Parochie an, aber es giebt auch zahlreiche Ausnahmen. So setzen sich z. B. die vierundzwanzig fastar in der Urkunde vom 17. Oct. 1311 [270]) zusammen aus Angehörigen des Bro-, Arlenninghia-,

255) D. S. 1400. 256) D. S. 1598. 257) D. S. 2153. 258) D. S. 3215. cfr. 3897. 259) D. S. 4188. 260) D. S. 4276. 4463. 261) D. S. 1370. 1371. 262) D. S. 1797. 263) D. S. 1661. 264) D. S. 4412. 265) D. S. 1253. 1300. 266) D. S. 1911. 267) Einen Ausnahmefall siehe D. S. 1390. 268) D. S. 1040. 1312. 1745. 269) z. B. D. S. 1156. 1216. 1238. 1248. 1263. 1264 etc. 270) D. S. 1818.

Habohundare und Bürgern von Sigtuna. Die darauf folgende Urkunde von gleichem Datum zeigt als fastar entweder Bürger von Sigtuna oder Bewohner des Habohundare; Vorsprecher aber ist Gilddo judex de bro, also Angehöriger des Brohundare[271]). Unter den vierundzwanzig fastar, welche der Domprobst Andreas zu Upsala in der Urkunde vom 3. Juni 1316[272]) nennt, sind ausser Bürgern von Upsala Angehörige des Haghundha-, Vaxalda-, Arlenninghiahundare, von Gestrikeland, ja selbst von Helsingland. Unter den fastar in der Urkunde vom 20. Januar 1322[273]) gehören die meisten dem Bælinghahundare an, einige aber dem Ullerakers- und Haghundhahundare. Von den fastar in der Urkunde vom 13. Sept. 1320[274]) wohnt die Mehrzahl im Langhundare, einige aber sind dem Sæmingia- und Trögdhhundare, dem Loskiplagh und Færingöthinglagh zuzurechnen. Die fastar in der Urkunde vom 7. October 1324[275]) sind dem grösseren Theile nach cives von Sigtuna, ein Theil aber gehört dem Arlenninghia- und einer dem Brohundare an. Dem Habohundare gehören die fastar der Urkunde vom 20. October 1324[276]) an, einer aber ist Bürger von Sigtuna. Aus dem Trögdhhundare sind die meisten fastar der Urkunde vom 17. Juni 1329[277]), einer aber aus dem Aas- und einer aus dem Simbohundare. Dem Habohundare scheinen die fastar der Urkunde vom 30. Mai 1335[278]) zuzuweisen zu sein, einer aber ist sicher aus dem Ullerakershundare und der prolocutor ist überhaupt nicht aus Upland, sondern aus Södermannaland. Dem Solentunahundare entstammen die fastar der Urkunde vom 3. Februar 1347[279]), jedoch mit Ausnahme von zweien, welche dem Danaröskiplagh zugehören. In der Urkunde vom 17. Februar 1347[280]), deren fæst ebenfalls im Solentunahundare vollzogen wird, sind drei fastar dem Danaröskiplagh, einer ist dem Valentunahundare zuzurechnen. Die citirten Fälle genügen wohl zum Beweise, dass die fastar nicht als Vertreter der Thingversammlung auftraten. Aber

[271]) D. S. 1819. [272]) D. S. 2055. [273]) D. S. 2323. [274]) D. S. 2260. [275]) D. S. 2482. [276]) D. S. 2484. [277]) D. S. 2723. [278]) D. S. 3146. [279]) D. S. 4136. [280]) D. S. 4143.

dagegen spricht auch der Umstand, dass in den Personen der fastar sich keineswegs die Unterabtheilungen der betr. Hundertschaft wiederspiegeln. Während U. L. zur gehörigen Besetzung eines Thinges verlangt, dass sechszehn Männer anwesend sein sollen, je zwei von jedem attungr[281]), zeigt sich bei den fastar, dass sie bald nur der Parochie, in welcher das Grundstück gelegen ist, bald verschiedenen Parochien, hier aber ohne jede Regel in der Vertheilung angehören. Auch dieser Umstand spricht gegen die Idee der Thingversammlung. Die Urkunden bestätigen demnach das Resultat, welches wir bereits aus U. L. gewannen, dass die upländischen fastar nicht Vertreter einer Thingversammlung sind.

2. Södermannalagen.

Södermannalagen kennt die fastar nur bei Immobiliargeschäften, von denen es besonders nennt: Kauf[282]), Tausch[283]), Morgengabebestellung[284]), Verkauf auf Wiederkauf[285]), Verpfändung[286]), Gesellschaft[287]). Wie in U. L., führen die fastar verschiedene Namen: Köpfastar, skiptisfastar, væþiæfastar, aterköpsfastar, bolagsfastar. Stets scheint ihre Zahl zwölf zu betragen[288]), zu denen ein forskialamaðr tritt[289]). Die zwölf fastar sollen bei Kauf und Tausch „auf dem Thing oder vor dem Kirchspiel genommen werden“ [290]), ein Satz, der sich auf alle Arten der fæst erstrecken zu sollen scheint. Und zwar werden sie genommen durch den Erwerber, gegeben vom Veräusserer[291]).

Wie sonst, werden die fastar in S. L. vorwiegend als Beweismittel bei Streit zwischen den Contrahenten erwähnt. Dem Käufer, welchem der Beweis über die Vornahme des Kaufes gegen den Verkäufer gelingen soll, müssen die fastar, oder muss volles Festigerrecht „folgen“ [292]); er muss die fastar „binden“ an den Verkäufer[293]), mit den fastar „greifen“ an den

---

[281]) þingmb. 1/1. [282]) Jorþab. 6. [283]) ibid. [284]) Giþnb. 3/2. [285]) Jorþab. 7. [286]) Jorþab. 9. [287]) Jorþab. 15/2. [288]) Jorþab. 12/1. [289]) Gipnb. 3/2. [290]) Jorþab. 12/1. [291]) Jorþab. 9/4. [292]) Jorþab. 6 pr. [293]) ibid.

Verkäufer[294]). Wird der Erwerber umgekehrt vom Veräusserer im Besitzstande angefochten, so „wehrt er das Eigen mit seinen fastar" [295]). Ist ein Festiger gestorben, so kann an dessen Stelle sein Erbe treten[296]). Allein die södermännischen fastar sind so wenig wie die fastar der anderen Landschaften blosse Beweismittel. „Meþ fastum" oder „meþ witnum oc fullum fastum" [297]) wird contrahirt. Die fastar sind auch hier Essentiale des Vertrages.

Die södermännischen Urkunden weisen im Grossen Uebereinstimmung mit dem Gesetzbuche auf. Wir besitzen Urkunden über Kauf, Tausch, Schenkungen[298]), Vergabungen von Todes wegen[299]), Morgengabebestellungen[300]) und Verpfändungen[301]) södermännischer Grundstücke. Die Festigung geschieht „cum festis legalibus", „per tradiciones legitimas secundum leges Sutharmannie dictas vulgariter fastæmæn", „secundum leges terre Sudermannie et testes et firmarios fasta dictos", „per contractum qui vulgo vocatur fastæ oc fulskiæl" [302]). Die Festiger heissen firmatores, confirmatores, affirmatores vulgariter dicti faster, auch testes qui faster dicuntur. Von dem Speer ist nirgends mehr die Rede, vielmehr scheint der Formalismus bereits verblasst zu sein. So wenigstens erklären sich am besten zwei Erscheinungen, einmal dass die firmarii mit vidhervarumæn oder testes übersetzt werden, sodann dass prolocutores oder forskilamen hier häufig zwei sind, die zugleich die Stelle einnehmen, welche in den Urkunden anderer Landschaften die vidherwarumæn bekleiden. Wir finden Verbindungen, wie: „per prolocutores et firmarios vidherwaromen et fastæ dictos[303]), per prolocutores et firmarios forskilamen et fastæ dictos" [304]), oder es treten zwei firmarii qui dicuntur vidhervarumæn auf, denen reliqui testes communiter dicti fastæ gegenübergestellt werden[305]). Da das Speerhalten nicht mehr üblich war, so werden aus den fastar einfache Zeugen, die

---

[294]) Jorþab. 6/1. [295]) Jorþab. 9 pr. [296]) Jorþab. 7 pr. [297]) Jorþab. 7 pr. etc. [298]) D. S. 1402. 2562. [299]) D. S. 1362. [300]) D. S. 1488. 1493. 3929. 3956. 4011. [301]) D. S. 3431. [302]) D. S. 2023. [303]) D. S. 3024 cfr. 4196. 4600. [304]) D. S. 3119. [305]) D. S. 2924. 3325. 4076.

Wortführer treten an Stelle der sonst als Zeugen über die fæst erscheinenden vidhervarumæn auf. Bereits das S. L. spricht von fastar oc forskialamæn[306]. Die Zahl der fastar beträgt in den meisten Urkunden zwölf. Eine Urkunde vom Jahre 1281 hat sechszehn; bei einigen sind nur sieben oder zehn angeführt[307].

Die Festigung wird häufig auf dem Thinge vorgenommen[308]. Doch finden sich auch Fälle, in welchen sie vor einer Kirche geschieht. So wird z. B. die fæst in der Urkunde vom 6. Dezember 1338 apud ecclesiam Husaby Byringge[309], die der Urkunde vom 17. Mai 1346 apud ecclesiam Thorsn[310], die der Urkunde vom 8. September 1336 in presencia parochie bethnu[311], die der Urkunde vom 1. August 1350 in parrochia Øsmo[312] vorgenommen. Ja, in einer Urkunde über Morgengabebestellung vom 24. November 1345 scheint die fæst sogar auf dem Grundstücke des Ehemannes vorgenommen zu werden[313]. Immerhin war die Festigung auf dem Thinge die normale. Darauf deuten Wendungen, wie: „firmarios et testes, dictos in vulgari lysn seu fastar“[314], „hanc donacionem publicacione vulgariter dicta thinglysing confirmavi“[315].

Aber auch in Södermannaland sind die Festiger nicht Vertreter der Thingversammlung. Dagegen spricht bereits ihre Zahl. Sechszehn Personen verlangt auch das S. L. zur Besetzung eines Thinges ausser Lehnsmann und domari[316], während nur zwölf fastar auftreten. Weiter aber werden auch in Södermannaland die fastar gewöhnlich von den Parteien ernannt. Sie sind „adducti“[317]. Der Veräusserer erklärt: „advocavi et adduxi viva voce“[318]. Wenn er einen Anderen bevollmächtigt, fæst vorzunehmen, so bevollmächtigt er ihn, „firmarios dandi et pronunciandi ac ex parte mea libere nominandi“[319] oder „firmarios dictos fastæ iuxta leges patrie dandi“[320]. Wohl

---

306) Gipab. 3/2. 307) D. S. 714. 1402. R-A. P. 612. 308) z. B. D. S 1362. 1402. 1694. 2618. 309) D. S. 3401. 310) D. S. 4076. 311) D. S. 3251. 312) D. S. 4600. 313) D. S. 4011. 314) D. S. 1694. 315) D. S. 2562. 316) þingmlb. 2. 317) D. S. 3978. 4196. 318) D. S. 3251. 319) D. S. 1694. 320) D. S. 3184.

kommt es auch einmal vor, dass der Gesetzsprecher die fastar ernennt[321]), aber nichts berechtigt uns anzunehmen, dass in diesen beiden Fällen nicht ein Mandat vorlag[322]). Weiter wiederholen sich hier die gleichen Erscheinungen, die wir in Upland hinsichtlich der fastar gewahrten. In den beiden Urkunden vom 15. Februar 1323[323]) und 19. Juli 1324[324]) sind bei zwölf fastar höchstens drei gemeinschaftlich. Nur zwei fastar scheinen gemeinsam zu haben die Urkunden vom 19. Juli und 15. August 1324[325]), nur drei die Urkunden vom 15. Febr. 1329 und 6. Juli 1331[326]), keinen die Urkunden von 1338 und 9. Juli 1339[327]), ferner die Urkunden vom 8. September 1336, 10. Mai 1338 und 15. Juli 1339[328]), sowie die Urkunden vom 6. Juli und 15. Juli 1347[329]), während es sich doch stets um Festigungen in derselben Hundertschaft handelt. Wie sich so erweist, dass die fastar nicht ständige, sondern ad hoc zugezogene Personen darstellen, so ergiebt sich auch, dass sie zwar regelmässig derselben Parochie angehören und meist derselben Hundertschaft, dass aber doch Ausnahmen davon vorkommen. So stammen von den fastar in der Urkunde vom 21. November 1346[330]), welche dem Vester-Rekshundare angehört, drei aus dem Österrekshundare. Von den fastar der Urkunde vom 15. August 1324[331]), welche in das Akerbohundare gehören, stammen drei aus Ytratör. Und wo die fastar in derselben Hundertschaft wohnen, liegt keineswegs eine gleichmässige Vertheilung auf die einzelnen Parochien vor, sondern bald sind es Mitglieder einer Parochie, bald setzen sie sich aus drei, bald aus vier, bald aus fünf oder mehr Parochien zusammen. Auch für Södermannaland gelangen wir somit zu dem Resultate, dass die fastar nicht Vertreter einer Thingversammlung sind.

---

321) D. S. 1402. 3956. 322) siehe unten nach N. 383. 323) D. S. 2385. 324) D. S. 2476. 325) D. S. 2478. 326) D. S. 2695. 2860. 327) D. S. 3336. 3431. 328) D. S. 3251. 3359. 3432. 329) D. S. 4196. 4201. 330) D. S. 4119. 331) D. S. 2478.

3. Westmannalagen.

Von den beiden westmännischen Rechtsbüchern erwähnt das ältere W. M. L. die fastar nur bei Immobiliargeschäften, Kauf[332]), Tausch[333]), Theilung[334]) und Verpfändung von Grundstücken[335]). Die Pfandfastar „væþiafastar" werden von ihm ausdrücklich von den „oþilfastar" unterschieden. Das Rechtsgeschäft geschieht ihm „meþ fastum ok fullum skiællum"[336]). Der fastar sollen zwölf sein[337]), die ernannt werden sollen bei der Kirche oder auf dem Thinge[338]). Und zwar soll jeder der Contrahenten sechs Parochianen ernennen. Ihre Hauptrolle spielen die fastar auch hier als Beweismittel bei Streit zwischen den Parteien. „Streiten sie sich nachher um das Rechtsgeschäft, dann sollen über ihr Rechtsgeschäft die zwölf fastar Zeugnis ablegen, und es sei ebenso giltig des fasti Erbe, als der fasti selbst. Sind die fastar selbst gespalten, so habe gewonnen, wer mehr für sich hat"[339]). Aber auch hier sind sie mehr, als bloss zu Beweiszwecken hinzugezogen, sie sind Essentiale der Geschäftsform.

Das jüngere W. M. L., welches vom U. L. stark beeinflusst ist, zeigt die fastar nicht bloss bei Immobiliargeschäften, sondern auch bei Verlobungen. Vier fastar sollen bei der Verlobung sein, zwei von der Frau, zwei von des Mannes Seite[340]). Von Immobiliargeschäften treten im jüngeren W. M. L. als der fæst bedürftig hervor: Schenkung[341]), Kauf[342]), Tausch[343]), Theilung[344]), Morgengabebestellung[345]), Kauf auf Rückkauf[346]), Verpfändung[347]), Gesellschaft[348]), also die gleichen Kategorien wie im U. L. Die Zahl wird an verschiedenen Stellen auf zwölf[349]) angegeben. Von diesen zwölf sollen beim Kauf sein vier „gardfasta" und acht „þingfasta"[350]), eine Bestimmung, welche in Zusammenhang zu stehen scheint mit einer Ein-

---

[332]) Bygnb. 1. 3. [333]) Bygnb. 6. [334]) Bygnb. 11. [335]) Bygnb. 14. [336]) Bygnb. 1. [337]) Bygnb. 3. [338]) Bygnb. 3. [339]) ibid. [340]) Ærfdab. 1/1. [341]) Kristnob. 13. [342]) Jorþab. 2. [343]) Jorþab. 3. 4. [344]) Jorþab. 7. 9. [345]) Ærfdab. 4. [346]) Jorþab. 11. [347]) Jorþab. 10. [348]) Ærfdab. 8/1. [349]) Ærfdab. 8/1. Jorþab. 4 pr. etc. [350]) Jorþab. 2 pr.

gangs dieser Abhandlung benutzten Stelle des westgöthischen Rechtes[351]).

Mit den fastar „wehrt" der Erwerber das Grundstück, wenn es ihm abgestritten wird[352]). An den Veräusserer „beissen" die fastar, wenn er die Veräusserung nachher rückgängig machen will[353]). Aber das Zeugniss der fastar ist kein Thingzeugniss. Ueber den fastar steht das Thingzeugniss der zwölf Leute, welche bekunden, ob eine fæst formgerecht geschehen ist und welche von zwei Festigungen früher geschah[354]). Die Festiger werden auch im jüngeren W. M. entweder auf dem Thinge oder vor dem Kirchspiele genommen[355]). Nur für die Verpfändung ausgesprochen wird dieser Satz auf jede Festigung ausser der Verlobung auszudehnen sein.

Die westmännischen Urkunden liefern uns Belege für das Auftreten der fæst bei Kauf, Tausch, Schenkung, Vergabung von Todes wegen, Morgengabebestellung und Verpfändung von Grundstücken. Die fastar werden bezeichnet als firmarii qui vulgariter dicuntur (appellantur) fastar oder als testes dicti fastæ oder als testes sive firmarii qui fastær vulgariter appellantur, testes seu firmarii dicti fastæ, testes secundum leges patrie vulgariter dicti fasta, seltener als confirmatores dicti fastæ. Kaum werden also auch hier die fastar von den Zeugen noch unterschieden, wie denn auch der Formalismus des Speerhaltens ganz verblasst ist und eines forskilumaðr gar nicht gedacht wird.

Die Zahl der fastar beträgt regelmässig zwölf. Nur sechs garthfastæ nennt die Urkunde vom 1. Mai 1293[356]).

Die fastar werden „aufgerufen" (invocati), „gegeben" (dati). „angewiesen" (assignati), „ernannt" (nominati), „erbeten" (petiti), „übergeben" (traditi), „entgegengenommen" (recepti). Offenbar „giebt" sie der Veräusserer, „nimmt" sie der Erwerber. So scheint wenigstens der Standpunkt der späteren Zeit zu sein. Das ältere W. M. L. liess sie dagegen, wie wir sahen, von beiden Parteien gemeinsam nehmen. Die späteren

---

[351]) oben N. 4. [352]) Jorþab. 2 pr. [353]) Jorþab. 5 pr. [354]) Jorþab. 2/1. [355]) Jorþab. 10/1. [356]) D. S. 1091.

Urkunden lassen von einem Zusammenwirken der Parteien bei Ernennung der fastar nichts durchblicken, vielmehr erklärt der Veräusserer bei Abschluss des Vertrages, er werde für die Gabe der fastar sorgen (firmarios dictos dari faciemus)[357]. Offenbar ernannte sie also der Veräusserer oder in seinem Auftrage der judex[358].

Die fæst geschah häufig auf dem Thinge[359], ja dies wird als „sollemnitas legalis secundum morem patriae, secundum leges et consuetudinem terre“ hingestellt. Aber es fehlt auch nicht an Beispielen, dass die fæst vor einer Kirche geschieht. So wird in der Urkunde vom 6. Mai 1347[360] die fæst vorgenommen „apud ecclesiam Kyawar“, in der Urkunde vom 7. Juni 1349[361] „apud ecclesiam Malmæ“, in der Urkunde vom 11. Juni 1350[362] „apud ecclesiam Byornaskogh“. Ja, in der Morgengabeurkunde vom 18. Juni 1337[363] wird berichtet, dass die Bestellung der Morgengabe geschah in „Eculsundum secunda die nupciarum“, d. h. am Hochzeitsort, in welcher Urkunde freilich das Wort fæst nicht gebraucht, aber versichert wird, dass die Morgengabe bestellt wurde „secundum leges, ritus et consuetudines terre Vestmannie“.

Aber auch, wo die fæst gerichtlich ist, sind die westmännischen fastar nicht Vertreter der Thingversammlung. Zunächst ergiebt sich auch hier, dass sie nicht ständig sind. Von den drei Festigungsurkunden vom 13. December 1344[364], welche der Parochie Rytra des Tuhundare angehören, haben freilich zwei dieselben fastar, die dritte aber hat von zwölf fastar nur fünf mit ihnen gemein. Die Urkunden vom 6. Mai und 23. September 1347[365] haben nur vier fastar gemeinsam, die Urkunden vom 7. Juni und 24. August 1349[366] nur fünf. Sodann lässt sich auch hier nachweisen, dass fastar aus anderen Hundertschaften auftraten. So gehört von den fastar in der Urkunde vom September 1331[367], die in das Snævingiahundare

---

[357]) D. S. 2368. [358]) D. S. 1402. [359]) D. S. 1402. 1812. 2368. 3111. Nicht ächt ist wohl die Urkunde von 1268 (D. S. 527.). [360]) D. S. 4179. [361]) D. S. 4445. [362]) D. S. 4583. [363]) D. S. 3276. [364]) D. S. 3868—3870. [365]) D. S. 4179. 4244. [366]) D. S. 4445. 4482. [367]) D. S. 2878.

fällt, einer dem Dalahundare an. Endlich ist auch hier eine Vertretung der einzelnen Unterabtheilungen der Hundertschaft bei den fastar nicht nachweisbar. Bald sind sie alle aus einer sókn[368]), bald sind sie aus zwei[369]), bald aus mehr sóknir[370]). Auch für Westmannaland ist also die Annahme, dass die fastar Vertreter der Thinggemeinde seien, zurückzuweisen, wenngleich zwölf Personen in Westmannaland allerdings bereits ein Thing ausmachen[371]).

III. DAS GEMEINE LANDRECHT UND DIE FOLGEZEIT.

Das gemeine Landrecht Königs Magnus wurde bekanntlich nicht mit einem Schlage geltendes Reichsrecht. Diese Thatsache tritt besonders klar bei der fæst hervor. In denjenigen Landschaften, welche durch ihre örtliche Lage und durch ihr Recht dem Centralpunkte am fernsten standen, sehen wir die alten Grundsätze über die fæst noch lange Zeit fortdauern. Erst seit dem fünfzehnten Jahrhunderte lässt sich das neue Gesetzbuch als herrschendes Reichsrecht betrachten. Wir haben im Laufe der vorangehenden Darstellung für Westgötaland, Wermland, Nerike, Helsingland, Jæmtland und Finnland Fälle aus der zweiten Hälfte des 14. und dem Anfange des 15. Jahrhunderts angeführt, in denen altes Recht uns bezeugt ist. In Oestergötland und Småland, vor Allem aber in Upland, Södermannaland und Westmannaland bürgerte sich das neue Recht bereits in der zweiten Hälfte des 14. Jahrhunderts ein.

Das gemeine Landrecht beschränkt die fæst nicht auf das Immobiliarrecht, es kennt fastar auch bei der Eheschliessung. „Wenn ein Mann eine Frau sich anverloben will“, heisst es[372]), „dann soll der Verlober dabei sein und vier Zeugen, zwei auf

---

368) D. S. 3636. 4179. 4194. 369) D. S. 4244. 3868. 370) D. S. 2878.
371) II þingmalab. 6; I þgb. 1 pr. Aber andrerseits setzen sich die zwölf Personen, die das Thingzeugniss ablegen, zusammen aus je 3 af huari brofiæl I þgb. 9. 372) Giftob. 2 pr.

des Mannes Seite und zwei auf der Frau Seite, dann ist gesetzlich anverlobt". Bemerkenswerth ist, dass hier der Name Festiger mit dem farblosen der Zeugen vertauscht ist. Im Immobiliarrecht treten die fastar auf bei Morgengabebestellung[373]), Verpfändung[374]), Kauf und Tausch[375]) von Grundstücken. Bei der Verpfändung sollen es vier, bei den übrigen Rechtsgeschäften zwölf fastar sein, zu denen der Vorsprecher (forskiælamađr) kommt. Vorsprecher aber soll regelmässig der Heradshäuptling des Herads, in dem das Grundstück liegt, sein. Nur bei der Morgengabebestellung wird dies nicht gefordert, sondern hier wird allgemein von dem „Dreizehnten, der vorspricht", geredet. Diese Abweichung ist nicht zufällig. Denn die Morgengabebestellung braucht nicht auf dem Thinge zu erfolgen und muss am Tage nach der Hochzeit geschehen, die fæst der anderen Rechtsgeschäfte aber muss auf dem Heradsthing des belegenen Grundstücks vorgenommen werden.

Ueber die Form der gerichtlichen fæst und die Beschaffenheit der gerichtlichen fastar unterrichtet uns aber das Landrecht dahin[376]):

„Ueberall, wo man sich gesetzlich eines Grundstückes entäussern will, mit Kauf oder Tausch, da sollen zwölf grundangesessene Männer fastar dabei sein von demselben Herad, in dem das Grundstück liegt, und der Heradshäuptling soll vorsprechen und nennen den Mann, der sich des Grundstücks entäusserte und so sagen: «der Mann entäusserte sich seines Grundstücks, das so gross und in dem Dorfe ist, näher dem Dorfe oder ferner, und mit allem, was dazu gehört innerhalb des Zaunes und ausserhalb; entäusserte sich für sich und seine Erben an den und dessen Erben für so viel Pfennige, und dies sind die zwölf fastar dabei und wir alle sind Zeugen dabei, dass das auf dem Thinge gesetzlich geschehen ist». Wird das Grundstück hernach abgestritten, dann soll der, dem das Grundstück abgestritten wird, seine fastar benennen; die zwölf sollen schwören, Jeder für sich, und so Gott bitten, ihnen hold zu sein, wie der das Grund-

---

[373]) Giftob. 10/3. [374]) Eghnb. 7. 10. [375]) Eghnb. 12. [376]) Eghnb. 12.

stück kaufte nach gesetzlichem Aufgebot und wir fastar bei dem Kaufe waren."

Ist einer der fastar verhindert oder todt, fährt die Stelle fort, so soll an seine Stelle ein andrer grundangesessener Mann, der damals auf dem Thinge war, als Zeuge treten. — Ueber den ganzen Akt der fæst hat der Heradshäuptling eine Urkunde auszustellen[377]).

Klar ist hiernach, dass bei Kauf und Tausch die fæst stets auf dem Thinge geschieht, was eine andere Stelle für die Verpfändung bestätigt[378]), klar weiter, dass Vorsprecher der Heradshäuptling sein soll, klar ferner, dass die fastar dem betreffenden Herad angehören müssen. Wer die fastar zu ernennen habe, ist nicht gesagt. Bei der Verpfändung heisst es, dass sie der Heradshäuptling ernennen solle[379]), allein angesichts der Urkunden erscheint es gewagt, bei Kauf und Tausch dem Heradshäuptling ohne Weiteres das Ernennungsrecht zuzusprechen. Ernannte sie nicht der Heradshäuptling, so benannte er sie jedenfalls bei der Vorsprache. Er rief als forskiælamadr die Parteien, den Inhalt des Vertrages und die fastar aus. Er erklärte ferner, dass er mit der ganzen Thingemeinde Zeuge sei, und diese Erklärung hat dann die Wirkung, dass an Stelle eines fortfallenden Festigers jeder im Thing zugegen gewesene Grundbesitzer als Beweisperson auftreten kann. Dieser letzte Satz ruft bereits Bedenken gegen die Auffassung, dass wenigstens im gemeinen Landrecht die fastar Vertreter der Thinggemeinde seien, hervor. Allerdings scheint gerade hier Manches zu dieser Auffassung zu berechtigen. Offenbar ist hier der Heradshäuptling als solcher Vorsprecher, offenbar ist seine Vorsprache hier ein Thingurtheil. Aber andrerseits betrachtet er sich ebenso offenbar nicht als Festiger. Er erklärt „das sind die zwölf fastar, und wir alle sind Zeugen dabei, dass das auf dem Thinge geschehen ist" [380]). Er und die Thinggemeinde stehen also den fastar gegenüber, sie bilden das Thing, auf welchem die fastar auftreten. Dem entspricht es, dass der Heradshäuptling bei

---

[377]) Eghnb. 20. [378]) Eghnb. 7. [379]) ibid. [380]) vergl. Silfverstolpe 176 b (Thæsse waro fasta oc alt thingit til widherwaromen) 426. 1581. 1970.

späterer Anfechtung des Besitzstandes des Erwerbers **nicht** als Zeuge auftritt, dass vielmehr nur die zwölf fastar den Schwur leisten, event. an deren Stelle Thingleute treten. Auch im gemeinen Landrechte, wo die fæst bei Grundstücksübertragung zweifellos gerichtlich ist, scheinen also die fastar nicht Vertreter der Thinggemeinde zu sein. Dazu kommt aber noch ein zweiter Umstand. Solche Vertreter der Thinggemeinde zeigt das gemeine Landrecht in der Jury in voller Ausbildung. Nichts lag näher, schwebte der gleiche Gedanke bei den fastar vor, beide zu verschmelzen. Allein das gemeine Landrecht zeigt von einer solchen Verschmelzung keine Spur. Erst der weit späteren Entwicklung bleibt es, wie wir sehen werden, überlassen, die Verschmelzung beider Institute herbeizuführen.

Ergeben sich so aus dem gemeinen Landrechte heraus Bedenken, die fastar als Vertreter der Thinggemeinde aufzufassen, so bestätigt diese Bedenken das Urkundenmaterial. Die mehreren Tausende von Urkunden, welche unter der Herrschaft des gemeinen Landrechts stehen, lehren uns, dass seit der Mitte des 14. Jahrh. die fæst nach und nach überall gerichtlich wird; sie lehren weiter, dass die Zahl der Festiger in Uebereinstimmung mit dem gemeinen Landrechte sich auf zwölf feststellt, dass meistens der Heradshäuptling als prolocutor fungirt, wenngleich es auch vorkommt, dass der Veräusserer oder sein Bevollmächtigter als forskiælumaðr auftritt[381]), dass endlich die Festiger einem bestimmten Herad angehören. Allein sie geben andrerseits bestimmte Handhaben gegen die Auffassung der fastar als Vertreter der Thinggemeinde.

Vor Allem ergiebt eine Prüfung der Urkunden, dass an ein ständiges Organ bei den fastar auch jetzt noch nicht zu denken ist. Sind die Fälle freilich jetzt häufiger, in denen Urkunden derselben Zeit und desselben Herads ganz oder fast ganz übereinstimmende Festigerreihen aufweisen, so kann absolut nicht davon die Rede sein, dass ein Princip sich erkennen lässt. Kommt es einerseits vor, dass ein halbes Dutzend Urkunden von gleichem oder verschiedenem Datum dieselben

---

[381]) R-A. P. 1868. 1874. 1883; Silfverst. 80. 966.

Festiger aufweist[382]), so kommt es andererseits auch vor, dass in Urkunden vom selben Tage ganz verschiedene Festiger auftreten. Ein oder zwei Männer pflegen unter den zwölf Festigern einer Hundertschaft Jahrzehnte hindurch immer wieder zu erscheinen, dass aber alle zwölf oder nur der grössere Theil sich regelmässig wiederfinden, daran ist in alle Weite nicht zu denken. Nur der Heradshäuptling ist das feste Element. Offenbar lehrt dieser Umstand, dass bei der Ernennung der Festiger die Rücksicht auf den jeweiligen Fall den Ausschlag gab. Es wurden offenbar Personen, die gerade dieses Grundstück und diese Parteien kannten, genommen. Schwebte dieser Gedanke aber vor, so hatte das Institut auch jetzt noch mit dem Thing als solchem nichts zu thun. Dabei soll freilich nicht verkannt werden, dass, je weiter wir in der Zeit herabsteigen, desto ähnlicher sich die Festigerreihen werden. Am Ende des 14. und im 15. Jahrhundert begegnen uns ungleich häufigere Uebereinstimmungen in den Festigerreihen, als in der Mitte des vierzehnten Jahrhunderts.

Weiter aber ist keineswegs sicher, dass der Heradshäuptling aus eigener Machtvollkommenheit die Festiger ernennt. Vielmehr scheint im Beginne dieser Periode die Auffassung noch zu überwiegen, dass die Partei die Festiger wählt. Wir finden dem dadurch Ausdruck gegeben, dass in der Urkunde über den Verkauf, Tausch etc. die fastar bezeichnet werden, also noch v o r der Festigung[383]). Oder es bevollmächtigt Jemand einen Anderen, dem Erwerber Festiger zu geben. Ganz klar aber beweist, dass der Heradshäuptling an sich die Festiger nicht ernannte, die Thatsache, dass in zahlreichen Urkunden dem Heradshäuptling des belegenen Grundstücks die Vollmacht ertheilt wird, „at gifva lyist oc fasta oppa thet forscrepna goosdh“ „at han maghe lata fasta oc eptir lands laghom fulfølghiæ a vara væghna“ „the forenæmpda jordh laglika fastfara“ „at han a mina weghna hemollar ok undersætir thetta for: da godz . . . medh fastum

[382]) R-A. P. 1099—1107. 1536–1538. 1541. 1588—1591. 1765—1767. 1873—1879. 2770—2772; Silfverst. 1436—1438. [383]) z. B. R-A. P. 2234.

oc widherwarumannum" „thinglysa ok skaptfara a mina wegna meth fastom oc fullom skælom suasom landzlagh til sighia" etc.

Also als Mandatar ernennt in diesen Fällen der Heradshäuptling die fastar, nicht aus eignem Rechte. Wenn freilich derartige Bevollmächtigungen des Heradshäuptlings seit dem 15. Jahrhundert beinahe typisch wiederkehren, so sehen wir, dass der Auffassung, wonach der Heradshäuptling aus eigenem Rechte die fastar zu ernennen hat, der Weg gebahnt wird. Und diese Auffassung wird dann im 15. Jahrhunderte die herrschende.

Dem entspricht es denn, dass im Anfange dieser Periode die fastar von der næmd getrennt gehalten werden. Aber wie der Heradshäuptling allmählich mehr und mehr die Ernennung der fastar übernimmt, wie die Festigerreihen allmählich ständiger werden, so stossen wir denn auch mehr und mehr auf die Thatsache, dass die Festiger mit der næmd zusammenfallen. In der Urkunde vom 19. Juli 1390[384]) werden zwölf fastar angeführt, die zugleich in der næmd sassen. Ebenso sind in der Urkunde vom 2. Juli 1403 die zwölf Geschwornen zugleich fastar[385]), dann in den Urkunden vom 30. Juli 1403[386]), vom 18. November 1404[387]), 11. Juni 1405[388]), 7. Februar 1413[389]), September 1413[390]). Geradezu als næmd werden die fastar bezeichnet in der Urkunde vom 8. December 1478 und zahlreichen späteren Urkunden[391]). Damit verliert die fæst ihren ursprünglichen Charakter. Sie ist nun nicht mehr ein unter Mitwirken von Festigern, sondern ein vor den Augen der Jury sich lediglich zwischen den Contrahenten abspielender Akt. Die næmd betheiligt sich nicht am Rechtsgeschäfte, sondern sie bezeugt den Vorgang des Rechtsgeschäftes; sie steht nicht im, sondern über dem Rechtsgeschäfte. An dieser Stelle lenkt die fæst in die Bahnen des sonstigen mitteleuropäischen Rechtes ein. Sie ist von der gerichtlichen Auflassung Deutschlands, Dänemarks und Norwegens nicht mehr unterschieden.

---

[384]) R-A. P. 2493. [385]) Silfverst. 355. [386]) Silfverst. 366. [387]) Silfv. 507. [388]) Silfverst. 600. [389]) Silfverst. 1675. [390]) Silfverst. 1789. [391]) Dipl. Dalecarl. Nr. 126. 127. 136. 272. 279. 308. 309. 317. 417. 427. 537. 539. 710. 872. 881. 893. 894. 898. 903. 955. 961.

IV. DIE FASTAR DES STADTRECHTS.

Bereits im Laufe der obigen Darstellung ist häufig auf die Thatsache hingewiesen worden, dass im Gebiete des Stadtrechts die fæst vor Gericht oder vor dem Rathe sich bereits in einer Zeit abspielte, in welcher sie im Landrechte noch nicht nothwendig gerichtlich war. Unter den Gründen für diese Erscheinung mag nicht der geringste der starke Einfluss fremden, vor allem deutschen Stadtrechts auf die schwedischen Städte sein. Die deutschen Handwerker und Kaufleute, die in den schwedischen Städten sich niederliessen, brachten die deutsche Auflassung und das deutsche Grundbuchwesen mit. Wie überhaupt die schwedischen Städte überwiegend deutschrechtlichen Einfluss zeigen, so tritt dieser auch bei der Grundstücksübertragung hervor. So sahen wir bereits im 13. Jahrhundert in den südschwedischen Städten vor Voigt und Consuln die Festigung erfolgen, und im 14. Jahrhundert zeigen die städtischen Urkunden Schwedens immer wieder die auf der Rathsstube vor Bürgermeister und Rath sich abspielende Festigung. Zunächst erhielt sich dabei mitunter die alte Form der Festigung, die landrechtliche Zahl der Festiger, der aufgepflanzte Speer. Fungiren Voigt und Consuln zunächst als Zeugen über die Festigung[392]), so werden sie bald selbst Festiger[393]). Dabei kommt es dann auf die Zahl nicht mehr an, und der Formalismus des Speerhaltens fällt fort. Schliesslich verliert sich in den Städten der Inhalt des Festigungsvorganges. Der ganze Akt, der zunächst den Namen der fæst noch behält, wird zur einfachen Auflassung vor Bürgermeister und Rath mit nachfolgender Eintragung in das Stadtbuch. Den Abschluss dieser Entwicklung zeigt das gemeine Stadtrecht in folgender Bestimmung[394]):

„In allen Fällen, wo man mit seinem Hause oder seiner Fläche Kauf oder Tausch vornimmt ..... da soll man es

---

392) D. S. 1179. 1191. 1443. 393) D. S. 1552. 1911. 394) Jordhab. 6.

offenbarlich thun drinnen in der Rathsstube vor Voigt, Bürgermeister und Rathleuten, und man soll den Friedeschilling entrichten nach dem alten Recht und man soll es mit vollen Stadtbriefen und der Stadt Siegel in schwedischer Sprache stetigen und festigen oder in das Stadtbuch schreiben lassen und feststellen, wie viel Ellen die Fläche oder das Haus breit oder lang ist und wo die Fläche liegt, die eine wie die andere, und zu welcher Zeit des Jahres der Tausch erfolgte, und wie viel Pfennige jeder dem Anderen darauf gab."

Als Zweck wird der unanfechtbare Beweis, den die städtische Urkunde liefert, hingestellt. Von den fastar hat das gemeine Stadtrecht nicht einmal den Namen aufbewahrt.

Wir würden uns darnach mit den fastar des Stadtrechts nicht weiter zu befassen haben, wenn uns nicht in städtischen Urkunden ein eigenthümliches Institut entgegenträte, welches mit den fastar in gewisser Verbindung steht, die sogen. mælismenn.

In einer Urkunde vom 26. October 1411[395]) bezeugen Bürgermeister und Rath der westgöthischen Stadt Lödöse, dass auf ihrer Rathsstube Torbjörn Anbjörnsson an Helge Anundsson, Bürger von Lödöse, ein Haus aufgelassen habe, welches in Lödöse westlich der Peterskirche und südlich vom Grundstücke Gesa Eggerds gelegen, 56 Ellen lang und 28 Ellen breit sei, nebst einem Pertinenzgrundstücke. „Diese guten Männer mælte jordhena, Magnus Thorlefson und Godhow, die damals Baumeister waren" heisst es am Schlusse. Damit stimmt es denn überein, wenn in der Urkunde vom 13. März 1484[396]) der Bürgermeister von Stockholm, Ludwig Wesman, an den Voigt in Kopparberg ein Steinhaus in Stockholm verkauft und auflässt. Auf die Beschreibung der Lage des Steinhauses folgt der Satz: „melismen hanis wesfaale pelle pedersson oc sillasæliarene lasse bagge oc berendhake". Waren es oben zwei, so sind es hier vier melismenn.

Wären diese beiden Belege freilich die einzigen uns erhaltenen, so wüssten wir mit den mælismenn nicht viel anzu-

---

[395]) Silfverst. 1483. [396]) Dipl. Dalec. 942.

fangen. Allein glücklicherweise besitzen wir in dem Grundbuche von Stockholm, welches Hildebrand herausgegeben hat, eine wahre Fundgrube für die Erkenntniss der rechtlichen Zustände in den Städten Schwedens. Dieses Grundbuch umfasst den Zeitraum von 1420—1474. Es enthält an 800 Eintragungen von Rechtsgeschäften zwischen Stockholmer Bürgern, die auf der Rathsstube vollzogen wurden, als Auflassungen, Rentenkäufen, Erbverträgen mit Leibzuchtsbestellung, Gütergemeinschaften, Verkäufen auf Wiederkauf, Vollmachten, Pfandbestellungen, Verpfändungen u. s. w. Bald ist nur eine Registratur über den Inhalt des Rechtsgeschäftes in das Grundbuch eingetragen, bald ist der Wortlaut des Vertrages eingerückt. Für uns von Werth sind die Auflassungen. In einem grossen Theile nämlich der auf die Auflassungen bezüglichen Eintragungen finden wir jene mælismenn wieder. Ihre Zahl ist verschieden gross. Mindestens sind es zwei, höchstens zehn. Nur ganz vereinzelt findet sich einmal Einer, mehr, wie es scheint, aus Versehen als absichtlich niedergeschrieben. Meist geschieht ihrer ganz am Schlusse der Eintragungen Erwähnung mit den Worten: „Mælismæn til" oder „at fornempda tompt, til forscriffna ærffve, til fornempda gard, til badhen rumen" etc. gleich nach der genauen Beschreibung des Grundstücks. Mitunter aber erfahren wir über das mæla Näheres. So berichtet die Eintragung vom 12. November 1423[397]), dass der Veräusserer mit sieben Männern zugegen war „tha the fornempda tompt mældes ok utstikkadhis". Von einer Grundstückstheilung wird am 3. October 1444[398]) berichtet, dass sie erfolgte „medh snøre oc merke innan muramestarins oc mælamænnena nerwara". In der Eintragung vom 17. November 1451[399]) heisst es: „Die Breite und Länge weisen alle vier Wege aus, darum bedurfte es keiner mælismæn dazu."

Mæla bedeutet sprechen, aber auch messen; mælismenn wären also Spruchleute oder Messleute, Landmesser. Offenbar weisen die obigen Registraturen auf den letzteren Sinn hin. Dies wird noch deutlicher, wenn wir lesen, dass er mælt „mit

[397]) Nr. 11. [398]) Nr. 246. [399]) Nr. 425.

der neuen Elle" [400]), „mit der alten Elle" [401]). Die mælismenn wären darnach Personen, welche über die Grösse des veräusserten Grundstücks auf Grund vorgenommener Messungen Zeugniss ablegten, eine Art lebendes Kataster.

Die mælismenn oder ein Theil von ihnen sind regelmässig die Nachbarn zum veräusserten Grundstücke. Häufig wird dies ausdrücklich gesagt. So heisst es in der Eintragung vom 2. März 1461 [402]): „Melis men fornempde Magnus oc Hans som æro grande ok nagrande," in der vom 16. März 1461 [403]): „Mellis men nagrandene Mickel swarte och Hans gram," in der vom 15. März 1462 [404]): „Melis mæn Algud wesgøthe ok Joan Kannegiutare nagrannerne" u. s. f. Dabei werden die Nachbarn auf beiden Seiten als mælismenn verwandt. Z. B. heisst es in der Eintragung von 1465 [405]): „Mælis men Folmer fan Lunden mester Mattis och Hans femerling, upa the andra sida ware Jøns Olssen Oleff Hinrekssen och Staffen dannel." In der Eintragung vom 3. Juni 1469 [406]) steht: „mælis men Jacob fan Haven Hans degener radhmen Jacob bentssen nagrende upa sudra sidone oc unga Hans smit upa norresidone nagrande." Wo nicht ausdrücklich bemerkt ist, dass unter den mælismenn Nachbarn sich befinden, ergiebt es sich aus dem Zusammenhang, insofern nämlich erst die Lage des Grundstücks genau beschrieben wird unter Angabe der Nachbarn und darauf unter den mælismenn eben jene Nachbarn auftreten.

Meist sind die mælismenn ausser ihrer eigentlichen Funktion noch Sollemnitätszeugen der Auflassung, und merkwürdigerweise tritt gerade hier die sonst verschwundene Bezeichnung fastar wieder auf. So heisst es in der Eintragung vom 26. Februar 1453 [407]): „Mælismen Olaff systhersson Jønis niclisson aa fiska strandh oc the førskrifne waaro fastomen aat sama køpe." Ebenso in der Eintragung vom 30. Juli 1453 [408]): „Melis men her Jurghen meydeborgh Clauus vise Pether van Water Tydeka pælgrim och Peter Kerkhoff och the æru fæste men aat

[400]) Nr. 508. 527. [401]) Nr. 518. 524. 525. [402]) Nr. 576. [403]) Nr. 582. [404]) Nr. 597. [405]) Nr. 657. [406]) Nr. 709. [407]) Nr. 452. [408]) Nr. 464.

sama køpe.“ In der Eintragung vom 13. November 1454[409]) lautet der Schluss: „Melismen Eskill høppener Olaff swartte Clauus mor ok Pedher Kærkhoff, the waaro ok ther offwer thera mellan tha the wordhe um køpit ok æru thera *fasta witnismen* at thy køpe“ etc.

Gerade hier aber dürfte sich die Erklärung für das ganze Institut der mælismenn finden, wie dieses Institut selbst wieder in gewisser Hinsicht die Erklärung für die fastar des Landrechts zu bieten geeignet ist. Von den Nachbarn war am ehesten eine Beeinträchtigung des Käufers zu befürchten. Die Verwandten, die es versäumt hatten, von ihrem Vorkaufsrechte Gebrauch zu machen, waren ja durch die Gerichtsurkunde über die formgerecht erfolgte Veräusserung an der Vorbringung späterer Einreden gehindert. Die Nachbarn dagegen konnten den Besitzstand des neuen Erwerbers immer noch nachträglich anfechten, indem sie Theile des Grundstücks als ihnen gehörig an sich rissen. Wo eine obrigkeitliche Vermessung und ein gehöriges Kataster fehlte, suchte das Recht nach anderen Behelfen, um den Erwerber gegen Beeinträchtigungen zu schützen. Einen solchen Behelf stellen die mælismenn dar. Die Nachbarn, welche selbst bei der Auflassung das Grundstück genau abmaassen und den Umfang feierlich angaben, schlossen für sich und ihre Nachfolger die Möglichkeit der Anfechtung aus. Von diesem Standpunkte aus lag in ihrer Mitwirkung als mælismenn zugleich eine Zustimmung zum Abschlusse und eine Garantie für die Ausführung des Rechtsgeschäftes. In dieser Funktion treffen sie offenbar mit den fastar zusammen. Darum ist es kein Zufall, dass der Name fastar bei ihnen noch einmal auftaucht, da ihn doch das gemeine Stadtrecht nicht mehr kannte.

Wenden wir unsere Blicke von dieser jüngsten Quelle des Stadtrechts zurück zur ältesten des Landrechts, dem älteren Westgötalag, so ergiebt sich in einer Beziehung eine offenbare Analogie zwischen den fastar des älteren Westgötalag und den mælismenn des Grundbuchs. Wie die fastar bei der Grenz-

---

409) Nr. 509.

begehung vor der versammelten Dorfgemeinde auftraten, so die mælismenn bei der Grenzabsteckung vor den versammelten Nachbarn. Eine so auffallende Analogie in zwei Quellen der verschiedensten Zeiten erweckt den Gedanken, ob von hier aus nicht der Hebel anzusetzen ist, um die Erklärung des Festigerinstitutes an das Licht zu bringen. Hierüber wird in dem Schlusskapitel zu handeln sein.

V. BEDEUTUNG DER FASTAR.

Das altschwedische Recht kennt Verträge, die unter Hinzuziehung von Bürgen geschlossen werden müssen. Von Amira[410]) hat sie „cautionsbedürftige Verträge" betitelt. Die Hinzuziehung eines Bürgen ist hier Essentiale des Vertrages. In diese Kategorie gehören vor Allem gewisse Mobiliarveräusserungen[411]). Der nothwendigerweise hinzugezogene Bürge heisst vin.

Haben wir in den voraufgehenden Ausführungen stets die Auffassung bekämpft, dass die fastar Vertreter der Thinggemeinde seien, haben wir vielmehr darzulegen gesucht, dass die fæst ursprünglich überhaupt nicht Gerichtsakt war, dass sie dies nur allmählich wurde, dass die fastar demnach ursprünglich nicht Gerichtspersonen waren, auch späterhin trotz Gerichtlichkeit der fæst nicht in innerer Beziehung zum Thinge standen und erst Ausgangs des Mittelalters in die næmd aufgingen — so müssen wir uns nun nach einer anderen Erklärung für dieses räthselhafte Institut umsehen. Eine solche glauben wir aber gefunden zu haben, wenn wir die fæst ebenfalls als formale Cautio des Vertrages, die fastar ebenfalls als Bürgen ansehen.

Es seien für diese Auffassung zunächst Gründe mehr formaler und äusserlicher Art angeführt. Es ist einmal bereits Amira[412]) aufgefallen, dass das ältere Westgötalag die Bürgen beim Kaufvertrag[413]) als Kaupfæstir bezeichnet. Die Terminologie der ältesten Quelle weist darnach offenbar darauf hin,

---

[410]) Obligationenrecht I § 49. [411]) Amira a. a. O. [412]) Obligationenrecht I S. 344, 291. [413]) siehe oben N. 4.

die fastar als Bürgen anzusehen. Sodann erklärt sich von hier aus leicht, weshalb das Ostgötalag nur des Festigungsmannes, nicht einer bestimmten Anzahl fastar, gedachte. Gerade im O. G. ist das Institut des vin besonders scharf ausgeprägt[414]). Die Analogie zwischen vin und fasti träte also hier auch in der Zahl zu Tage. Weiter erklärt sich der Formalismus des Speerhaltens nun leicht, den die Auffassung der fastar als Vertreter der Thinggemeinde nicht zu erklären vermag. Handelt es sich doch nicht um ein vápnatak, wie in Island, Norwegen und Schonland[415]), sondern um ein Anfassen eines Speeres, der hasta scotacionis, d. h. um die Mitbetheiligung an der Auflassung, die sich im Aufstellen der hasta verkörpert. Die hasta ist der Speer des Veräusserers, nicht etwa das Zeichen der Thingversammlung. Indem die fastar diesen Speer anfassen, betheiligen sie sich an der Veräusserung, wie der vin. — Sodann bereiten die Fälle der offenbar aussergerichtlichen Verlobung und Morgengabebestellung[416]) nun ebensowenig Schwierigkeiten, als das Auftreten der fastar bei der Urfehde. — Ferner erklärt sich nun der eigenthümliche Satz des Ostgötalag, Södermannalag und älteren Westmannalag, dass bei Tod des Festigers dessen Erbe als fasti einzutreten habe[417]), da ja auch die Eidbürgschaft im O. G. vererblich ist[418]). Weiter erklären sich nun die verschiedenen Zahlen der Festiger einfach genug. Endlich ist von hier aus leicht einzusehen, weshalb ursprünglich die Parteien sich die Festiger wählten.

Aber diese äusseren Erwägungen werden durch innere Gründe schwerwiegender Art gestützt. Es ist ein bekannter Zug in der Entwicklung der germanischen Grundstücksübertragung, dass sie den Fortschritt von aussergerichtlicher Uebereignung auf dem Grundstücke zu gerichtlicher Uebereignung ausserhalb des Grundstücks machte. Was für die südgerma-

---

[414]) von Amira I § 49. [415]) so irrig Svend Grundtvig, om de gotiske folks våbenéd in Danske Videnskabernes Selsk. Forhandl. 1870 S. 99—104. [416]) Diese erfolgte allerdings auch vor der Kirche bei Gelegenheit des Kirchganges am Tage nach der Hochzeit. Vergl. D. S. 3050. [417]) siehe oben N. 68, 282a, 325. [418]) von Amira I S. 422.

nischen Länder wissenschaftlich dargethan[419]), was aber auch für Norwegen, Island und Dänemark nachweisbar ist[420]), scheint auch für Schweden angenommen werden zu müssen. Der allmäligen Centralisirung, der Ausbildung eines riki, der Stärkung des Heradsthinges durch die Schaffung des Königsgerichtes und die Ausbildung der næmd entspricht die mehr und mehr sich entwickelnde Gerichtlichkeit der fæst. Aus den engen, unpolitischen Kreisen der Dorfschaft und sókn wird die fæst an das Heradsthing gezogen. Bevor dieser Process sich vollzog, spielte die fæst sich nicht im Gerichte, sondern auf dem Grundstücke, sich nicht vor der Thinggemeinde, sondern vor Nachbarn und Verwandten ab. Diese bildeten den Kreis, der sich gleichmässig um die Parteien schloss, ob es sich um die Verlobung oder um die Morgengabebestellung, um die Theilung oder um die Gesellschaftseingehung, um den Verkauf oder um die Verpfändung von Grundstücken handelte. Dieser Kreis von Personen war rechtlich und thatsächlich bei solchem Vorgange betheiligt. Insbesondere die beispruchsberechtigten Erben und die Nachbarn hatten ein unmittelbares Interesse an der Veräusserung des Grundstücks. Nicht bloss vor deren Augen, sondern direct unter deren Mitwirkung sollte darum die Uebertragung des Grundstücks geschehen. Indem sie die Hand an den Speer mitanlegten, gaben sie offen und deutlich zu erkennen, dass sie nichts gegen das Rechtsgeschäft vorzubringen hätten. Ja, sie garantirten den Erfolg desselben dadurch, dass sie, die zur Anfechtung Nächsten, im Gegentheil versprachen, Zeugniss abzulegen für den Fall der Anfechtung. Insofern lag in ihrer Theilnahme eine Bestätigung, eine F e s t i g u n g. So dürfte der Sinn des Wortes klarer hervortreten als bei der Annahme eines abstracten Formalaktes. Wie wir in dänischen Urkunden finden, dass der Consensberechtigte am Erdwurfe sich betheiligt[421]) und dass die mehreren Erwerber oder Zeugen den Schooss, in den die Erde geworfen wird, gemeinschaft-

---

[419]) Es sei auf die Arbeiten von Stobbe, Sohm und Brunner hingewiesen. [420]) vergl. für Norwegen und Island m e i n e n oben N. 1 citirten Aufsatz. [421]) Codex Esromensis (ed. Nielsen) Nr. 96. 98.

lich anfassen[422]) und wie in deutschen Urkunden die Verwandten die Auflassung durch Mitauflegen der Hand auf den Altar oder Mitdarreichen der festuca mitvollziehen, so dürfte die fæst ihren Ursprung in der Hinzuziehung der einspruchsberechtigten Verwandten und Nachbarn haben. Was in anderen germanischen Ländern keine feste Form gewann, hat sich in Schweden zu einem eigenthümlichen Institute verdichtet.

Es ist schwer, den vollen Beweis für diese Theorie aus den Quellen, besonders den Urkunden zu erbringen. Denn, wie die letzteren uns vorliegen, lassen sich die Beziehung der fastar zu den Parteien nur selten darlegen. Allein ganz fehlt es nicht an Stützpunkten. Ich weise einmal auf den Satz des Ostgötalag hin, dass der der Vergabung zustimmende Erbe die fæst mithalten solle[423]), ferner auf die Bestimmung von Uplandslagen, dass bei Geschäften zwischen Verwandten die bröllungær und syszlungær Festiger sein sollen[424]). Kaum kann das Prinzip für diese Bestimmungen ein anderes sein, als das Bestreben, etwaigen Anfechtungen dadurch vorzubeugen. Aber auch in den Urkunden bieten sich zahlreiche Belege für unsere Auffassung. Ich zähle dahin:

1. Die Urkunde von 1299[425]). Johann von Myreby bezeugt, dass und wie Benedicta, Tochter von Holmstan de Biergum, in das Nonnenkloster zu Skenninge eintrat. Vor ihrem Eintritte seien alle cognati et propinqui secundum leges terre rite et legaliter zur Geltendmachung ihres Vorkaufsrechtes geladen worden. Da aber die Erben und Verwandten von ihrem Vorkaufsrechte keinen Gebrauch machen, sondern auf ihr Recht an den Gütern der Benedicta gegen eine mässige Abfindung verzichten wollten, so habe diese Abfindung und darauf der feierliche Verzicht der Erben stattgefunden. Bei dem Verzichte hielten die Erben den Festigungsspeer nebst anderen Personen, unter denen zwei, Aerinuardus und Karolus de Biergum, aus demselben Orte, wie die Benedicta sind.

---

[422]) Codex Esromensis Nr. 132. 252. [423]) Ærfþab. 4. [424]) Jorþb. 3. vergl. auch Bestimmungen, wie Westmannalagen I Gipnb. 5. [425]) D. S. 1260. 1307.

Bald darauf habe Benedicta bei ihrem Eintritte in das Nonnenkloster ihr Vermögen feierlich an dieses aufgelassen. Von den zehn Personen, die hierbei als Speerhalter aufgeführt werden, gehören zwei zu den bereits vorher Angeführten, nämlich Gerdarus dictus tanne und Johannes von Myraby. Ein Dritter, Nicolaus Holmfridasun, ist, wie sich aus einer anderen Urkunde ergiebt[426]), ein Verwandter der Benedicta. Drei weitere gehören der Partei des Nonnenklosters an, nämlich die Prioren von Kalmar und Skenninge und der Lektor von Skenninge. Wir sehen also hier jedenfalls Personen bei der Festigung auftreten, die nachweislich in Beziehungen zu den Parteien standen, sei es als Erben, sei es als Ortsgenossen, sei es als Berufsgenossen.

2. Die Urkunde vom 26. Februar 1312[427]). Bereits oben[428]) ist darauf hingewiesen worden, dass fast die Hälfte der hastam tenentes in zweifellosen Beziehungen zu den Parteien steht.

3. Die Urkunde vom 2. Februar 1329[429]). Rangwaldus von Mørlunda schenkt seinen Pflegetöchtern Grundstücke. Er erklärt, die Festigung vorgenommen zu haben „heredibus meis presentibus et consencientibus necnon et aliis quam plurimis presentibus fidedignis". Der Wortlaut scheint auf die Theilnahme der Erben an der Festigung hinzuweisen.

4. Die Urkunde vom 2. Februar 1332[430]). Katharina „Villa dotor" lässt ihr Erbgut an Ragvald Jonsson und Nicolaus Adamsson auf. Von den acht skøtningamen sind vier von ihrer, vier von der Gegencontrahenten Seite. Von den vier skotningamen der Katharina ist einer ihr B r u d e r, von den vier der Gegenseite wahrscheinlich einer Bruder des Ragvald Jonsson.

5. Die Urkunde vom 4. Januar 1348[431]). Unter den vierundzwanzig fastar sind drei nachweisbar Verwandte des Veräusserers, nämlich Johannes, Michael und Olaf in Aske.

---

[426]) D. S. 1254. [427]) D. S. 1837. [428]) S. 112, N. 23. [429]) D. S. 2694. [430]) D. S. 2902. [431]) D. S. 4276.

Zugleich sind diese insofern weiter interessirt, als von ihnen der Veräusserer das Gut erworben hatte.

6. Die Urkunde vom 23. März 1349[432]). Unter den fastar wird der Schwiegersohn genannt.

7. Die Urkunde vom 9. Februar 1352[433]). Veräusserer ist Knut Mattsson. Unter den acht fastar treten auf Joan Niclisson und Petrus Niclisson. Untersiegeln lässt der Veräusserer zugleich seinen „gener“ Karl Niclisson. Wie es scheint, sind die beiden genannten fastar Brüder von Karl Niclisson, also Verschwägerte des Veräusserers.

8. Die Urkunde vom 13. Juni 1352[434]). Der Gesetzsprecher von Westmannaland, Nicolaus Abyornasson, stellt die Festigungsurkunde aus über einen Tausch zwischen Ingewald in Qværnabro und der Ehefrau Ingemars in Lundby, welch' Letztere für ihr Kind auftritt. Unter den fastar treten zwei Verwandte des Kindes auf.

9. Die Urkunde vom 1. März 1355[435]). Katharina, Peters Tochter, Wittwe Peter Diækns, vergabt ihr Morgengabegrundstück an das Kloster Eskilstuna. Unter den Festigern treten auf ihr patruelis Ragnvald in Hagnæsta, ein Thomas Petersson, muthmasslich ihr Bruder, und ein Philipp Diækn, muthmasslich ihr Schwager.

10. Die Urkunde vom 13. Juli 1357[436]). Unter den fastar erscheinen Nachbarn des Veräusserers.

11. Die Urkunde vom 19. März 1358[437]). Veräusserer ist Suen Ukla. Unter den fastar treten auf Gusten Ugla und Peter Ugla.

12. Die Urkunde vom 30. Juli 1359[438]). Holmger Thyrkilsson bestellt seiner Ehefrau eine Morgengabe. Sein Bruder Magnus Thyrkilsson ist „forskilaman“. Unter den fastar ist der mütterliche Onkel der Frau.

13. Die Urkunde vom 15. Mai 1361[439]). Ingrid, Toch-

---

432) D. S. 4405. 433) R-A. P. 55. 434) R-A. P. 71. 435) R-A. P. 216. 436) R-A. P. 318. 437) R.-A. P. 356. 438) R-A. P. 418. 439) R-A. P. 504.

ter von Ormolf, schenkt ihr Gut an das Kloster Nydala. Unter den fastar ist ihr Ehemann.

14. Die Urkunde vom 26. Juni 1365 [440]). Der Ritter Leko Ofradsson bestellt mit Zustimmung seiner drei nächsten Verwandten eine Morgengabe seiner Ehefrau. Unter den fastar sind jene drei Verwandten.

15. Die Urkunde vom 4. Juli 1374 [441]). Ingeborg, Tochter von Lorenz, festigt eine Schenkung an das Kloster Eskilstuna. Unter den fastar ist Peter, Sohn von Lorenz.

16. Die Urkunde vom 3. October 1374 [442]). Helga, Tochter von Benedict, festigt eine Schenkung an das Kloster Vadstena. Unter den Festigern ist Peter, Sohn von Benedict.

17. Die Urkunde vom 27. Juni 1377 [443]). Arwid Olofsson in Blystad festigt einen Verkauf. Unter den Festigern treten auf Olof in Blystad und Ingevald Olofsson.

18. Die Urkunde vom 27. November 1381 [444]). Gyda Hungersdotter verkauft mit Zustimmung ihres Bruders Hunger ein Grundstück. Hunger ist unter den fastar.

19. Die Urkunde von 1376 [445]). Johann Ingason schenkt an das Kloster Askaby gelegentlich des Eintritts seiner Tochter ein Grundstück. Die zwölf fastar sind sämmtlich Brüder und Verwandte der Tochter.

20. Die Urkunde vom 30. Januar 1357 [446]). Gregers Beyntson bestellt seiner Ehefrau eine Morgengabe. Er selbst ist Vorsprecher der Festigung. Unter den fastar treten auf Thure Beyntson, Arwidh Beyntson und Jönis Beyntson.

21. Die Urkunde vom 3. October 1394 [447]). Fastolfr verkauft mit Zustimmung seines Sohnes Johann ein Grundstück. Johann ist unter den fastar.

22. Die Urkunde vom 17. October 1403 [448]). Jønis Geet bestellt seiner Ehefrau eine Morgengabe. Von den zwölf fastar

---

[440]) R-A. P. 655. [441]) R-A. P. 1082. [442]) R-A. P. 1099. [443]) R-A. P. 1278. [444]) R-A. P. 1651. [445]) R-A. P. 1866. [446]) R-A. P. 2290. [447]) R-A. P. 2739. [448]) Silfverst. 389.

erklären vier noch besonders für sich und ihre Erben, den Vertrag halten zu wollen.

23. Die Urkunde vom 19. November 1406[449]). Halvardher in Fazio im Hodal tauscht mit Sigrid sein Muttergut gegen deren halbes Vatergut. Fastar sind Anunder Halvardson, Trighe Halvardson, Gunbiørn Halvardson, Niclis Anundason, Haluarder Trygeson, Gunbiørn Trigeson, Halvardher Gunbiørnson, Thore Torgeson. Sechs der acht sind, nach dem Namen zu schliessen, offenbar Verwandte des Halvardher.

Diese Fälle boten sich bei oberflächlicher Durchsicht des Urkundenmaterials. Dabei sind zahlreiche Urkunden nicht aufgenommen, in denen die Namen von Parteien und fastar ebenfalls auf Verwandtschaftsverhältnisse hinzudeuten scheinen[450]). Bei den fastar fällt häufig genug auf, dass ihre Namen untereinander gleich lauten, was einerseits ergäbe, dass sie miteinander verwandt, dann aber auch, dass sie mit einem Contrahenten verwandt sein müssen. Je mehr wir in der Zeit herabsteigen, je mehr die fæst gerichtlich wird, die fastar vom Heradshäuptling ernannt werden, desto seltener stossen wir auf offenbare Beziehungen zwischen fastar und Parteien. Immerhin dürften die obigen Fälle einen Stützpunkt für unsere Annahme bieten. Sie betreffen fast nur Verwandtschaftsverhältnisse. Inwieweit die Nachbarn unter den fastar vertreten sind, vermögen wir leider nur in den seltensten Fällen zu erkennen[451]). Und doch ist dies der ungleich wichtigere Punkt. Gerade dem Bedürfnisse, das Rechtsgeschäft gegenüber den Nachbarn festzustellen, dürfte die fæst entsprungen sein. Nur so viel lässt sich sagen, dass unter den fastar stets mindestens Einer aus

---

[449]) Silfverst. 781. [450]) oder in denen die Eigenschaft als fastar nicht ganz klar hervortritt. Es sei in dieser Beziehung auf die Königsurkunden des 12. Jahrh. hingewiesen — D. S. 64. 65. 67. 70. 113. 116. — wo unter den testes confirmationis stets Verwandte des Königs auftreten. [451]) Aufmerksam sei gemacht z. B. auf die Tauschurkunde von 1216 bis 1220 (D. S. 164), die beginnt: „Notificamus omnibus vicinis nostris“, dann auf die Urkunde von 1250—1266 (D. S. 847), in der es heisst: „testes huius donacionis sunt cognati et vicini eorum et provinciales universi“.

dem Orte des Grundstücks auftritt, dass die Mehrzahl der fastar der betreffenden sókn und fast Alle dem betreffenden Herad angehören. Dürfte dies darauf hinweisen, dass als fastar gerade Personen auftraten, die vermöge ihres Domicils in Beziehungen zum Grundstücke standen, so bestätigt dies das Institut der mælismenn des Stockholmer Grundbuchs. Bei der Hinzuziehung von Nachbarn, wie von Verwandten lag das gleiche Princip zu Grunde, deren Zustimmung in möglichst prägnanter Form zur Erkenntnis zu bringen. Auf diesem Principe beruht unseres Erachtens die fæst.

Nachtrag. Aus den mir erst während des Druckes zugegangenen Heften des dritten Bandes von Silfverstolpes Diplomatarium citire ich noch die westgöthische Urkunde vom 29. Juli 1415 (Nr. 2116), in welcher die fastar als umfærdhamæn bezeichnet werden. Vergl. oben S. 109 N. 42, S. 113.

III.

DER URSPRUNG DES NORWEGISCHEN SYSSELAMTES.

III. DER URSPRUNG DES NORWEGISCHEN SYSSELAMTES.

Von den altnorwegischen Aemtern haben die Aemter des lendrmađr, ármađr und lögmađr durch die tiefgehenden Untersuchungen von Munch[1]), Hertzberg[2]), Storm[3]) und vor Allem durch Konrad Maurers[4]) einschlägige Arbeiten hinreichende Klärung erfahren. Dagegen fehlt es an einer Untersuchung über den syslumađr, denjenigen Beamten, welcher den Geschäftskreis von lendrmađr und ármađr seit dem Ende des dreizehnten Jahrhunderts ausfüllt[5]). Den Grund für die stiefmütterliche Behandlung dieses Beamten bildet vornehmlich jedenfalls das späte Auftreten des Sysselmanns in den norwegischen Rechtsquellen. Die Provinzialrechte wissen in ihren älteren Fassungen von ihm überhaupt nichts. Erst die Redactionen des ausgehenden zwölften Jahrhunderts thun seiner Erwähnung, und erst die Landslög zeigen sein Amt in voller Ausprägung und Abrundung. Scheint sich somit bereits aus der Zeit, in welcher das Amt des Sysselmannes zur Ent-

[1]) Om de saakaldte „Lendirmenn" i Norge (Saml. Afh. I 77 ff.). [2]) En fremstilling af det norske aristokratis historie indtil kong Sverres tid. Kristiania 1869. [3]) Lendermands Klassens Talrighed i det 12. og 13. Aarh. (Historisk Tidsskr. 2 Række IV). [4]) Die ármenn des altnorweg. Rechts (Sitzungsber. der kgl. bayr. Akad. der Wissensch. philos.-hist. Cl.) 1879; derselbe, das Alter des Gesetzsprecheramtes in Norwegen. München 1875. [5]) Das Meiste bei Keyser, Efterladte Skrifter II, 209 ff.; Munch a. a. O. S. 85 ff.; Sars, Udsigt over den norske historie II, S. 138 ff.

faltung gelangt ist, nur geringe Ausbeute für die norwegische Urverfassung zu ergeben, so ist andrerseits die ganze Thätigkeit des Sysselmannes eine wenig verheissende. Es ist jene beklemmende Vielschreiberei und Bureaukratenemsigkeit, jene einschränkende und ängstlich überwachende Polizeiwirthschaft, welche der Geschäftsthätigkeit des Sysselmannes ihr Gepräge aufdrückt. Wie in dieser Hinsicht Norwegen seit dem vierzehnten Jahrhundert in die Bahnen der mitteleuropäischen Kultur eingelenkt hat, so zeigt auch der Umfang der Amtsthätigkeit und die Organisation des unter dem Sysselmanne stehenden Beamtenthumes nicht viel Eigenthümliches. Als Hauptorgan des Königs hat der Sysselmann alle obrigkeitlichen Befugnisse mit Ausnahme der Rechtsprechung. Ihm liegt die Wahrnehmung der militärischen, wie polizeilichen, wie fiskalischen Interessen ob. Er vertritt den König gegenüber den Volksversammlungen, wie er als Rathgeber der Krone erscheint. Sein Amt ruht auf lehnrechtlicher Grundlage, wie seine Unterbeamten wiederum Lehnsleute sind. In alledem stimmt seine Organisation mit den Bildungen, die wir in Dänemark und Schweden, dann auch in Deutschland um jene Zeit finden, ziemlich überein, ja sie trägt fast einen noch moderneren Charakter. Indessen darf dies allein nicht einen Schluss auf die späte Entstehung des Amtes gestatten. Tritt ja auch der norwegische lögmaðr erst seit dem Schlusse des zwölften Jahrhunderts in den Rechtsquellen deutlicher hervor, und doch hat Maurers Arbeit das weite Hinaufreichen und die eigenartige Bedeutung des Gesetzsprecheramtes für Norwegen nachweisen können. Wenn nun auch das Amt des Sysselmannes in Dänemark und, wenngleich weniger deutlich, in Schweden uns begegnet, wenn es ferner in den Kolonialländern und Tributärstaaten Norwegens wahrnehmbar ist, so verlohnt es sich darum bereits der Mühe, ihm in Norwegen historisch nachzugehen, um so mehr, als über das Alter und die Bedeutung der dänischen Sysseleintheilung die Literatur trotz mehrfacher Behandlung[6])

[6]) Vergl. in dieser Hinsicht vor Allem Nielsen, Bidrag til Oplysning om Sysselinddelingen i Danmark 1867 und Steenstrup, Studier over K. Valdemars Jordebog 1873 S. 3 ff.

nicht recht in's Klare gekommen ist, um so mehr auch, als gerade die norwegischen Geschichtsquellen vielfache Beiträge für die Geschichte des Sysselamtes liefern können.

Das Wort sysla, von welchem unser Beamter seinen Namen herleitet, bedeutet soviel wie Geschäft, Verrichtung, Dienst, Auftrag. In diesem Sinne tritt es uns in Rechts- und Geschichtsquellen des ganzen Nordens entgegen. So geht Kveldúlfr herum, die Geschäfte der Männer (syslur manna) zu beaufsichtigen[7]). So heisst es in der Sturlunga von Gizurr Þorvaldzson. „Er hatte irgend ein Geschäft (nökkura syslu) ob der König im Norden oder Süden sass“[8]). So lässt sich der Sendbote des Schwedenkönigs Olaf Asgautr trotz der gefährlichen Verhältnisse nicht abschrecken, den Auftrag, die sysla, des Schwedenkönigs in Mœrinn auszurichten[9]). Ein schwedisches Landschaftsrecht, das Helsingelag, bestimmt für den Fall, dass Dienstboten einen Fund machen, sie sollten einen Antheil an dem Funde haben, wenn sie ihren Dienst, syslu, nicht niederlegten[10]). Das dem Substantivum entsprechende Verbum sysla bedeutet demnach so viel wie ausrichten, sich beschäftigen, dafür sorgen. Den heiligen Olaf lässt z. B. die Heimskringla zum stallari Björn sagen, „es schiene mir wohl ausgerichtet (vel syslat), wenn du das Wort des Schwedenkönigs hörst“[11]). Die Gþl., welche von dem freiwilligen Schuldknechte sprechen, drücken sich dahin aus[12]): „Nun will der Gläubiger das Geld von seinem Schuldknechte haben, da ist es gut, wenn der selbst dafür sorgt (syslar sialfr um)“. Umsysla ist deshalb soviel wie Bemühung. Es verspricht Jemand einem Anderen seine Bemühung (umsysla) bei dem Könige[13]). Búsysla ist Beschäftigung mit dem Landbau, búsyslumaðr also ein Mann, der sich mit dem Landbau beschäftigt, z. B. Kveldúlfr in der Eigla[14]), Gunnstein zu Langey[15]). Syslumaðr

---

[7]) Eigla ed. 1886 Kap. I/4. [8]) ed. Vigfússon II, 100. [9]) Heimskringla Olafs s. h. helga 57/261. [10]) Manhl. 37/1; vergl. auch die borþasysla in dem altnorwegischen Gildestatut bei Pappenheim, Ein altnorweg. Schutzgildestatut 1888 S. 151. [11]) Olafs. s. h. helga 68/271. [12]) 71. [13]) Heimskr. Ol. s. h. helga 33/241, 132/367. [14]) l. c. [15]) Heimskr. Olafs s. h. helga 132/366.

ist nach alledem ein Geschäftsmann. Sigurđr syr wird von der Heimskringla als ein grosser Geschäftsmann (syslumađr mikill) bezeichnet[16]). Schwedische Quellen wenden das Wort für den Domprobst als Verwalter der Kirchengüter oder für den Gutsverwalter oder Geschäftsvertreter überhaupt an[17]). Ueberall liegt hier die nicht technische Bedeutung des Geschäftes zu Grunde.

Der Bedeutung Amt nähert sich das Wort bereits, wenn von einer biskupssysla in der Sturlúnga[18]) als der Dioecese des Bischofs gesprochen wird, und wenn die Gþl. von der sysla als dem Pfarrsprengel eines Priesters[19]) oder gar von der sysla eines ármađr oder lendrmađr[20]) als dessen Amtsbezirk reden. Beide Stellen, welche der sog. Olaf'schen Redaction angehören, gebrauchen das Wort offenbar in allgemeinem Sinne. —

Eine technische Bedeutung besitzt sysla und syslumađr nur an wenigen Stellen der norwegischen Provinzialrechte. Es heisst einmal in den Gþl.[20]) von den Thingleuten aus dem Egđafylki: „Aber der soll reisen, den die lendirmenn dazu ernennen oder ármenn oder syslumenn“, sodann in den Gþl.[21]) von dem Urtheilsbrecher, der fünfzehn Mark Busse verwirkt: „und es klage der König oder die syslumenn ein“. Will jener trotzdem dem Urtheile sich nicht fügen, „dann sollen die syslumenn ihn zum Thinge laden und ihn ächten lassen“. Weiter in den Gþl.[22]) bezüglich des aus illiquider Schuld Beklagten, der das Urtheil nicht erfüllen will, dass der Kläger auffordern soll, „den ármađr oder syslumađr des Königs . . . . mit ihm zu fahren und den doppelten Betrag der Schuld herauszunehmen“. Endlich in den Gþl.[23]), dass denjenigen, welcher eine Bestialität begeht, die yfirsoknarmenn, die syslur von König und Bischof haben, entmannen lassen sollen. Alle diese Stellen bezeichnen sich aber ausdrücklich als zur Magnus'schen Recension gehörig,

---

[16]) Ol. s. h. helga 31/238. [17]) Dipl. Suec. 4596; Silfverstolpes Svenskt Dipl. 48, 1266; Hildebrand, Stockholm stads jordebok Nr. 238 etc. Vergl. auch Uplandslagen J. B. 4/4. Ueber den dänischen Sprachgebrauch siehe Nielsen, Bidrag S. 1. [18]) II, 101. [19]) 19. [20]) 3. [21]) 32. [22]) 37. [23]) 30.

so dass in den Gþl. erst seit Schluss des zwölften Jahrhunderts syslumenn als eigentliche Beamte nachweisbar sind.

In den Frostuþíngslög treten die Sysselmänner, soviel ich sehe, nur an drei Stellen auf, von welchen zwei nachweisbar späteren Ursprungs sind. Einmal finden wir sie nämlich in dem Einleitungsgesetze König Hákon Hákonarsons[24]), sodann in der Novelle von Magnús Erlingsson[25]), ausserdem aber noch im § 41 des vierten Buches. Hier heisst es von dem Friedlosen, der auf des Königs landvistbréf hin in das Land zurückkommt, dass er des Königs Wahrzeichen zum Thinge mit sich nehmen solle oder sich vom syslumaðr zum Inländer machen lassen solle. Wie weit die Stelle zurückreicht, lässt sich vorläufig nicht entscheiden. Jedenfalls ist sie der einzige, nicht nachweisbar jüngere Beleg für das Auftreten der syslumenn im Rechte von Drontheim. Wohl aber verdient der Hervorhebung, dass das Wort sysla in den Frþl. an mehreren Stellen in der Verbindung skipsysla vorkommt[26]). Da dafür an der einen Stelle eine allerdings spätere Handschrift die Bezeichnung skipreiða gebraucht, so werden wir keinen Anstand nehmen können, beide Bezeichnungen für gleichbedeutend zu erachten. Wichtig ist dabei, dass an zweien dieser Stellen ármenn auftreten und zwar behufs Eintreibung öffentlichrechtlicher Leistungen, während von syslumenn nicht die Rede ist. Darnach kann das Wort skipsysla nicht von etwaigen syslumenn seinen Namen haben, sondern es war nur eine an die Sysselmänner anklingende Bezeichnung für skipreiða.

Bei diesen äusserst dürftigen Spuren der syslumenn in den Gþl. und Frþl. (denn die uns erhaltenen Fragmente der Bþl. und Eiþl. wissen nichts von ihnen) werden wir uns einstweilen beruhigen müssen, um aus den Geschichtsquellen über die syslumenn etwas Näheres zu erfahren.

Betrachten wir nun aber die Geschichtsquellen, so dürfte es im Interesse der Uebersichtlichkeit geeignet erscheinen, zunächst die Spuren der Sysselmänner in Norwegen selbst zu verfolgen, um hierauf ihr Auftreten in den norwegischen

---

[24]) 12. [25]) V, 46. [26]) III, 19. VII, 2, 11.

Kolonialländern und in den Nachbarländern Norwegens in's Auge zu fassen. —

Bereits unter Harald dem Schönhaarigen wird uns von norwegischen Sysselmännern durch die Eigla berichtet. Brynjólfr, der Sohn des halogaländer lendrmaðr Björgólfr, folgt dem Gebote Haralds, welches ihn zum königlichen Hofe beruft. Er wird dort lendrmaðr Haralds und erhält neben vielen veizlur, der finnferð und dem finnkaup die konungssysla in den Bergen (á fjalli)[27]. Als Brynjólfr stirbt, folgt ihm sein ehelicher Sohn Bárðr[28], und als dieser in der Schlacht im Hafrsfjörðr eine tödtliche Wunde erhält, vermacht er mit Zustimmung des Königs sein ganzes Erbe seinem Verwandten Þórólfr, der demgemäss auch die konungssysla antritt[29]. Eben dieser Þórólfr tritt nun in den Vordergrund der Erzählung. „Er hub im Winter seine Fahrt in die Berge hinauf an und hatte bei sich ein grosses Gefolge, nicht weniger als neunzig Männer. Aber vorher war es Gewohnheit gewesen, dass die Sysselleute dreissig Männer gehabt hatten, zuweilen weniger“[30]. Diesem ungewöhnlich grossen Gefolge hat es Þórólfr zu verdanken, dass er die Abgaben von den Finnen ohne Schwierigkeiten ausgezahlt erhält und dass er die feindlichen Kylfinger niedermachen und grosse Beute machen kann. So gelangt er zu grossem Reichthum. Aber freilich erregt seine mächtige Stellung das Misstrauen des Königs und den Neid der unehelichen Söhne Brynjólfs, die es nicht verwinden können, dass ihnen die konungssysla entgangen ist. Diese verleumden den Þórólfr beim Könige; sie behaupten, dass er nach der Alleinherrschaft strebe. Der König solle sich in Acht nehmen, dass Þórólfr ihm nicht zu gross werde. Er solle die Syssel in Halogaland maassvollen und treuen Männern übertragen, die dort ihre Sippe besässen und deren Ahnen bereits ein solches Amt bekleidet hätten, wie es bei ihnen der Fall sei[31]. Der König lässt sich schliesslich überreden, den Verleumdern die Syssel in Halogaland, die Þorólfr vorher gehabt hatte, nebst der finnferð zu übertragen[32]. Aber als diese die

[27]) ed. 1886 VIII/21. [28]) VIII/24. [29]) IX/26. [30]) X/30. 31. [31]) XII. [32]) XVI/47.

Syssel übernommen haben und mit dreissig Leuten in die Berge fahren, vermögen sie den Finnen keinen Respect einzuflössen und erzielen also nur geringe Erträge aus den Abgaben, während der abgesetzte þórólfr, der nun auf eigene Faust in Kyrjaland mit 120 Leuten heert, reiche Beute macht. Vor dem Könige, der verwundert fragt, weshalb die abgelieferten Abgaben doch so viel geringer seien, als die des übel beleumundeten þórólfr, entschuldigen sie sich damit, dass sie nach alter Gewohnheit der Sysselmänner nur mit dreissig Leuten ausgezogen seien, während þórólfr mit 120 Leuten in der Grenzmark herumgezogen wäre und die Leute mit Ueberredung und Gewalt davon abgehalten hätte, ihnen die Abgaben zu entrichten[33]. — Der weitere Verlauf der Erzählung hat für uns keinen Belang.

In der Heimskringla[34]) tritt das Wort sysla für Norwegen zuerst um das Jahr 1000 auf. Olaf Tryggvason, heisst es in der Heimskringla[35]), ordnete vor seinem Zuge nach Vindland die Männer im ganzen Drönterrecht nach syslur und ármenningar. In der auf ihn folgenden königslosen Zeit wird von Sysselmännern des Jarls Eiríkr berichtet, die für den Jarl von den königlichen Bussen (sakeyri) in Rogaland wenig erhielten, weil Erlingr Skjálgsson, der Schwager Olafs, die landskyldir für sich einzog[36]).

Weiter hören wir, dass beim ersten Einrücken Olaf digris in Víkin sich die Dänen fortmachten, „welche dort syslur vom Dänenkönige hatten". Der König ist dadurch mühelos im Stande, mit den Bauern Thing abzuhalten und alle Königseinkünfte zu erheben[37]). Wichtiger ist, was gleich darauf über den Zustand in dem von Alters her zwischen Norwegen und Schweden streitigen Grenzgebiete beim Svínasund berichtet wird. Dort hatte, wie es heisst, der Schwedenkönig Sysselmänner eingesetzt, Eilífr gauzki für den nördlichen Theil und

---

33) XVII. 34) Von den Berichten späterer Quellen, wie des Færeyingaþáttr, in dem þórólfr, der Vater von þorkell þurrafrost, Sysselmann unter Hakon jarl ist, kann hier abgesehen werden. 35) Ol. s. Tryggv. 103/204. 36) Ol. s. h. helga 21/230. 37) Ol. s. h. helga 59/263.

Hrói skjálgi für den ganzen östlichen Theil bis zum Elfflusse. Beides waren Männer von vornehmer Abkunft und grossem Vermögen. Eilífr hat ein Gefolge von dreissig Leuten. Wir lesen, dass er die Bauern um sich sammelt, um Olaf Widerstand zu leisten, dass aber schliesslich Olaf die ganze nördliche sysla sich unterwirft[38]).

Die nächste Erwähnung der Sysselmänner betrifft wiederum Hálogaland. Es heisst: „Ein Mann ist genannt Hárekr, ein Sohn von Eyvindr skáldaspillir; er wohnte auf einer Insel, welche Þjótta heisst, das ist in Hálogaland.“ Dieser Hárekr, dem grosser Reichthum, heller Verstand und edle Abkunft nachgerühmt wird, und der mit den Norwegerkönigen sogar verwandt ist, „hatte lange Zeit das finnkaup und die konungssysla in Finnmarken; er hatte sie zu Zeiten allein gehabt, zu Zeiten hatten sie Andre mit ihm zu Theilen“ [39]). Olaf digri lässt ihn zunächst im Alleinbesitz seiner Syssel, und zwar so, dass er die Hälfte at veizlu, die Hälfte at léni innehaben solle[40]). Später nimmt er ihm die halbe Syssel und überträgt sie Asmundr, dem Sohne des reichen halogaländer Bauern Grankell. Asmundr fährt mit einem Gefolge von dreissig Leuten nach seinem Bestimmungsorte. Als er dem Hárekr die Königsurkunde über seine Ernennung zum Sysselmanne vorweist, erklärt Hárekr, der König hätte zu bestimmen, wer die sysla innehaben solle. „Aber doch handelten so nicht die früheren Häuptlinge, dass sie unser Recht minderten, die wir edelgeboren dazu sind, die Herrschaft von den Königen zu haben, und dass sie dieselbe Bauernsöhnen in die Hände gaben, die solches früher nicht in Händen gehabt haben“. Trotzdem lässt Hárekr den Asmundr die sysla antreten, und Asmundr zieht bald darauf in seine sysla im nördlichen Hálogaland und „trieb ein aus der Syssel, was er nur erhalten konnte“ [40]). Später kommt er in Conflict mit Hárekr, und wir sehen ihn mit seinem Gefolge von dreissig Leuten die „huskarlar“ Háreks überfallen. Der König muss zwischen Beide treten, und es gelingt ihm, vorläufig wenigstens Frieden zu

---

38) ib. 265. 39) ib. 110/336. 40) ib. 132/366.

stiften, bis schliesslich unter Magnús góđi Hárekr Leben und Amt an Asmundr verliert[41]).

Ein Grenzland ist es wiederum, in dem bald darauf Sysselmänner auftreten, nämlich Jæmtland, das, seit Hákon Ađalsteinsfóstri Norwegen unterthan, unter Olaf digri an Schweden abfällt[42]). Schwedische Sysselleute sind seit dieser Zeit der Landschaft vorgesetzt. Und als Olaf digri den Þrándr hvíti mit elf Begleitern nach Jæmtland sendet, wird dieser mit seinen Genossen von den Leuten des Schwedenkönigs erschlagen[43]). Nicht viel besser ergeht es dem Þóroddr Snorrason, der selbstbewusst nach Jæmtland zieht, „den Tribut einzufordern". Der jamtländer Gesetzsprecher nimmt sie freundlich auf, aber auf ihr Begehren beruft er ein allgemeines Thing. Auf diesem beschliesst das Volk „keinen Tribut dem Norwegerkönig zu zahlen". Die Boten solle man in Verwahrung halten, bis die Sysselmänner des Schwedenkönigs dorthin kämen. Mit knapper Noth entrinnt Þóroddr dem Tode[44]).

Von einer ármenning und sysla im nördlichen Hedemarken wird uns bald darauf berichtet. Ein Mann götländischer Abkunft, Namens Björn, ein Freund und entfernter Verwandter der Norwegerkönigin Astríđr, besitzt sie durch die Gunst der Königin[45]). Da dieser Björn in der Folge immer als ármađr bezeichnet wird, so muss es dahingestellt bleiben, ob das Wort sysla eine technische Bedeutung hier besitzt. Eine solche hat es aber offenbar wieder, wenn es bald darauf heisst: „Als König Olaf nach Tunsberg kam, da entsandte er von sich Leute in alle Sysseln und bot auf Truppen und Kriegsrüstung"[46]), und von Knut: „Es ward da Knut zum König genommen über alles Land; er setzte nun Leute in die Sysseln"[47]), und von Magnús góđi „Aber als das Bauernvolk zum Thing kam, da ward Magnus zum Könige genommen

---

[41]) Magnús s. góđa 13/524. [42]) Heimskr. Ol. s. h. helga 147/391. [43]) H. Ol. s. h. helga 61/266. [44]) H. Ol. s. h. helga 151/403—408. [45]) Ol. s. h. helga 173/432. [46]) H. Ol. s. h. helga 177/436. [47]) H. Ol. s. h. helga 180/438.

über alles Land, so weit wie es König Olaf, sein Vater, gehabt hatte. Hierauf nahm sich König Magnus ein Gefolge und ernannte lendirmenn; er ordnete überall in den Heraden die Männer nach ármenningar und syslur" [48]). Unter Magnús góđi nennt die Morkinskinna zwei Sysselmänner Þorkell dyđrill und Sigurđr konungsfrændi. Der Erstere, ein mütterlicher Onkel Olaf Tryggvasons [49]), ist zu Magnus Zeit bereits ein alter Mann. Er wird bei Magnus verdächtigt, dass er „nicht so viel von den Landeseinkünften ausgezahlt habe, wie er besass"; doch gelingt es ihm, unter Berufung auf seine langjährigen Dienste sich zu reinigen, so dass der König ihm seine Vertretung belässt [50]). Sigurđr, ein naher Verwandter von Magnús góđi, hat eine Syssel im östlichen Víkin. Durch eine Erscheinung des heiligen Olaf, welcher seine Gestalt annehmend den König vor einer sündlichen That bewahrt, gelangt er zur Hand von Margaretha, der Tochter eines benachbarten lendrmađr in Víkin [51]).

Mit den Grenzlanden hat es wieder zu thun, wenn unter Sigurđr, Eysteinn und Olaf die finnför des Sigurđr Hranason als sysla bezeichnet wird [52]) und wenn unter Magnús blindi in Konungahella zwei Sysselmänner des Norwegerkönigs erwähnt werden, Guthormr, Sohn von Haraldr flettir und Sæmundr húsfreyja, die die Stadt gegen den Wendenkönig zu vertheidigen haben [53]). Dagegen gehört dem inneren Norwegen an der unter Hákon herđibreiđr auftretende Arni brigđarskalli, der in Bergen erschlagen wird [54]). Von Hákon herđibreiđr berichtet die Heimskringla, dass er alle Sysseln seinen Leuten zutheilte und ebenso die Handelsstädte [55]).

Damit haben wir uns der Zeit genähert, in welcher bereits die Rechtsquellen Spuren des Sysselamtes verrathen. Die späteren Geschichtsquellen, vor Allem die Sverrissaga und

---

[48]) H. Magn. s. góđa 3/517. [49]) H. Olafs s. Tryggv. 102/204. [50]) Morkinsk. Magn. s. góđa ok Haralds harđr. S. 23. [51]) ib. S. 33—35. [52]) H. Sigurđar saga Eysteins ok Olafs 22/679. [53]) H. Magnús saga blinda ok Haralds gilla 9/710 ff. [54]) H. Magnús s. Erlingss. 3/780. [55]) H. Hákonar s. herđibreiđs 19/774.

die Hákonarsaga Hákonarsonar, thun denn auch der Sysselmänner häufig genug Erwähnung und ihre Angaben sind detaillirt genug, um die Bedeutung des Amtes in das rechte Licht zu rücken. — Sverrir legt auf die rebellischen Jæmter grosse Geldbussen und setzt ihnen Sysselmänner[56]). Kurz darauf sehen wir ihn die östlichen Sysseln bei Konungahella unterwerfen[57]), dann Sysselmänner über ganz Drontheim einsetzen[58]). Bald hernach ist von den Sysselmännern Magnús Erlingssons in Víkin die Rede[59]), an deren Stelle Sverrir nach dem missglückten Versuche der Versöhnung mit Magnus seine Leute setzt[60]). Aus dem Orkadalsfylki werden uns zwei Sysselmänner Königs Magnus genannt, Sigurđr und Hákon, welche mit ihren Leuten (sveitungar) von den Birkibeinar erschlagen werden[61]). In der nördlichsten þinghá Hálogalands tritt uns ein Sysselmann König Sverrirs entgegen, Namens þorgils, der auch die finnferđ hat[62]). Nach der zweiten Flucht Königs Magnus vor Sverrir theilt dieser ganz Rogaland und Hörđaland unter seine Sysselmänner. Das innere Sogn erhält Ivarr dápi. Aber die Bauern von Sogn sind mit ihren Sysselmännern übel zufrieden; sie greifen diese an, als sie Abgaben für die Julgastung verlangen und erschlagen sie mit allen ihren Leuten[63]). In Tunsberg bekleidet die Syssel Simon skerfla, der mit seinem an dreissig Leute zählenden Gefolge erschlagen wird[64]); in Bergen hat die bœjarsysla Askell ruza[65]). In Hedemarken sind Sysselmänner Sverrirs þórir dari und Einarr lygra, welche die Bagler erschlagen[66]). In der Schlacht bei þórsbjörg tritt uns ein Sysselmann der Bagler Ögmundr vágaþungr entgegen. Er hatte die sysla draussen im Orkadalsfylki[67]). Dann hören wir von Jón trín, dem Sysselmanne Sverrirs im inneren Sogn, der gezwungen sich den Baglern anschliesst[68]). Ein Tunsberger Sysselmann Benedict wird mit seiner ganzen Schaar von der aufrührerischen Bauernschaft er-

---

[56]) Sverriss. 24/30. [57]) ibid. 28/35. [58]) ibid. 37/46. [59]) ibid. 46/55. [60]) ibid. 56/69. [61]) ibid. 60/73. [62]) ibid. 65/78. [63]) ibid. 69/82. 83. [64]) ibid. 93/106. [65]) ibid. 94/106. [66]) ibid. 131/137. [67]) ibid. 146/149. [68]) ibid. 150/153.

schlagen[69]). Neben diesen namentlich aufgeführten Sysselmännern und Sysseln ist dann von Sysseln allgemein die Rede. So lässt Magnús Erlingsson seine Leute in ihre Sysseln heimfahren, als er hört, dass Sverrir sich nach Wermland fortmachen will[70]). Nach dem Falle Königs Magnus fuhr Sverrir ostwärts nach Víkin bis zum Landsende, unterwarf sich das ganze Land und theilte es unter seine Sysselmänner. „Er gab da seinen Leuten Rangerhöhungen, manchem syslur oder veizlur, manchen verschaffte er gute Heirath“ [71]). In dem Streite zwischen Sverrir und dem Erzbischofe beschwert sich der Letztere darüber, dass ihm verwehrt sein solle, so viele Gefolgsleute zu halten, wie er wolle, während des Königs Sysselmänner, die er aus dem Lumpengesindel genommen habe, so grosse Schaaren haben dürften, wie sie wollten, um über die Bauern herzufallen und ihnen widerrechtlich zu nehmen, was sie wollten, wobei der Betroffene noch zufrieden sein müsse, wenn er sein Leben geschenkt erhalte[72]). Als die Birkibeinar Drontheim erobert hatten, besetzten sie die Stadt und ebenso die Sysseln auf dem Lande[73]). Diese Sysselmänner auf dem Lande sind es dann nachher, die die Bagler aus dem wiedereroberten Drontheim vertreiben[74]).

Unter Hákon Sverrisson treffen wir als Sysselmann der Birkibeinar im südlichen Rogaland Einarr prestr. Er war ein Schwager des Königs und ein höchst angesehener Häuptling, der dem Könige überaus theuer war[75]). Nach ihm bekleiden zwei Männer diese sysla, Ani, ein Schwestersohn von Pétr steypir, dem Neffen Sverrirs, und Þorkell dreki, welch Letzterer durch die Bagler sein Ende findet[76]). Als Sysselmann der Bagler tritt in Norđmœri unter Ingi auf Guthormr þvari zu Þingvöll. Er hatte sich als einer der ersten dem Baglerkönig Erlingr Steinvegg angeschlossen[77]). Durch die Birkibeinar findet er bald sein Ende. Andre Sysselleute der Bagler aus der gleichen Zeit sind Philipp aus Veigin, Sysselmann in der

[69]) ibid. 175/177. [70]) ibid. 64/77. [71]) ibid. 92/105. [72]) ibid. 109/122. [73]) ibid. 142/146. [74]) ibid. 173/176. [75]) Hák. s. Guth. ok Inga 1/204. [76]) ibid. 6/210. 211. [77]) ibid. 4/207. 212.

Borgarsysla und Schwiegersohn des Baglerkönigs, der an den Parteikämpfen regen Antheil nimmt, bis er in Folge einer ansteckenden Krankheit stirbt[78]), Asbjörn koppr, nach späterer Angabe Sysselmann in der Oslósysla[79]), Þóraldi Auguson, später Sysselmann in Raumaríki[80]), Ormr langi zu Odinsey in der Borgarsysla, Þorsteinn þjófr, Jón dróttning, Sysselmann in der Elfarsysla, Gudólfr in Blakkastadir, der nach der Unterwerfung der Bagler unter Hákon leer ausgeht[81]), Gunnarr Asuson, einer der Ersten, die zu Hákon übergehen, Hreidarr sendimadr, Þórdr dokka, Gunni langi und Gyrdr Benteinsson. Alle diese spielen in dem Bürgerkriege als Anführer eine grosse Rolle. Sysselmänner der Birkibeinar dagegen sind Olafr Jörundarbródir und Olafr smjörmagi in Vestragdir[82]), Dagfinnr bóndi in Hördaland[83]), später Gesetzsprecher für die Gulaþingslög und stallari des Königs[84]), Fridrekr slafsi und Gjafvaldr gauti in den Hochlanden[85]), von welch Beiden der Erstere später wiederholt als Sysselmann über Hedemarken zusammen mit Olafr mokr[86]), später mit Ivarr von Skedjuhof[87]), hernach aber als Sysselmann über Hadaland zusammen mit Þorgeirr byskupsmadr[88]) erwähnt wird, während wir über den Letzteren nichts weiter hören. Wiederum im Dienste der Bagler treffen wir Rögnvaldr Hallkelsson. Zuerst Sysselmann im nördlichen Raumaríki hatte er sich durch seine Strenge einen bösen Ruf erworben. Bei neuer Sysselvertheilung erloost er die Syssel in Foldin und um Osló, wird aber von den missvergnügten Bauern auf dem Foldungerthing zu Haugsvík erschlagen[89]).

Nach der Wahl Hákons Hákonarsons und dem Tode des Baglerkönigs Philipp hat die Oslósyssel Ivarr útvík zusammen mit dem früher genannten Asbjörn koppr[90]) und zwar so, dass Ivarr den westlichen Theil hatte[91]). Später erhielt Ivarr Hálogaland[92]).

---

[78]) ibid. 7/212. 14/225. [79]) ibid. 7/213; Hák. s. Hák. 46/269. [80]) Hák. s. Hák. 51/272. [81]) Hák. s. Hák. 55/273. [82]) Hák. s. Guth. ok Jnga 16/227. [83]) ibid. 17/230. [84]) Hák. s. Hák. 17/253. 80/288. [85]) Hák. s. Hák. 3/241. [86]) ibid. 51/272. [87]) ibid. 103/298. 108/301. [88]) ibid. 149/322. [89]) ibid. 33/262. [90]) ibid. 36/263. 46/269. [91]) ibid. 56/274. [92]) ib. 67/280.

Von den Sysseln der Hochlande erfahren wir aus folgendem, das Jahr 1218 betreffenden Berichte Genaueres: „König Hákon und der Jarl besetzten alle Sysseln in den Hochlanden. Sie setzten über Hađaland Gunnbjörn Jónsbrođir und Þorgeirr byskupsmađr, über Raumaríki Haraldr stangarfylja und Þoraldi Auguson, über Hedemarken Olafr mokr und Friđrekr slafsi, über die Gudbrandsthäler waren bereits gesetzt Eindridi bekill und Bárđr hali“ [93]. Zu Hađaland gehörte nach einer späteren Bemerkung Þótn [93]. Gunnbjörn war ein Bruder des früher erwähnten Jón drottning. An seine Stelle tritt später Friđrekr slafsi [94]. Þoraldi Auguson und Eindridi bekill waren Bagler, die nach der Anerkennung des Königs Seitens der Kirche in den Königsdienst traten. Olafr mokr war ein Verwandter des Königs, der später im Kampfe mit den Ribbungar fiel [95]. Haraldr stangarfylja, Friđrekr slafsi und Þorgeirr byskupsmađr spielten noch späterhin eine grosse Rolle als Parteiführer des Königs. Nur von Bárđr hali ist keine Rede mehr.

Demselben Jahre gehört die Zuweisung der halben Elfarsysla an den lendrmađr Gautr Jónsson af Meli an [96].

Im Jahre 1219 erhalten die nördlichste Syssel (Hálogaland) Vegarđr veradalr und Andres skjaldarband [97], beide alte Anhänger des Königs. Auf Veranlassung des Jarls Skuli lässt Andres den Vegarđr erschlagen, was zur Folge hat, dass er die Syssel verliert [98].

Wieder hören wir dann von Sysselmännern der Ribbungar. So erhalten ein gewisser Bergþórr und Eysteinn hringr die Syssel in Hađaland [99], die Tobbusynir die Elfarsysla [100].

Zahlreiche Sysselmänner treten uns entgegen auf der Reichsversammlung zu Bergen. Alle Sysselmänner aus Drontheim, heisst es, waren anwesend. Sodann werden Sysselmänner aus den Hochlanden namentlich angeführt. Ausser früher erwähnten treten auf ein Olafr aus Konungahella, Hávarđr von Sundbú und Eilífr keikr [101].

---

[93] ib. 51/272. 69/282. [94] ib. 149/322. [95] ib. 102/298. [96] ib. 51/272. [97] ib. 54/273. [98] ib. 67/280. [99] ib. 69/282. [100] ib. 76/285. [101] ib. 80/288.

Den nördlichen Theil der Oslósyssel bekommt 1223 Bischof Nicolaus[102]). An Stelle von Olafr mokr tritt nach dessen Tod in Hedemarken Ivarr von Skeđjuhof[103]). In Osló treffen wir einen Sysselmann des Königs, Namens Haraldr[104]). Als Inhaber der Oslósyssel finden wir dann später Guthormr und Klemet af Hólmi[105]).

In Víkin, zu Skaun, tritt uns 1226 entgegen Arnbjörn Jónsson. Er war lendrmađr und sass in Valdishólmar in der Borgarsysla[106]). Wohin die Sysselmänner der Birkibeinar Guthormr, „der Verwandte des Königs", und Arni[107]) zu rechnen sind, ist nicht recht klar. Der erstere ist wahrscheinlich der nachher als Guthormr zu Bjarkey im südlichen Hálogaland auftretende Sysselmann[108]). In den Hochlanden stossen uns als Sysselmänner von Skuli jarl auf Arni rufa und Finnr knöttr[109]), in Hedemarken Bárđr, Isaks bróđir und Hákon dúfa[110]).

Mit der Syssel in Raumaríki ist ein Verwandter des Königs, Gunnarr, 1236 betraut[111]), später treffen wir dort als Sysselmann Gregor Andresson[112]), der diese Syssel aber hernach aufgiebt und dafür die Borgarsysla eintauscht. Im südlichen Mœrin begegnen uns Sigurđr petill und Eysteinn zu Aurar[113]). Die königliche Syssel im Orkadalr bekleidet 1237 Ögmundr krœkidanz, die sysla im Raumsdalr Arni blakkr, beides lendirmenn[114]). In Norđmœre scheinen Asólfr zu Austrátt, in Sunnmœre Peter zu Gizki und Þórir á Borri Sysselmänner gewesen zu sein[115]). Im Rygjafylki war Sysselmann des Herzogs Skuli Bárđr í Hestbœ[116]), im Raumsdalr Finnr knútr[117]), in Jæmtland Þórir hrísbítr[118]). Im Gaulardalr war Sysselmann des Königs Þórđr kakali[119]), nachher Sysselmann in der Skíđasysla[120]). Im Drontheimschen erhält eine Syssel Gizurr Þorvaldsson[121]). Aus Víkin werden

---

102) ib. 95/295. 103) ib. 103/298. 104) ib. 106/300. 105) ib. 144/320. 106) ib. 148/322. 107) ib. 149/323. 108) ib. 214/359. 109) ib. 189/345. 110) ib. 198/350. 111) ib. 195/348. 112) ib. 258/391. 113) ib. 213/359. 114) ib. 217/362; 204/353. 115) ib. 204/353. 116) ib. 220/365. 117) ib. 226/367. 118) ib. 230/370. 119) ib. 310/424. 120) ib. 319/430. 121) ibidem.

als Sysselleute noch Jón Lođinsson und Jón dróttning genannt[122]).

Soweit die Berichte der Geschichtsquellen über die norwegischen Sysselmänner. Wenden wir uns zu den Tributärländern Norwegens, so gewahren wir, dass auf den Orkneys, Færöen, in Schottland und seit der norwegischen Herrschaft auch in Island Sysselmänner bemerkbar sind. So berichtet die Njála von einem Sysselmanne des Orkneyjarls Sigurđr, Namens Arnljótr, der auf der Straumey sass[123]). Sverrir setzt Sysselleute über die Orkneys, die dem Könige direct untergeben, vom Jarl Harald dagegen aber unabhängig sein sollen[124]). Im Anfange der Regierung Hákons Hákonarsons tritt als Sysselmann über die Orkneys uns Hánefr ungi entgegen, ein skutilsveinn des Königs[125]), und etwas später wird uns von einem Sysselmanne über die Orkneys, Namens Finnr gesprochen[126]). In Schottland hatte nach der Njála der Jarl Sigurđr einen Sysselmann[127]). Auf den Færöen wird ein Sysselmann des Jarl Hákon mit Namen Brestir erwähnt[128]), und im zwölften Jahrhundert begegnet uns Brynjólfr Kálfsson als Sysselmann daselbst[129]). Was Island betrifft, so wird in dem Unterwerfungsvertrage der Isländer von 1263 die früher auf Island unbekannte Würde des syslumađr zum ersten Male bemerkt[130]), um von nun ab, wie in Norwegen, ständig zu werden.

Aber nicht bloss im Bereiche des norwegischen Rechtes, sondern auch in den Norwegen benachbarten Ländern werden Sysselmänner erwähnt. Der Schottenkönig hat im zwölften Jahrhundert in Katanes Sysselmänner[131]); dänische Sysselmänner nennt in Dänemark die Knytlíngasaga[132]), Ađalsysla und Eysysla sind die altnordischen Bezeichnungen für einen Theil Esthlands und die Insel Øsel. Endlich spricht auch ein schwedisches Landschaftsrecht, das Helsingelag, an einer

---

[122]) ib. 322/432. [123]) 85/164. [124]) Sverrissaga 124/133. [125]) Hák. s. Hák. 170/335. [126]) Arons saga 20/635. [127]) 85/164. [128]) Flateyjarbók I, 136. [129]) Sverrissaga 2/3. [130]) Dipl. Isl. 635 ff. [131]) Flateyjarb. II, 517. 518. [132]) 46/252.

Stelle[133]) von syslæmænn, die mit des Königs Gewalt bekleidet seien, ohne dass sich zunächst mehr erkennen lässt, als dass es sich um einen dem Lehnsmanne übergeordneten Würdenträger handelt. — Zeigen somit auch die Nachbarrechte Norwegens Spuren des Auftretens unseres syslumadr, so darf freilich nicht verkannt werden, dass es entweder von Norwegen beeinflusste Quellen sind, die von syslumenn berichten oder dass die syslumenn in Ländern auftreten, die offenbar norwegischem Rechte stark ausgesetzt waren. Dass es in Schweden gerade das von Norwegen aus kolonisirte und norwegische Einflüsse auch sonst vielfach darbietende Helsingland ist, in welchem der syslumadr gekannt ist, beruht offenbar nicht auf einem blossen Zufall. —

Wenden wir uns nunmehr den oben mitgetheilten Quellenstellen zu, so ergiebt sich zunächst, dass wir es mit einem Beamten des Königs, Herzogs oder Jarls zu thun haben. Von jedem dieser drei tígnarmenn stehen uns Belege zu, dass er Sysselleute besass, wohingegen wir nichts von syslumenn eines lendrmadr oder ármadr, und auch nur ausnahmsweise einmal von solchen eines Erzbischofs oder Bischofs[134]) hören. Wie das Amt somit ein entschieden weltliches war, so war es ein unmittelbar obrigkeitliches. Als directer Vertreter des regierenden Herrn tritt der syslumadr uns entgegen, der neben den ármenn und lendirmenn als mindestens gleichberechtigter Beamter erscheint.

Die ármenn leiten ihren Ursprung nach der sorgfältigen Untersuchung K. Maurers von Verwaltern des Kronguts, die lendirmenn von den alten Kleinkönigen her. Jene stiegen aus niedriger, privater Stellung allmählich zu öffentlichen Beamten hinauf, diese sanken aus ursprünglich souveräner Stellung allmählich zu Dienern des Grosskönigs herab. Beiden haftete social eine Spur ihres Ursprungs an. Wie die ármenn in Conflict mit den stolzen Adelsgeschlechtern treten, die auf diese „Königssklaven" herabsehen, so erinnern die lendirmenn sich noch lange Zeit ihrer Abkunft, um zwischen König und Volk

[133]) þgmlb. 1. pr. [134]) Norges gamle Love I, 463.

eine Stellung als Adel einzunehmen. Wie verhalten sich zu beiden die syslumenn?

Betrachten wir uns zunächst die Persönlichkeiten, welche die Stellung von Sysselmännern bekleiden, so zeigt sich, dass es meist Abkömmlinge alter Geschlechter sind, häufig Verwandte des Königs selbst. Björgólfr, Brynjólfr und Bárđr, die Sysselmänner Haralds in Hálogaland, sind hochgesippte Leute und lendirmenn des Königs. Als Männer von vornehmer Abkunft und grossem Vermögen werden Eilífr gauzki und Hrói skjálgi, die Sysselmänner des Schwedenkönigs in Foldin, hingestellt. Grosser Reichthum und edle Abkunft wird dem Hárekr or Þjóttu nachgerühmt, ja dieser betrachtet es geradezu als Schimpf, dass Olaf digri einem Bauernsohne die Hälfte seiner Syssel überträgt. Þorkell dyđrill und Sigurđr konungsfrændi sind mit den Norwegerkönigen verwandt, wie das Gleiche von Einarr prestr, Ani, Philipp von Veigin, Guthormr und Gunnarr in Raumaríki zu sagen ist. Dagfinnr bóndi fungirt später als Gesetzsprecher für die Gþl. und stallari des Königs. Viele sind wenigstens lendirmenn, einer ist Bischof. Wird uns bei Manchem nichts Näheres über Herkunft und Vergangenheit gesagt, so macht doch ihr Auftreten den Schluss nothwendig, dass sie sociale Achtung genossen. Mit dem Gesagten will es nun freilich auf den ersten Blick sich nicht vereinigen, wenn von kirchlicher Seite dem Sverrir vorgeworfen wird, dass er sich seine Sysselmänner aus dem Lumpengesindel nehme. Aber wie Sverrir selbst als Usurpator und Emporkömmling gerade von der Kirche angesehen wurde, so mochte dies auch mit Bezug auf seine Beamten gelten. Bekannt ist ja auch, dass Sverrir Aemter und Titel im reichsten Maasse versprach, sobald er Magnús besiegt haben werde. Und in der That wird unter Sverrirs Sysselmännern kaum ein Abkömmling alter Geschlechter zu finden sein. Mit besonderen, vom Erzbischofe verächtlich betonten Verhältnissen haben wir es also hier zu thun, die zur Ableitung unseres Amtes nicht herangezogen werden dürfen. —

Der socialen Bedeutung der Männer entspricht die augenscheinliche Bedeutung, die das Amt in Zeiten politischer

Unruhen besitzt. In den Kämpfen zwischen Norwegen und den Nachbarländern, sodann in den Parteikämpfen innerhalb Norwegens ist es immer der erste Akt des Siegers, an Stelle der vertriebenen Sysselmänner die Leute der eignen Partei zu setzen, wie andrerseits die Sysselmänner die Anführer der Heerhaufen und die Seele des Widerstandes bilden. Kaum rückt Olaf digri in Víkin ein, so flüchten die Sysselmänner des Dänenkönigs. In Foldin dagegen leisten die schwedischen Sysselmänner Eilífr gauzki und Hrói skjálgi Widerstand. Als Knut Norwegen erobert hat, setzt er seine Leute in die Sysseln. Magnús góði besetzt sofort nach seiner Wahl die Sysseln. Gleiches hören wir dann von Sverrir wiederholt. In den Kämpfen der Birkibeinar und Bagler, dann der Ribbunger, endlich Skúlis und Hákons hat jede Partei ihre Sysselleute, und der Kampf dreht sich meist darum, die Sysselmänner der Gegner zu vertreiben und die eignen an deren Stelle zu setzen.

Nach dem bisher Vorgetragenen erscheinen die Sysselmänner offenbar als politisch bedeutsame Vertreter der Regierung. Dem entspricht ihr Verhältniss zum Volke. Während nämlich die ármenn ursprünglich kaum etwas mit obrigkeitlichen Befugnissen zu thun hatten, und während die lendirmenn mit einem Fusse im Volke selbst standen, verkörpern die syslumenn die Obrigkeit schlechthin. Durch ihren Mund verkündet der König seine Verordnungen und Botschaften; sie halten im Namen des Königs mit den Bauern Thing ab; sie erheben die königlichen Einkünfte und Gefälle. Wiederholt hören wir dabei, dass sie mit dem Volke in Conflict gerathen wegen harter Bedrückung und dass sie erschlagen werden. So machen die Bauern von Sogn den Ivarr dápi, die Tunsberger den Benedict, die Foldunger den Rögnvaldr Hallkelsson nieder. Wirft doch auch der Erzbischof dem Sverrir vor, dass seine Sysselleute über die Bauern herfielen und ihnen widerrechtlich nähmen, was sie wollten. Es liegt auf der Hand, dass in Zeiten des Bürgerkrieges die gerade zum Ruder gelangte Partei ihre Stellung schonungslos ausnutzte, wie dies ihre Vorgängerin gethan hatte und ihre Nachfolgerin voraussichtlich thun würde. —

Als Vertreter der Regierung besitzen die syslumenn ein Gefolge, um mit Anstand aufzutreten und nöthigenfalls ihre Forderungen gehörig durchzusetzen. Es fällt auf, dass für die Gefolgsleute gewisse Zahlen constant wiederkehren, vor allem die Zahl dreissig. Die Eigla bereits stellt es als Gewohnheit hin, dass die Sysselmänner ein Gefolge von dreissig Leuten hätten, und die Ueberschreitung dieser Zahl kostet dem þórólfr seine sysla. Die Heimskringla lässt den Eilífr gauzki ebenfalls dreissig sveitungar haben[135]); mit dreissig Leuten zieht Asmundr Grankelsson nach seiner sysla in Hálogaland[136]). Der syslumaðr Símun skerfla fällt mit seinem Gefolge von etwa dreissig Leuten[137]). Das Gefolge des syslumaðr war danach so gross, wie das des Bischofs. Unter Sverrir scheinen hierin aber Missbräuche eingerissen zu sein. Wenigstens weist der Erzbischof darauf hin, dass die Sysselleute sich so grosse Schaaren nähmen, wie sie wollten.

Bedarf die Regierung schmiegsamer und willfähriger Organe, ist also ein Regierungsbeamter absetzbar und versetzbar, so entspricht auch in dieser Hinsicht der syslumaðr den modernen Regierungsbeamten. Es kam wohl vor, dass das Amt thatsächlich Generationen hindurch in derselben Familie blieb, wie der Bericht der Eigla lehrt, aber aus eben jenem Berichte ersehen wir, dass der König die sysla, wenn es ihm beliebte, ganz oder theilweise zu nehmen befugt war, und dies bestätigt die Erzählung von Hárekr in þjótta. Mit dem Tode des verleihenden Königs oder bei sonstigem Regierungswechsel wurde, wie wir annehmen können, die sysla ipso jure erledigt, so dass es einer neuen Verleihung seitens des Nachfolgers bedurfte. Aber nicht bloss Fälle des Verlustes, sondern auch solche des Wechsels der sysla finden sich. Friðrekr slafsi ist zuerst Sysselmann über Hedemarken, hernach über Haðaland, Rögnvaldr Hallkelsson zuerst Sysselmann in Raumaríki, her-

[135]) Ol. s. h. helga 59/264. [136]) Ol. s. h. helga 132/366. 150/402. [137]) Sverrissaga 93/106.

nach in Foldin, Ivarr útvík zuerst im westlichen Theile der Oslósyssel, hernach in Hálogaland, Gregor Andresson zuerst in Raumaríki, darauf in der Borgarsysla. Nicht immer war, wie im letzteren Falle, der Wechsel der sysla eine Beförderung, mitunter eine Strafe, mitunter ein Zugeständniss an die Verhältnisse. —

Erkannten wir nach dem bisherigen Gange der Untersuchung in dem Sysselmanne einen Regierungsbeamten, ein willfähriges Organ des regierenden Herrn, welcher nur von diesem seine Stellung herleitete und nur dessen Interessen wahrzunehmen bestrebt war, so dringen wir tiefer in die Sache ein, wenn wir nun den Amtskreis des Sysselmannes näher betrachten. Da ergiebt sich zunächst, dass der Sysselmann Inhaber einer sysla ist, d. h. eines Bezirkes, für welchen er seine Geschäfte wahrzunehmen hat. Diese Sysseln werden als organische Abtheilungen der localen Verwaltung, nicht als ad hoc gebildete Kreise angesehen. Bereits von Olaf Tryggvason hören wir, dass er Drontheim nach syslur und ármenningar ordnete. In Víkin bestanden unter ihm ebenfalls Sysseln, wobei es freilich nicht klar ist, ob der Dänenkönig diese geschaffen hat oder ob sie von früherer Zeit her vorhanden nur mit Dänen besetzt waren. Unter Olaf digri, Mágnus góđi und den folgenden Königen wird die Eintheilung in Sysseln als etwas allgemein Gültiges hingestellt.

Was die Grösse der Sysseln betrifft, so ergiebt sich ganz klar, dass es einerseits den Landschaften untergeordnete, andrerseits die Herade an Grösse übertreffende Bezirke waren. Am nächsten standen sie also den Volkslanden. Ueber das Verhältniss zu diesen besitzen wir aber keine directe Norm. Es gilt, hier die zerstreuten Nachrichten zu sammeln und zu verwerthen. —

Die älteste Syssel, von welcher wir hören, ist Hálogaland. In Hálogaland bestand zu Haralds Zeiten nach der Eigla eine Königssyssel in den Bergen, die von Brynjólfr, Björgólfr, Bárđr, Þórólfr und schliesslich von den unehelichen Söhnen Brynjólfs bekleidet wird. Unter Olaf digri hat sie Hárekr in Þjótta inne, bald allein, bald mit Anderen zusammen, zuletzt mit Asmundr Grankelsson gemeinschaftlich, und zwar so, dass Asmundr den nördlichen, Hárekr den südlichen Theil Hálogalands besass. Unter Sigurđr, Eysteinn und Olaf bekleidete sie Sigurđr Hranason. Unter Sverrir treffen wir dort þorgils, „der, wie es heisst, eine Syssel nördlich in Hálogaland in der nördlichsten þinghá hatte“, so dass unentschieden gelassen ist, ob die sysla sich auf ganz Hálogaland oder nur einen Theil bezog. Unter Hákon Hákonarsson haben Hálogaland Végarđr veradalr und Andres skjaldarband. Ihnen folgt Ivarr útvík, wie es scheint, für ganz Hálogaland. Hernach aber hören wir, dass Guthormr zu Bjarkey den südlichen Theil Hálogalands bekommt. Hálogaland war also bald einem Sysselmanne, bald zweien unterstellt.

Im Drontheimschen bestanden nach der Heimskringla bereits unter Olaf Tryggvason Sysseln. An einzelnen Sysseln werden uns aber nur folgende genannt: die Syssel im Orkadalsfylki, in Norđmœri, im Raumsdalr und im Gaulardalr. Im Orkadalsfylki treffen wir unter Sverrir zwei Sysselmänner des Königs Magnús, Sigurđr und Hákon, welche mit ihren Leuten von den Birkibeinar erschlagen werden. Später wird uns ein Sysselmann der Bagler, Ögmundr vágaþungr, genannt. „Er hatte,“ heisst es, „eine Syssel draussen im Orkadalr.“ Endlich finden wir mit der königlichen Syssel im Orkadalr betraut Ögmundr krœkidanz. In Norđmœri tritt ein Baglersysselmann, Namens Guthormr þvari, zu þingvöllr auf. Nach Norđmœri scheint auch zu gehören Asólfr zu Austrátt. Im Raumsdalr hat die Syssel Hákons Hákonarsons Arni blakkr, während Sysselmann Skúlis Finnr knöttr ist. Im Gaulardalr endlich treffen wir als Sysselmann des Königs þórđr kakali. Nur aus zweien der acht Volkslande Drontheims wird uns also von Sysselmännern berichtet, und auch aus dem Naumudalr hören wir nichts von solchen.

In Jæmtland stossen wir zunächst auf schwedische, dann auf norwegische Sysselmänner. Wie viel ihrer waren, wird nicht berichtet. Herzog Skúli hat dort einen Sysselmann, Namens þórir hrísbítr, doch war dieser jedenfalls nicht der Einzige.

Was das Gebiet der Gulaþingslög betrifft, so sind die Nachrichten etwas genauer. In Sunnmœre zunächst treffen wir zwei syslumenn Skúlis, Sigurðr petill und Eysteinn zu Aurar, denen zwei Sysselmänner Hákons, Peter zu Gizki und Þórir zu Borri gegenüberstehen. — Ueber syslumenn im Firðafylki wird uns nichts berichtet. Dorthin gehörte wahrscheinlich der von Erlingr in Bergen erschlagene Arni brigðarskalli. — Dagegen hören wir wieder von solchen in Sogn. Sverrir sendet nach Sogn Ivarr dápi, den aber die Sygnir erschlagen. Ivarr scheint nicht der einzige Sysselmann in Sogn gewesen zu sein, da die Sverrissaga an der fraglichen Stelle immer von syslumenn spricht. Später finden wir Jón trínn als Sysselmann Sverrirs in Sogn. — In Hörðaland setzt Sverrir nach der Vertreibung von Magnús seine Sysselmänner ein. Später wird uns als Sysselmann der Birkibeinar in Hörðaland Dagfinnr bóndi, der nachherige Gesetzessprecher für das Gebiet der Gþl., genannt. — In Rogaland finden wir bereits unter Jarl Eiríkr Sysselmänner. Sverrir setzt dort seine Sysselleute ein. Es waren ihrer, wie es scheint, bald einer bald zwei. Einarr prestr ist unter Hákon Sverrisson Sysselmann der Birkibeinar im südlichen Rogaland und nach ihm finden wir als Sysselmann in Rogaland Ani und Þorkell dreki. Bárðr in Hestbœ ist Skúlis Sysselmann im Rygjafylki. — In Vestr-Agðir endlich treffen wir zwei Sysselmänner der Birkibeinar, Olafr Jörundarbróðir und Olafr smjörmagi. — Zu diesen namentlich aufgeführten Beamten kommt dann noch Askell ruza, der Inhaber der bœjarsysla in Bergen. —

Aus dem Gebiete der Eiðsifjaþingslög steht uns neben einzelnen Nachrichten eine Notiz von allgemeiner Bedeutung zu Gebote. Von Hákon Sverrisson hören wir nämlich, dass er alle Sysseln in den Hochlanden besetzte. Und zwar werden hier angegeben: Haðaland, Raumaríki, Hedemarken und die Guðbrandsthäler, wobei nach einer späteren Bemerkung Þótn als zu Haðaland gehörig betrachtet wird. Jedes dieser Territorien erhält zwei Sysselmänner, so dass im Ganzen acht Sysseln in den Hochlanden existirten. Diese Nachricht wird durch andere Berichte gestützt. Was nämlich Hedemarken betrifft, so finden wir bereits unter Olaf digri im nördlichen Hedemarken den Göten Björn, dann unter Sverrir und wiederholt im 13. Jahrhundert zwei Sysselmänner. Offenbar war darnach Hedemarken in eine nördliche und eine südliche Syssel getheilt. Ebenso verhält es sich mit Raumaríki. Im nördlichen Raumaríki begegnen wir nämlich als Sysselmann der Bagler Rögnvaldr Hallkelsson, so dass ein Sysselmann für das südliche Raumaríki ausserdem eingesetzt war. Ueber Hađaland treffen wir als Sysselleute der Ribbunger Bergþórr und Eysteinn hringr, als solche des Königs Friđrekr slafsi und Þorgeirr byskupsmađr. Nur für die Guđbrandsthäler fehlt es an directen weiteren Belegen.

Endlich über Víkin haben wir zahlreiche Nachrichten. Beim Beginne der Regierung Olaf digris sind dort bereits Sysselmänner des Dänenkönigs und solche des Schwedenkönigs, die ersteren im eigentlichen Víkin um den Kristianiafjörđr, die letzteren im südöstlichen Grenzgebiete. Und zwar waren zwei Sysselleute des Schwedenkönigs vorhanden, der eine für den nördlichen, der andere für den südöstlichen Theil bis zum Elfflusse. Offenbar sind damit die Landstriche gemeint, die später als Gebiet von Konungahella oder als Elfarsysla bezeichnet werden, und über welche wir unter Sigurđr, Eysteinn und Olaf zwei norwegische Sysselmänner, dann unter Hákon Sverrisson Jón drottning und Gautr Jónsson, schliesslich die Tobbusynir wieder treffen. Im eigentlichen Víkin hingegen sind zu scheiden Vestfold, die Oslósysla und die Borgarsysla. In Vestfold begegnen wir wiederholt einem Sysselmanne, der in Tunsberg seinen Sitz hat. Die Oslósyssel wird von zwei Inhabern bekleidet, und zwar ist einmal von einem westlichen, ein anderes Mal von einem nördlichen Theile der Oslósyssel die Rede; der westliche Theil scheint nach Vestfold, der nördliche nach Raumaríki hinüberzugreifen. Die Borgarsysla endlich ist bald durch zwei Sysselmänner, bald durch einen vertreten. —

Ueberblicken wir die obigen Nachrichten, so ergiebt sich offenbar, dass die Sysseleintheilung sich an die Eintheilung in fylkir anlehnt. Zwar entsprach nicht jedem fylki eine Syssel, aber jede Syssel entsprach einem fylki. Dabei behielten die

Sysseln meist den Namen des fylki bei. Nur in Vík in lag die Sache insofern anders, als die östlich vom Kristianiafjörðr gelegenen Sysseln sich nach den Städten Osló, Sarpsborg und nach dem Götaelf als Oslósysla, Borgarsysla und Elfarsysla bezeichneten. Aber diese Ausnahme kann dem obigen Satze darum keinen Eintrag thun, weil die Stadt Sarpsborg auf den heiligen Olaf [138]), die Stadt Osló gar erst auf Harald harðráði [139]) zurückgeht, die Elfarsysla endlich aber bis zum heiligen Olaf schwedisches Gebiet war und erst von diesem Norwegen zurückgewonnen wurde. In allen drei Fällen ist also der Name, bezw. die Entstehung der Sysseln nicht über das 11. Jahrhundert zurückverfolgbar.

Lehnte sich die Sysseleintheilung an die Eintheilung in fylkir an, so geschah dies meist in der Weise, dass zwei Sysselmänner einem fylki zugetheilt wurden, von denen der eine den nördlichen, der andere den südlichen Theil des fylki zur Verwaltung erhielt. Doch kommt es, wie bereits berührt ist, auch vor, dass ein Sysselmann für ein fylki auftritt oder dass die Verhältnisse sich im Laufe der Zeit wechselnd gestalteten. Die eigenthümliche Schmiegsamkeit des Amtes scheint auch in dieser Richtung hervorzutreten.

Jedenfalls bestätigen die bisherigen Ergebnisse den Schluss, dass die Sysseleintheilung eine spätere, als die Volklandseintheilung ist, den wir bereits aus dem Schweigen der norwegischen Provinzialrechte über Sysselmänner und Sysseln zogen, in willkommner Weise. Indessen scheint sich aus den obigen Nachrichten noch ein weiterer Schluss als nothwendig zu ergeben.

Erhebt man nämlich die Frage, wie kam jene Sysseleintheilung überhaupt in die norwegische Territorialverwaltung hinein und welches war ihr ursprünglicher Zweck, so scheinen die Nachrichten der Geschichtsquellen darauf zu antworten, dass die Syssel ursprünglich ein Institut der Grenzlande war

---

[138]) Heimskr. Ol. s. h. h. 59/265. [139]) Heimskr. Har. s. harðr. 60/590.

und erst von diesen aus in späterer Zeit auf die Stammlande übertragen wurde.

Es fällt nämlich auf, dass gerade die eingehendsten und ältesten Nachrichten von den Sysselleuten die Grenzlande betreffen. Da ist es in erster Linie das den Finnen benachbarte Hálogaland, aus welchem wir zahlreiche Berichte über die Sysselmänner haben. Bis auf den ersten Grosskönig wird die hálogaländer Syssel zurückgeführt, und auch in späterer Zeit scheint das Amt dort Bedeutung zu besitzen. Dann ist es Jæmtland, das bald schwedischen, bald norwegischen Sysselleuten untersteht. Weiter sind es die an Schweden grenzenden Theile Víkins, besonders die Syssel am Götaelf, die in den Geschichtsquellen hauptsächlich erwähnt werden. Gewicht ist auch darauf zu legen, dass für einen Theil Esthlands und die Insel Øsel bereits sehr früh die Bezeichnungen Aðalsysla und Eysysla gebraucht werden, und dass in dem an Norwegen grenzenden Helsingland die syslumenn sich wiederfinden, während doch die schwedischen Landschaftsrechte von solchen sonst nichts wissen. Endlich dürfte für die ursprüngliche Bedeutung unseres Institutes von Belang sein, dass die vorübergehend oder dauernd tributär gewordenen Länder immer „Sysselleuten“ unterstellt sind. Nicht bloss haben die Dänen während ihrer Herrschaft in Víkin und die Schweden am Svínasund und in Jæmtland „Sysselleute“, sondern auf den Orkneys, Færöen, in Schottland und Island tritt mit dem Augenblicke der Unterwerfung unter Norwegen ein „Sysselmann“ auf. Gerade die stereotype Verwendung dieses Ausdruckes da, wo es sich um Grenz- oder Tributärländer handelt, dürfte aber von Werth für die Erkenntniss der ursprünglichen Natur des Sysselamtes sein.

Erkannten wir nämlich in den Sysselmännern einerseits Personen von meist hoher Abkunft, die mit grossem Gefolge auftreten, konnten wir ihre ursprüngliche Bedeutung demnach nicht auf dem Gebiete der abseits gelegenen Güterbewirthschaftung suchen, wo ja auch die ármenn auftreten, und erkennen wir in ihnen nunmehr Beamte der Grenzlande, können wir sie demnach nicht auf die im Stammlande bodenständigen lendirmenn zurückführen — so bleibt ein Drittes übrig, sie als ausserordentliche Vertreter des Königs in den Grenzlanden anzusehen. Diese Ableitung scheinen aber auch Erwägungen innerer Art zu rechtfertigen. — Wie sonst in den skandinavischen Ländern, war auch in Norwegen die Stellung des Königs vom Volksrechte streng umgrenzt, das Maass seiner Befugnisse genau abgewogen. Dieses Maass von Befugnissen war aber ursprünglich ein höchst bescheidenes auf dem Gebiete der finanziellen Unterthanenpflichten. Regelmässige Steuern existirten nicht. Die Gastung, auf welche der König in den einzelnen Landschaften nach hergebrachtem Turnus Anspruch hatte, setzte das persönliche Erscheinen des Königs voraus. Erst später zeitigte die Ablösung der Dienstpflicht den leiđangr und vĭseyrir. So blieb neben Ächtergut, herrenlosem Nachlass, Ein- und Ausfuhrzöllen und den besonderen Abgaben der Fischer als Haupteinkommensquelle des Königs der Tribut unterworfener Völkerschaften. Um diesen einzutreiben, wurden in den Grenzlanden Männer von erprobter Tüchtigkeit und Achtung heischendem Namen eingesetzt; sie wurden mit starkem Gefolge versehen und erhöhten autoritativen Befugnissen umkleidet. Sie erschienen als Statthalter des Königs, und als solche verhandelten sie auf den Thingen mit den Bauern, trieben die Tribute ein, theilten die Botschaften des Königs mit, unterdrückten unter Umständen aufrührerische Bewegungen. Sie sassen in festen Burgen, umgaben sich mit einer Art Hofstaat. Nur ihrem Könige untergeben vertraten sie lediglich dessen Interessen im Gegensatze zu den lendirmenn, die eine Mittelstellung zwischen König und Volk einnahmen. Rief sie der König fort, so mussten sie folgen, mussten einem Anderen Platz machen, den die Gnade des Königs dorthin setzte.

Prüfen wir von hier aus die mitgetheilten Quellenstellen, so dürfte unsere Aufstellung sich als nicht unwahrscheinlich ergeben. Völlig trifft sie zu bei dem ausführlichen Berichte der Eigla. Aber auch sonst findet sie Stützpunkte. Die Sysselmänner Jarl Eiríks haben die königlichen Gefälle einzuziehen. Durch das Entweichen der dänischen Sysselleute aus Víkin ist König Olaf im Stande, die konungsskyldir einzuziehen, wie er nach Vertreibung der schwedischen Sysselleute aus der südlichen Elfsyssel alle konungsskyldir in Empfang nimmt. Als Asmundr Grankelsson nach Hálogaland kommt, „forderte er zusammen aus der Syssel, was er nur erhalten konnte“. Nach Jæmtland wird þóroddr Snorrason geschickt, um den Tribut einzufordern. Als er dort anlangt, sind die schwedischen Sysselmänner noch nicht da. Offenbar hatten diese darnach ebenfalls die Function, den Tribut einzuholen. þorkell dydrill wird bei Magnús gódi verleumdet, die Landeseinkünfte unterschlagen zu haben. Der Process gegen Sigurdr Hranason dreht sich um die gleiche Anschuldigung. Ivarr dápi wird erschlagen, als er von den Bauern für die Julgastung Abgaben verlangt. Sverrir muss sich von kirchlicher Seite den Vorwurf gefallen lassen, dass seine Sysselleute die Bauern ausplünderten. So auch wird es verständlich, dass in den Parteikämpfen die jeweiligen Machthaber die Sysseln unter ihre Anhänger vertheilten. Offenbar war das Amt ein einträgliches, auf welchen Punkt weiter unten zurückzukommen ist.

Wahr ist nun, dass damit freilich nur der eine Theil unserer Behauptung erwiesen ist, wonach der Zweck des Amtes in der Einziehung der königlichen Gefälle bestand, dass hingegen die Beschränkung des Sysselamtes gerade auf die Grenzlande noch des Beweises harrt. Man wird sich darauf berufen, dass doch bereits Olaf Tryggvason um 1000 Drontheim nach syslur eingetheilt haben soll, und dass in Rogaland unter Jarl Eiríkr Sysselleute auftreten. Allein diese beiden Notizen, die doch immerhin erst das elfte Jahrhundert angehen, sind die einzigen aus älterer Zeit gegenüber den zahlreichen und ausführlichen Berichten, die die Grenzlande betreffen. Dass das Amt in den Stammlanden ein altes war, wird ja ferner durch die Provinzialrechte auf das Entschiedenste widerlegt, die vom ármadr und lendrmadr häufig, vom syslumadr aber gar nicht reden, während dieser doch offenbar grössere Bedeutung in späterer Zeit besass, als der ármadr.

Von den Grenzlanden aus ist dann aber allerdings schon im elften Jahrhundert unser Amt auf die Stammlande übertragen worden. Mit der Ausbildung von leidangr und víseyrir als ständiger Leistungen war die Veranlassung, mit der Gründung von Städten als Mittelpunkten der königlichen Verwaltung, wie sie seit Olaf Tryggvason erfolgt, war Raum für die Uebertragung des Amtes auf die eigentlich norwegischen Länder gegeben. Der Kampf des Königthums mit den aristokratischen lendirmenn einerseits, die Parteikämpfe zwischen den Thronprätendenten andrerseits beförderten dann die Bedeutung des Amtes in überaus hohem Grade. Konnte sich das Königthum auf die halb im Volke wurzelnden lendirmenn nicht verlassen, so besass es in den Sysselleuten unbedingt ergebene Organe. Die Erhebung der Gefälle endlich war in den Bürgerkriegen der entscheidende Akt der Herrschaftsausübung. Die Sysselmänner der jeweiligen Machtinhaber waren insofern die Vertreter des neuen Regimes gegenüber dem Volke. Und so bilden sich die Sysselmänner bis zum dreizehnten Jahrhundert zu Organen von hoher politischer Bedeutung aus.

Während der ármađr auf der königlichen Pfalz (bú) sitzend die Domäne des Königs beaufsichtigt, und während der lendrmađr auf seinem Erbgute daheim sich aufhält, sitzt der Sysselmann in der Stadt. So treffen wir unter Magnús blindi zwei Sysselmänner in Konungahella, unter Hákon herđibreiđr einen Sysselmann in Bergen, unter Sverrir Sysselleute in Bergen und Tunsberg. Die Borgarsýsla und Oslósysla haben ihren Namen nach den Städten Sarpsborg und Osló.

Wie die Stadt aber Mittelpunkt des Handels und Verkehrs war, wie hierhin die Fäden der Verwaltung zusammenliefen, wie allmählich die Könige, statt auf ihren Einzelhöfen zu sitzen, es vorzogen, in den grösseren Städten dauernd Aufenthalt zu nehmen, erlangt der Sysselmann allmählich auch ein Uebergewicht gegenüber den ármenn. Und zwar wurde dieser Process befördert durch die Organisation des Sysselamtes hinsichtlich der pecuniären Seite des Amtes.

Bereits aus dem Berichte der Eigla, sodann aber aus den späteren Nachrichten ersehen wir, dass das Sysselamt zu den einträglichsten Aemtern gehört haben muss. Wie Þórólfr zu grossem Reichthume gelangt, wird von Eilífr gauzki und Hrói skjálgi erzählt, dass sie grosses Vermögen besassen und dem Hárekr in Þjótta grosser Reichthum nachgerühmt u. dergl. m. Offenbar ergiebt sich daraus, dass der Sysselmann nicht eine feste Besoldung bezog, sondern dass er auf die Ausnutzung seines Amtes in seinem Interesse angewiesen war. So erklärt sich ja auch am besten der Vorwurf, den die Kirche Sverrir macht, so der Umstand, dass in den Bürgerkriegen die Parteigänger von der zur Herrschaft gelangenden Partei mit Sysseln beliehen wurden. Dabei konnte nun entweder so verfahren werden, dass dem Sysselmann ein Procentsatz seiner Einnahmen zugestanden wurde oder so, dass er den Ueberschuss über die an den König abzuliefernde Summe behielt, wobei er die Gefahr eventueller Unterbilanz zu tragen hatte. Das erstere Verfahren, welches bekanntlich Harald bei Einsetzung seiner Jarle einschlug („Es sollte der Jarl ein Drittel von Tributen und Abgaben für seinen Tisch und seinen Aufwand haben"), dürfte das ursprünglichste sein. Wenigstens passt es am besten in die Erzählung der Eigla hinein. Es geht offenbar aus dieser hervor, dass der Sysselmann nicht feste Erträge an den König ablieferte, sondern dass je nach dem Erfolge, den er hatte, der Betrag der Abgaben ein verschieden grosser war. Daher die verwunderte Frage des Königs, weshalb die von Brynjólfs unehelichen Söhnen gelieferten Abgaben geringer seien, als die von þórólfr gelieferten. Wenn andrerseits davon berichtet wird, dass þórólfr zu grossem Reichthum gelangte, so kann dieser Umstand eben nur erklärt werden, wenn er nach gesetzlicher Bestimmung einen Theil des Tributes für sich behielt. Aehnlich bei anderen Berichten. Heisst es von Asmundr Grankelsson, dass er „möglichst viel aus seiner Syssel herauszuschlagen suchte", so scheint dies ebenfalls darauf hinzudeuten, dass er bei der Einnahme selbst mitbetheiligt war, wie andrerseits die Anschuldigungen gegen þorkell dydrill und Sigurdr Hranason die Annahme, dass der König eine feste Summe jährlich von seinem Sysselmanne erhielt, unmöglich machen.

Daneben kam aber eine andere Form der Sysselverleihung vor. Von Hárekr in þjótta heisst es, „er hatte die Syssel vorher ganz gehabt, theils at veizlu theils at léni". Unter dem Innehaben at veizlu haben wir offenbar diejenige Art der Sysselverleihung zu verstehen, bei welcher der Sysselmann vom Könige Land at veizlu erhielt, d. h. gegen die Verpflichtung, den König zu gasten[140]), im Uebrigen dagegen dem Könige die Erträgnisse abzuliefern gehalten und nur für sich eine Quote davon abzuziehen befugt war. Unter dem Innehaben at léni werden wir dagegen die Belehnung mit einer Syssel nach dem Muster des mitteleuropäischen Feudalrechts zu erblicken haben, bei welcher also der Lehnsmann gewisse Erträgnisse für sich einzog. Einen Fall der letzteren Art treffen wir um dieselbe Zeit bei Aslákr fitjaskalli. „Aslákr," heisst es, „war ein guter Freund König Olafs, und es setzte ihn der König ein in Sunnhörđaland, übertrug ihm da ein grosses Lehen und grosse veizlur. Aslákr aber hielt sich nicht in der Syssel" [141]). Ausdrücklich ist hier die lehnsmässige Gestaltung der Syssel bezeugt. Von Ásmundr, der dem Hárekr zur Seite gestellt wird, heisst es später. „König Magnús gab dem Asmundr Lehen und sysla in Hálogaland" [142]). Auch sonst, wo uns von Belehnungen seitens des Königs gesprochen wird, werden wir möglicherweise an die Belehnung mit einer Syssel zu denken haben[143]).

In beiden Fällen nun ergab sich ganz natürlich eine Aufsaugung der ármenn durch die Sysselmänner. War der Sysselmann eine von Hause aus angesehene Persönlichkeit, während der ármađr zu den Emporkömmlingen gehörte, so war er ihm in socialer Stellung von vornherein überlegen. Waren die Functionen des Sysselmannes von Hause aus öffentlich-rechtliche, stellte er eine Art Vicekönig dar, trat er mit grossem Gefolge auf — so beschränkten sich die des ármadr von Hause aus auf die Bewirthschaftung des Krongutes, und wenn er nebenher noch im Leben eine Rolle spielte, so wird dies von den lendirmenn schwer genug empfunden. Nahm weiter der syslumađr einen Theil der öffentlichen Gefälle für sich in Anspruch, so verdrängte er auf diesem Gebiete den ármađr. Schliesslich entzog er ihm seinen eigentlichen Wirkungskreis dadurch, dass er vom Könige die veizlujarđir erhielt, die früher der ármađr empfangen hatte. Deutlich genug vermögen wir

[140]) Siehe oben S. 72. 73. [141]) Heimskr. Ol. s. h. h. 122/350. [142]) Heimskr. Magn. s. g. 13/524. [143]) Heimskr. Har. s. harđr. 51/583.

diesen Process in den Rechts- und Geschichtsquellen zu verfolgen. Ist in den ältesten Bestandtheilen von den syslumenn überhaupt nicht die Rede, so treten sie seit Magnús Erlingsson neben lendirmenn und ármenn hervor. In der Réttarbòd Hákon Hákonarsons über den Zehnten und die Rechte der Kirche im Bisthum Hamar vom 6. Juni 1263[144]) richtet bereits der König in der Eingangsformel seinen Gruss nur aus „allum lændum monnum oc syslumonnum hyrdmonnum ok kærtisuæinum bondom ok buþægnum" [145]). Von ármenn ist keine Rede mehr, während doch nachher des Bischofs ármenn erwähnt werden. Einzelne H. H. der Landslög sprechen zwar von ármenn des Königs noch gelegentlich, offenbar aber mehr aus Nachlässigkeit der Redaction. Die späteren Gesetze und Verordnungen nennen sie kaum noch. In den Urkunden endlich finden wir noch hin und wieder ármenn erwähnt, aber, soweit es sich nicht um die bischöflichen ármenn handelt, nie in obrigkeitlicher Function und als offenbar kleine Leute. Bei einer Person vermögen wir sogar zu constatiren, dass sie der Bedienstete eines lendrmaðr ist[146]). Schliesslich verschwinden sie ganz.

Es ist der Gedanke angeregt worden[147]), dass es sich bei diesem Verschwinden der ármenn um nicht mehr, als um eine Aenderung des Namens handle, dass die ursprünglichen ármenn in den später auftretenden Lehnsleuten der Sysselmänner ihre Fortsetzung haben. Indem wir uns vorbehalten, auf die Lehnsleute weiter unten kurz zurückzukommen, glauben wir hier uns gegen jene Ansicht aussprechen zu sollen. Für einen solchen Zusammenhang zwischen ármenn und Lehnsleuten spricht in den Quellen nichts. Die in den Geschichtsquellen als Sitze der ármenn genannten Orte treten später als Sitze der Lehnsleute nicht hervor, die als ármenn in den späteren Urkunden vereinzelt genannten Leute haben nichts mit den

---

144) N. G. L. I S. 462. 463. 145) Auch in der Urkunde von 1264, welche der Codex Munkalif enthält, richtet sich das Gebot des Königs an die Sysselmänner und alle andren Beamten. Doch ist die Urkunde verdächtig. Vergl. Lehmann, der Königsfriede der Nordgermanen S. 218. 219. 146) Dipl. Norw. I, Nr. 168. 147) K. Maurer, die ármenn S. 138.

Lehnsleuten zu thun. Die Gestaltung des Lehnsamtes endlich beruht, wenn auch nicht ausschliesslich, doch im Principe auf dem mittelalterlichen Feudalismus, mit dem die alte ármenning doch absolut nichts zu thun hatte. Das alte Amt des ármaðr musste darnach untergehen, weil es für die neuen Verhältnisse nicht passte.

Länger erhielten sich die lendirmenn neben den syslumenn. Einmal erschöpfte sich deren Stellung nicht in dem Amte königlicher Dienstleute. Sie stellten vielmehr ausserdem noch den alten Adel dar, als dessen Vertreter sie auch in der Zeit noch Namen und Vorrechte behalten konnten, in welcher ihr Wirkungskreis bereits eine merkliche Einbusse erlitten hatte. Ihr Ansehen erlitt durch den syslumaðr keinen Eintrag, da dieser ja, wie wir sahen, gerade aus ihren Kreisen genommen wurde. Die veizlur, die sie herkömmlich besassen, vererbten sie in ihrer Familie nach wie vor fort. Indessen trat doch insofern eine Aufsaugung der lendirmenn durch die syslumenn ein, als die Geschlechter der lendirmenn gerade die Männer für die Sysseln hergaben. Der lendrmaðr, der zugleich syslumaðr war, gab damit seinen Charakter als lendrmaðr auf. Er hatte sich nunmehr ganz in den Dienst des Königs gestellt, er brach mit gewissen Traditionen seiner Familie. Die Schwächung, die der alte Adel hierdurch erfuhr, war mit einer der Gründe für die Aufhebung der Würde durch Hákon Magnusson im Jahre 1308. Es ist kein Zufall, dass die Réttarbòd, welche die Würde des lendrmaðr endgültig beseitigte, zugleich eine Neuordnung des Sysselamtes enthielt.

Mit dem Vorgetragenen ist erschöpft, was über den Ursprung und die Entwicklung des Sysselamtes in Norwegen zu sagen wäre. Es erübrigt nur noch eine Betrachtung der Gestaltung des Amtes, wie sie die Landslög und die Verordnungen des dreizehnten und vierzehnten Jahrhunderts zeigen. Mit diesem dogmatischen Theile unserer Arbeit werden wir uns aber ungleich kürzer befassen, weil das Bild, das die Rechtsquellen bieten, so klar ist, dass Zweifel kaum entstehen können. Der Geschäftskreis des Sysselmannes ist im gemeinen Landrechte ein höchst umfassender. In alle Zweige der Verwaltung greift er als maassgebendes Organ ein. Die Polizei zunächst hat er in seiner Syssel überhaupt zu üben. Er hat, heisst es, „das Land vor Dieben und Uebelthätern zu bewahren“. Ja, er hat diese Pflicht auch in anderen Sysseln auszuüben, wenn deren Sysselmann an der Ausübung seines Amtes verhindert ist[148]). Damit hängt es zusammen, wenn er einerseits die für friedlos Erklärten öffentlich bekannt zu machen und behufs Recognoscirung ihre Personalien anzugeben[149]), sowie die Aufnahme von Vagabonden zu verbieten[150]), andrerseits den auf handhafter That oder auf der Flucht ergriffenen und gebunden vorgeführten Friedebrecher vorläufig zu bewahren hat[151]). — In seinen Händen liegt ferner die Militärverwaltung in Friedenszeiten. Darum hat er das skipreiđuþíng anzuberaumen[152]) und die Waffenschau auf dem vápnaþíng abzuhalten[153]). — In die Steuerverwaltung schlägt es, wenn er den leiđangr einzuziehen und das wegen Säumniss in Zahlung des leiđangr verwirkte leiđangsfall einzuklagen hat[154]), was auf alle öffentlichrechtlichen Gefälle auszudehnen sein wird. Dem Gebiete der Justizverwaltung gehört es an, wenn er die Vertreter zum lögþíng ernennt und auf dem lögþíng selbst anwesend sein soll[155]), wenn er ferner in seiner Syssel drei Wochen nach Schluss des lögþíng Thing abzuhalten und daselbst die Verhandlungen des lögþíng, insbesondere die Urtheile, welche seine Syssel angehen, zu publiciren, sowie die Zeit der Abhaltung des nächsten lögþíng bekannt zu geben hat[156]), wenn er weiter bei übernächtiger That ein gebotenes Thing auf Antrag anzuberaumen hat[157]). Als staatsanwaltliche Behörde insbesondere erscheint er, wenn er die Klage auf Zahlung des Gewettes und auf Friedloslegung erheben[158]), die Busse für die vorläufige Friedung[159]), sowie das rechtskräftig festgestellte Gewette entgegennehmen[160]), die öffentliche Strafe vollziehen lassen[161]), in das Aechtergut

148) L. L. II, 6. 149) L. L. I, 5. IV, 7. 150) L. L. 1, 7. 151) L. L. IV, 8. 16. 152) L. L. III, 4. 153) L. L. III, 12. 154) L. L. III, 9. 14. Hirđskrá 36. 155) L. L. I, 1. 2. 156) L. L. I, 7. 157) L. L. IV, 11. 158) L. L. I, 8. IV, 25. 159) L. L. IV, 19. 160) L. L. I, 5. 161) L. L. IV, 15. 16.

exequiren[162]) soll. Seine politische Bedeutung endlich bezeugt die Vorschrift, dass er sich bei der Wahl eines neuen Königs einzufinden habe[163]).

Das Amt des Sysselmannes baut sich principiell auf lehnrechtlicher Grundlage auf. Die Hirđskrá bezeichnet die Bestellung einer Syssel als Constituirung eines Lehns[164]). Allein alle Folgerungen, die sich daraus ergeben, sind nicht gezogen. Insbesondere ergiebt das Formular, welches die Hirđskrá für die Bestellung eines Sysselmannes mittheilt[165]), dass der Sysselmann die Steuern, die er einzog, an den König unverkürzt abzuführen und über die Vermehrung oder Verminderung genau Rechenschaft abzulegen hatte. Die Termine für die Abführung werden dabei dahin angegeben, dass der Frühjahrsleiđangr aufgeboten werden solle um Mittfasten, eingeholt um Ostern, nach Tunsberg gebracht in der Halvardusmesse, d. h. am 15. Mai, der Herbstleiđangr aufgeboten zum 14. October, eingeholt zur Martinsmesse, d. h. am 11. November, zu Markte gebracht zur Julzeit, ebenso die sonstigen Einkünfte. Nirgends ist davon mehr die Rede, dass sie der Sysselmann für sich einzieht oder dass er nur einen Procentsatz davon für sich behält, wie wir das in der älteren Zeit gewahrten. Wenn das Amt trotzdem als Lehn bezeichnet wird, so musste es in anderer Beziehung einen lehnrechtlichen Charakter tragen. Thatsächlich war dies auch der Fall in drei Richtungen. Einmal verlieh der König mit dem Amte zugleich Grundbesitz, der in der betreffenden Syssel lag. An diesem Grundbesitze hatte der Sysselmann die Rechte eines Lehnsmannes. Sodann zog der Sysselmann wenigstens gewisse Gefälle und Bussen für sich ein, wie das leiđangsfall und die Busse für unterlassenen skipdrátt[166]). Endlich war das Heer lehnsmässig gegliedert und jeder Sysselmann Anführer eines bestimmten Contingents, das er zu stellen und zu unterhalten hatte[167]).

Die obigen Bestimmungen des gemeinen Landrechts bauen dann die späteren Gesetze und Verordnungen aus. Ohne dass

---

162) L. L. IV, 8. 163) L. L. II, 6. 164) 19. 36. 165) 36. 166) L. L. III, 9. 14. 167) Hirđskrá 36.

wir auf alle Einzelheiten eingehen wollen, seien hier nur einzelne Sätze mitgetheilt, die für das Amt charakteristische Aeusserungen enthalten. So erfahren wir aus der Réttarbòd von 1280, dass in jedem fylki regelmässig zwei Sysselmänner sein sollten oder dass, wie das Gesetz sich ausdrückt, jeder Sysselmann regelmässig ein „halffylki" unter sich haben sollte[168]), was nur das früher Vorgetragene bestätigt. War ferner nach dem gemeinen Landrechte der Sysselmann mit richterlichen Functionen nicht betraut gewesen, so bestimmt die Réttarbòd von 1280, dass der Beklagte der Ladung vor den König dadurch entgehen könne, dass er seine Sache dem lögmađr oder syslumađr zur Untersuchung unterbreite. In diesem Falle brauche er nicht zum Könige zu reisen, wenn selbst der Kläger damit nicht einverstanden sei[169]). Geldschuld- und Grundstücksklagen könnten ferner allgemein vor lögmađr und syslumađr eingeklagt werden, und es solle die Nichtbefolgung der Ladung vor den Sysselmann für den Beklagten eine Busse von einer Mark Silbers zur Folge haben, welche zwischen König und Kläger getheilt werde[170]). Dem Sysselmann wird dabei eingeschärft, die Rechtssachen mit gehöriger Ueberlegung zu prüfen, und wenn er einen Vergleich nicht erzielen könne, sich an den König oder lögmađr zu wenden. Letzterer solle dann die Rechtsfrage entscheiden[171]). Hatte der Sysselmann somit allmählich den ármađr verdrängt und war er dem lendrmađr zur Seite getreten, so tritt er nun auch in Concurrenz mit dem lögmađr, freilich so, dass der Letztere ihm gegenüber eine überlegene Stellung durch Beibehaltung der rein juristischen Thätigkeit einnimmt, während er die thatsächliche Sachlage klar stellte. — Der Ausdehnung der Competenz des Amtes entspricht es denn nun auch, dass wir seit 1280 Unterbeamte des Sysselmannes finden, sogenannte Lehnsmänner. Es sollen nach der Réttarbòd von 1280 in jedem fylki regelmässig zwei Lehnsleute sein, ausser wenn es mehr Sysselmänner in einem fylki gäbe, dann sollte jeder

---

[168]) N. G. L. III S. 8. [169]) N. G. L. III S. 6. [170]) N. G. L. III S. 8. [171]) N. G. L. III S. 8. 9.

Sysselmann einen Lehnsmann haben[172]). Zu Lehnsleuten sollten nach einer Verordnung für Hedemarken und Thoten von 1293[173]) geachtete Bauern von gutem Rufe, die in der betreffenden Gegend fest ansässig seien, genommen werden, dagegen nicht Hofleute, die hochmüthig auf den gemeinen Mann herabsehen würden. Ihre Befugnisse sollten darin bestehen, dass sie zu laden und die Einkünfte zu erheben hätten[174]). Eine richterliche Thätigkeit sollte ihnen nicht zustehen. Worin ihre Einnahmen bestanden, erfahren wir nicht.

Einen gewissen Abschluss für unser Amt schuf die Réttarbòd vom 17. Juni 1308[175]), durch welche Hákon Magnusson die Würde des lendrmađr aufhob und zugleich eine Neuordnung der Sysselverfassung herbeiführte. Die wichtigsten Neuerungen dieser Verordnung, mit deren Besprechung wir unseren Aufsatz schliessen, waren aber folgende: Es sollten behufs Beaufsichtigung der Sysselmänner alljährlich vom Hofe aus in jedes Landesdrittel, in welches der König nicht selbst käme, zwei Sendboten abgeschickt werden. Diese sollten die Amtsführung der Sysselmänner gehörig controliren und dem Sysselmanne die Syssel nur dann lassen, wenn er seine Pflichten gehörig erfüllt habe, in welchem Falle auch seine Söhne Anwartschaft auf die Syssel haben sollten. Der Sysselmann sollte die Gerichtsgefälle (sakareyrir) für sich einziehen, ausser wenn er Recht verweigere und die Sache an den König käme, dann sollte der König das Gefälle erhalten. Alljährlich sollte der Sysselmann über Todtschläge, die in seiner Syssel begangen wären, an den König Bericht erstatten. Der Bericht sollte die näheren Umstände der That angeben, dann constatiren, ob es sich um einen qualificirten oder einfachen Friedensbruch handle und ob die Todtschlagsankündigung gehörig erfolgt sei. Das Protokoll sollte in Gestalt eines versiegelten Quaternionen an den König eingeschickt werden. Beiläufig bemerkt haben wir dieser Bestimmung die Ueberlieferung zahlreicher Protokolle über Todtschlagssachen zu danken, die für die Rechts- und Cultur-

---

172) N. G. L. III S. 5. 173) N. G. L. III S. 21. 174) N. G. L. III S. 20. 175) N. G L. III S. 74 ff.

geschichte von grosser Bedeutung sind[176]). Weiter wurde ein Zusammenwirken von lögmaðr und syslumaðr durch die Vorschrift erstrebt, dass jener diesen auf seinen Rundreisen in der Syssel begleiten und dabei Recht zwischen den Leuten sprechen sollte. Ein Geistlicher, den sie gemeinsam mit sich führten, sollte die Urtheile und Rechtsgutachten des lögmaðr aufzeichnen und den Parteien die Urkunde darüber ausfertigen. Der Sysselmann aber sollte in Quaternionen jegliches Urtheil und Rechtsgutachten nach den Urkunden fixiren und diese Abschriften aufbewahren. Endlich sollte der Sysselmann von Zeit zu Zeit beim Könige sich persönlich einfinden, um mit ihm über zu ergreifende Maassregeln sich zu besprechen.

Die so in ihren wesentlichen Punkten skizzirte Ordnung hat offenbar etwas von der Ordnung an sich, die Karl der Grosse für sein Reich schuf. Nur freilich, dass statt des einheitlichen Grafenamtes eine Theilung der Competenzen zwischen Sysselmann und Lögmann stattfand, jener die Verwaltung, dieser die eigentliche Rechtssprechung zugewiesen erhielt. Die Réttarbòd von 1308 bildet denn auch die Grundlage der ganzen folgenden Entwicklung. Während der lögmaðr das Urtheil fand und formulirte, betheiligt sich der Sysselmann an der Rechtspflege nur insofern, als er den Thatbestand aufnimmt und einen Vergleich herbeiführt. Im Uebrigen dagegen tritt er auch in der Folgezeit lediglich als Verwaltungsbeamter auf. Als Verwaltungsbeamter übt er die Verwaltung in Person oder durch Lehnsleute aus. Gelegentlich finden wir auch einmal eines Untersysselmannes Erwähnung gethan, der sich zwischen ihn und die Lehnsleute schob[177]). Der lehnsrechtliche Charakter, den das Sysselamt im dreizehnten und Anfange des vierzehnten Jahrhunderts erst theilweise besitzt, durchdringt das Amt aber im Leben mehr und mehr. Wir finden nun wirkliche Belehnungen mit einer Syssel in der Art, dass der Belehnte die Einnahmen aus der Syssel für sich einzieht. Das vornehmlichste Beispiel ist die Belehnung der Marienkirche zu Osló mit den Sysseln Follo, Nesodden, Vester-Bergheim, Lomadal

---

[176]) Sie sind im Dipl. Norw. zu finden. [177]) D. N. I, Nr 692.

und Margretadal[178]), wobei ausdrücklich bemerkt wird, dass die Kirche den víseyrir, leiđangr, das bréfabrot etc. für sich einziehen solle. Ein anderes Beispiel liefert die Urkunde vom 5. September 1346[179]), in der Ögmundr Botolfsson erklärt, dass er zu der Zeit, als er die Syssel in Raumaríki bekleidete mit „aleighumalum, þeghngildum, brefabrottom ok friđkaupum", dem Ögmund Arnsteinsson ein Stück Land verkauft habe, das ihm als Busse gezahlt war.

Die Darstellung der weiteren Entwicklung unseres Amtes, die übrigens keine eigenthümlichen Seiten aufweist, hat keinen erheblichen Werth für die germanische Rechtsgeschichte und unterbleibt daher.

[178]) D. N. I, Nr. 143. 241. II, Nr. 214. 224. 390. [179]) D. N. VI, Nr. 179.

Pierer'sche Hofbuchdruckerei. Stephan Geibel & Co. in Altenburg.

Kolibri 360 GmbH
Ferdinand-Jühlke-Straße 7
99095 Erfurt, Deutschland
produktsicherheit@kolibri360.de